AF568195

O.W. BARTH

MIMI KUO-DEEMER

DER CHINESISCHE HARMONIEKOMPASS

Kultiviere den Geist,
trainiere den Körper
und liebe dich selbst

Aus dem Englischen
von Judith Elze

O.W. BARTH

Die englische Originalausgabe erschien 2019 unter dem Titel
»Xiu Yang. Self-cultivation for a healthier, happier and balanced life«
bei Orion Spring, an imprint of The Orion Publishing Group Limited, London.

Besuchen Sie uns im Internet:
www.ow-barth.de

Aus Verantwortung für die Umwelt hat sich die Verlagsgruppe Droemer Knaur zu einer nachhaltigen Buchproduktion verpflichtet. Der bewusste Umgang mit unseren Ressourcen, der Schutz unseres Klimas und der Natur gehören zu unseren obersten Unternehmenszielen. Gemeinsam mit unseren Partnern und Lieferanten setzen wir uns für eine klimaneutrale Buchproduktion ein, die den Erwerb von Klimazertifikaten zur Kompensation des CO_2-Ausstoßes einschließt. Weitere Informationen finden Sie unter: www.klimaneutralerverlag.de

Deutsche Erstausgabe Oktober 2020
O.W. Barth
© 2019 by Mimi Kuo-Deemer
© 2020 der deutschsprachigen Ausgabe O.W. Barth Verlag
Ein Imprint der Verlagsgruppe
Droemer Knaur GmbH & Co. KG, München
Alle Rechte vorbehalten. Das Werk darf – auch teilweise – nur mit Genehmigung des Verlags wiedergegeben werden.
Redaktion: Ralf Lay
Alle Illustrationen im Innenteil von Emanuel Santos außer:
S. 42, 65, 94, 131, 191, Le-Tex Publishing Services, Leipzig, nach Emanuel Santos
S. 70: Sandra Schaffarczyk nach Jane Barthelemy, www.fiveseasonsmedicine.com
S. 105: Wellcome Collection
Covergestaltung: Kishan Rajani/Orion Books
Coverabbildung: Kishan Rajani/Oriobooks
Satz: Adobe InDesign im Verlag
Druck und Bindung: CPI books GmbH, Leck
ISBN 978-3-426-29307-2

2 4 5 3 1

Für Aaron,

der mir das Lachen und die Liebe ins Leben bringt

Und im Gedenken an Mayling. Du hast auf Schritt und Tritt Leichtigkeit und Freude verbreitet.

Vorbemerkung zu der Sprache und den Texten, die in diesem Buch verwendet wurden

Zur Sprache: Es gibt zwei Arten der Transliteration für die chinesische Schrift: Pinyin und Wade-Giles. In den meisten Fällen wird Pinyin weltweit als Standard verwendet. Ausnahmen gelten, wenn die Wade-Giles-Transliteration allgemein gebräuchlich geworden ist, wie zum Beispiel im Fall von »Tai-Chi«. Ich verwende nicht die vereinfachten, sondern die komplexen chinesischen Schriftzeichen, außerdem Pali und, in Zusammenhang mit der Terminologie aus dem Yoga, Sanskrit.

Zu den verwendeten Texten: Viele der Textbezüge, die in Xiu Yang verwendet werden, stammen aus einem frühen daoistischen Text, der als *Innere Übung (Neiye)* bezeichnet wird. Dieser Text aus dem 4. Jahrhundert v. Chr. ist nicht sehr bekannt, wohl aber der älteste mystische Text Chinas. Auch wenn ich noch andere berühmte, klassische chinesische Texte wie das *Dao De Jing*, das *Chuang Tzu* und die *Gespräche des Konfuzius* zitiere, habe ich mich doch vor allem auf die *Innere Übung* bezogen, um die frühesten Quellen und die Grundlage der Selbstkultivierung in der chinesischen Tradition anschaulich zu machen. Die in der *Inneren Übung* enthaltenen geistigen und körperlichen Techniken zur Selbstdisziplin sollten dem Erhalt physischer Gesundheit, einem langen Leben und spiritueller Transzendenz dienen. Mit anderen Worten: Sie sollten den Menschen ein Mittel für mehr Zufriedenheit, Gesundheit und Ausgewogenheit im Leben an die Hand geben. Genau das ist auch der Zweck dieses Buches.

INHALT

Xiu Yang (ausgesprochen »schu yang«) ist die alte chinesische Kunst der Selbstkultivierung. Über Jahrhunderte haben die Menschen Xiu Yang genutzt, um ihre Gesundheit zu stärken sowie lange und glücklich und in Harmonie mit der Natur zu leben. Xiu Yang ist die Grundlage der chinesischen Heilmethoden und spirituellen Praktiken. Die Weisen, Herrscher und spirituell Suchenden, die sich Xiu Yang zu eigen machten, glaubten daran, dass man die eigenen Rauigkeiten und Unebenheiten glätten kann, bis Körper und Geist genährt, die Energien gestärkt sind und der Geist integriert ist und bis sie von den Kräften der Natur geleitet werden. Im Kern fragt uns Xiu Yang: »Welche positiven Eigenschaften möchten wir im Leben pflegen?« Es zeigt uns, dass wir mit dem, was wir säen und wachsen lassen, unser bestes Selbst sein können. Und dies spiegelt sich dann wiederum als allumfassendes Gutsein und Wohlbefinden in der Gesellschaft, Natur und im Universum wider. Auch heute können wir Xiu Yang als alte Weisheitstradition nutzen und diesem elementaren Pfad folgen, um ein glücklicheres, gesünderes und ausgeglichenes Leben zu führen.

VORWORT

Der Samen versteht es, zu wachsen und zu blühen,
die Menschen haben eine ähnliche Fähigkeit …

Der Samen versteht es tatsächlich, zu wachsen und zu blühen, doch wer je einen Garten angelegt hat, weiß auch, dass die Natur den, der seinen Garten gut pflegt, besonders belohnt. Gartenpflege ist eine tägliche Aufgabe: die Erde düngen, empfindliche Sämlinge wässern, nach frühen Anzeichen von Krankheiten Ausschau halten, Pflanzen vor schädlichen Winden und Frost schützen, die Früchte und das Gemüse ernten, wenn sie am reifsten sind. Werden diese Aufgaben mit Sorgfalt und Beständigkeit erledigt, ist es wunderbar zu sehen, wie der Garten vor Lebenskraft strotzt und uns mit reichhaltiger, nahrhafter Nahrung belohnt. Nach wenigen Wochen, Monaten oder Jahren der Vernachlässigung dagegen dreht sich das Rad in die andere Richtung, und derselbe Garten geht Auflösung, Krankheit und Verfall entgegen.

Gartenpflege unterscheidet sich nicht groß von Haushaltspflege, der Pflege einer Beziehung oder der eigenen Gesundheit. Putzen wir regelmäßig unser Zuhause oder räumen wir auf, dann haben wir einen schönen, beruhigenden Ort zum Leben und für den Besuch von lieben Gästen. Investieren wir Zeit und Energie in unsere Beziehungen, bauen wir damit dauerhafte Verbindungen auf, die den Prüfungen der Zeit mit größerer Wahrscheinlichkeit standhalten werden. Und nirgendwo sind die Ergebnisse beständiger Fürsorge deutlicher zu erkennen als angesichts guter Gesundheit, geistiger Klarheit und Freude.

Doch stehen wir heute einer weltweiten Gesundheitskrise mit Krankheiten und gesundheitlichen Störungen gegenüber, die weitgehend auf unausgewogene Lebensgewohnheiten, schlechte Ernährung und den simplen Mangel an Bewegung und körperlicher Ertüchtigung zurückzuführen sind. Man hat uns eingebläut, Gesundheit und »Gesundheitssicherung« gehörten in den Zuständigkeitsbereich von »Gesundheitsfachleuten«, in deren Hände wir uns begeben, weil sie angeblich dafür verantwortlich sind, unsere Krankheiten und Wehwehchen zu behandeln. In einem solchen kulturellen Kontext könnte die einfache und doch tiefgründige Botschaft von *Xiu Yang* leicht überschattet werden, doch wird die Dringlichkeit und Bedeutung dieses Buches jedem deutlich sein, dem an Kultivierung und Erhalt des eigenen physischen, mentalen und emotionalen Wohlbefindens gelegen ist. Die elementare Botschaft von Xiu Yang besteht darin, dass unsere Gesundheit und unser Glück in hohem Grad in unserer eigenen Kontrolle liegen, falls wir so unabhängig sein wollen.

Als Praxis für das »Glätten der Rauigkeiten und Unebenheiten« und Neubeleben der uns angeborenen Ganzheit und Verbundenheit mit der Natur könnte es für Xiu Yang, interpretiert aus moderner Sicht, keinen besseren Zeitpunkt geben als heute. Wer von uns spürt nicht den Sog in die Hektik des modernen Lebens, vom Moment des Aufwachens an bis zum Schlafengehen, wo wir uns auf der Stelle ins Bett fallen lassen und oft in einen ruhelosen Schlaf kollabieren? Dazwischen ringen wir mit einem unverdaulichen Wust an Informationen, weil wir uns von morgens bis abends von unseren digitalen Medien vollstopfen lassen, während wir gleichzeitig mit den akuten Erfordernissen von Zuhause, Arbeit und familiärer Verantwortung jonglieren. Dabei gibt es noch eine andere Art zu leben. Dieses erfreuliche Buch bietet uns auf liebenswürdige Weise einen Ausblick, wie das aussehen könnte und wie wir – mittels einfacher, praktischer Schritte – wieder Harmonie in unser Leben bringen können.

Von Anfang an war ich bei der Lektüre von Xiu Yang beeindruckt von der ruhigen, liebenswürdigen und verhaltenen Stimme der Autorin, die sich ganz im Hintergrund hält und doch zwischen den Zeilen und mit jedem Wort, jedem Satz und mit jedem auf wunderbare Weise handgewobenen Konzept die Fäden fest im Griff hat. Schon die Lektüre dieses Buches an sich ist ein therapeutisches Erlebnis, da man die direkte Erfahrung von jemandem aufsaugt, der die Botschaft von Xiu Yang lebt und atmet: Selbstkultivierung für ein glücklicheres, gesünderes und ausgewogenes Leben.

Im Verlauf des Buches erinnert Mimi Kuo-Deemer die Leser wieder und wieder an den fundamentalen Unterschied zwischen Selbstkultivierung und Selbstfürsorge, die sich oft darin äußert, dass wir uns kleine »Leckerbissen« gönnen wie etwa ein heißes Bad oder einen Wochenendausflug, um einem ansonsten schädlichen Lebensstil Abhilfe zu schaffen. Selbstkultivierung dagegen ist eine *Lebensweise,* wie ein Gemälde, an dem wir wieder und wieder malen, um es in seinen Farben, Formen und seiner Perspektive auszubalancieren. Bei Selbstkultivierung geht es darum, in uns, mit anderen und mit der Welt ein besseres Gleichgewicht zu finden.

Der Begriff »Xiu Yang« könnte zunächst für Menschen außerhalb Chinas wie eine abseitige und fremdartige Praxis von geringer Bedeutung wirken. Doch wird schnell klar, dass die Grundprinzipien von Xiu Yang für alle diejenigen leicht anwendbar sind, die sich ein zukunftsfähiges Leben aufbauen möchten, das von lebenssprühender Gesundheit, mentaler und emotionaler Klarheit und dem grundlegendsten menschlichen Bedürfnis überhaupt erfüllt ist: von Glück und Zufriedenheit.

Mimi bringt die Leser behutsam dazu, sich ihrem Atem, Körper und einer weiter gefassten Kultivierung des Qi zu widmen, jener treibenden Lebenskraft, die im menschlichen Körper für Harmonie sorgt. Schritt für Schritt baut Mimi die Basisübungen auf und bindet dann die tiefergehende Achtsamkeitspraxis wie auch die schwierigeren Übungen von Vergebung und Mitgefühl mit ein. Dabei verwendet sie durchgehend die althergebrachte Tradition des Geschichtenerzählens, um dem Leser jedes dieser Prinzipien nahezubringen. Sie schöpft hier aus ihren eigenen reichhaltigen Lebenserfahrungen und denen ihrer vielen Schüler. Diese Geschichten rühren ans Herz und verankern so das Verständnis dort, wo es am besten Wurzeln schlagen und gedeihen kann.

Mit dem vorliegenden Buch birgt und archiviert die Autorin einen Weisheitsschatz, der in Gefahr ist, für immer verloren zu gehen, da China inzwischen viel Oberflächliches aus der westlichen Kultur übernommen und die eigenen historisch überlieferten Heilungsverfahren aufgegeben hat. Durch ihr Leben, ihre Arbeit, Forschung und Lehre im Fernen Osten und im Westen hat Mimi eine Brücke zwischen beiden Kulturen geschlagen und so die einzigartige Fähigkeit bewiesen, die subtilen und mitunter kaum zu fassenden Konzepte der chinesischen Medizin, der konfuzianischen Philosophie, des Daoismus, Buddhismus und Yoga verständlich und zu einem kohärenten Ganzen werden lassen. Sie selbst drückt es so aus: »Bei Xiu Yang geht es nicht darum, Wunden zu verbinden oder bereits vorhandene Schäden zu beheben. Es geht darum, die Richtung zu ändern und einen neuen Weg zu beschreiten.« Seien Sie sich gewiss, dass Sie mit der Lektüre dieses Buches einen verlässlichen Ratgeber in der Hand haben, der Ihnen diese neue Richtung weist.

Donna Farhi

EINLEITUNG

EIN SELBST, DAS VOLLSTÄNDIG UND GANZ IST

Über Jahre lebte ich als Fotojournalistin in China, völlig überarbeitet, asthmatisch und gestresst. Ich reiste zu viel, rauchte zu viel und war in der Regel keine besonders angenehme Gesellschaft. Zunächst mal hatte ich häufig Infekte. Als ich dann einmal ernsthaft erkrankte, wurde mir klar, dass sich etwas ändern musste. Anfangs dachte ich noch wie viele andere, mich selbst zu heilen würde bedeuten, mich in Ordnung zu bringen und zu bessern. Mit der Zeit lernte ich jedoch, dass wir uns nicht als irgendwie beschädigt oder mangelhaft sehen sollten. Stattdessen können wir uns daran erinnern, dass unter den verkrusteten Schichten von Anspannung, Müdigkeit oder Sorgen bereits das Gefühl von einem Selbst existiert, das unversehrt, ganz und vollständig ist. Donna Farhi hat mir als eine meiner wichtigsten Yoga-Lehrerinnen geholfen, dies zu verstehen. In ihrem Buch *Yoga Mind, Body and Spirit* vermittelt sie uns Yoga als eine Praxis, mithilfe derer wir abbauen können, was uns am Erleben unseres authentischen Selbst hindert. Im Buch schreibt sie: »In der Anstrengung, uns zu ändern und zu bessern, steckt das Risiko subtiler Autoaggression, die nur umso mehr Unzufriedenheit produziert. Wir können nicht nach etwas streben, das wir bereits sind.«

Das Hauptziel von Xiu Yang besteht nicht darin, uns an unsere Fehler zu erinnern, sondern darin, uns unser Potenzial bewusst zu machen und echtes Gleichgewicht und Wohlbefinden zu erfahren. Spüren wir, wie dieses Potenzial erwacht, erlangt unser Leben auf natürliche Weise tieferen Sinn und Wert und wird reicher. Für mich persönlich ist die Verinnerlichung der Prinzipien von Xiu Yang zu einem Weg geworden, der mich so gesund gemacht hat, wie ich es mir vor 15 Jahren nicht hätte vorstellen können.

Die Schönheit von Xiu Yang beruht darauf, dass es grundsätzlich auf einfache und natürliche Weise zugänglich ist. So wie ein Fisch aus dem Ei zu schlüpfen und zu schwimmen vermag oder ein Samen zu wachsen und zu blühen weiß, haben die Menschen die Fähigkeit, gut zu leben und anhaltend Zufriedenheit und Frieden zu erfahren. Zudem sind wir in der Lage, Weite und Raum zu verspüren, und brauchen uns nicht immer nur eng, verkrampft, klein oder abgetrennt zu fühlen. Doch weil das Menschsein eine so schwierige Sache ist, vergessen Körper, Geist und Herz es nur allzu leicht, wie weit sie sich machen können. So werden sie tagtäglich eng und verlieren die Verbindung zueinander, was zu Angst, Traurigkeit und Verwirrung führt.

Die alten Chinesen wussten, dass unsere Fähigkeit, frei zu leben, häufig beeinträchtigt ist. Deshalb war es ihr Bestreben, das Gefühl von Gleichgewicht, Harmonie und Zugehörigkeit zur Welt wiederzuentdecken. Sie empfahlen die Kultivierung und Pflege bestimmter Herangehensweisen für Körperübungen, Diät und Ernährung, Schlafgewohnheiten, Atmung, Meditation und für das Liebesspiel. Ebenso traten sie für Tugenden wie Freundlichkeit, Großzügigkeit und Mitgefühl ein. Durch eine Neuausrichtung dieser ganz alltäglichen Dinge konnten wir uns langsam wieder auf die natürlichen Muster und Zyklen des Universums ausrichten. Das Nähren und die Pflege guter Gewohnheiten und Lebensentscheidungen waren wie das Bestellen eines Feldes, auf dass dort die gesündesten, nachhaltigsten Pflanzen wachsen mochten.

Die Grundprinzipien, auf denen Xiu Yang beruht, sagen uns, dass wir nicht in Harmonie mit der Welt sein können, solange wir es nicht mit uns selbst sind. Unabhängig vom Alter, dem gesundheitlichen Zustand oder den Umständen haben wir alle die Gelegenheit und Fähigkeit, unser inneres Gleichgewicht zu entdecken, das sich im Außen wiederum anhand unserer Ausstrahlung zeigt.

Diese frühen Vorstellungen von Xiu Yang haben sich über Jahrhunderte hinweg überliefert und beeinflussen noch heute die Art und Weise, auf die viele Chinesen – vor allem diejenigen, die sich Traditionen wie dem Konfuzianismus, Daoismus oder Buddhismus verbunden fühlen – ihr Leben angehen. Indem ich wichtige, für Sie leicht machbare Übungen aus heutiger Sicht erkunde, hoffe ich, genau dies hier anbieten zu können.

EINE PRAXIS FÜRS HERZ

»Xiu Yang« ist die Kurzform von *xiu xin yang xin* (修心養心). Auf Chinesisch heißt *xiu* »kultivieren«, *yang* »nähren«, und *xin* bedeutet »Herz«. Xiu Yang ist daher nicht nur reine Selbstkultivierung oder Selbstpflege, sondern es geht darum, *das Herz* zu kultivieren, zu pflegen und zu nähren. Das Herz ist ein reicher, weiter Ort. In vielen spirituellen Traditionen – vom Daoismus bis hin zum Buddhismus und Yoga – stellt es unendliche Weite dar, ist der Sitz des Bewusstseins und der Ewigkeit und der oberste Herrscher. Im Tibetischen Buddhismus ist das Herz Heimstatt eines Juwels. Wenn das Herz erwacht, strahlt es in alle Richtungen das Licht des Mitgefühls aus. Widmen wir uns der Kultivierung und Pflege des Herzens und nähren es, dann können wir Zugang zu seinem natürlichen Zustand gewinnen, der aus Offenheit, Klarheit, Stärke, Liebe und Mitgefühl besteht.

XIU YANG IM HEUTIGEN CHINA

Wenn man Chinesen nach der Bedeutung von Xiu Yang fragt, werden die meisten sagen, es sei eher eine Qualität als ein Prozess. Hat jemand Xiu Yang, ist er ein guter und tugendhafter, ethisch handelnder Mensch. Als Tochter chinesischer Immigranten in den USA glaubte auch ich das. Doch während Xiu Yang durchaus den Charakter einer Person widerspiegeln kann, wurde es doch über einen Großteil der chinesischen Geschichte hinweg als eine Praxis verstanden, mithilfe derer man – durch spirituelle und Körperübungen – eine engere Beziehung mit der Natur kultivieren konnte.

Das Wissen über die meisten dieser Praktiken ist den heute in China lebenden Menschen verloren gegangen. Dies liegt teilweise daran, dass bis vor Kurzem die Festlandchinesen den Daoismus und Konfuzianismus – die Systeme also, aus denen Xiu Yang entstanden ist – als verweichlichende ideologische Gerüste betrachteten, die zum Zerfall des chinesischen Kaiserreichs führten. Die Auswirkungen des Kolonialismus, der Modernisierung und des Kommunismus haben in den letzten 150 Jahren viele chinesische Intellektuelle wie auch die Öffentlichkeit dazu gebracht, spirituelle und religiöse Praktiken als Teil einer feudalen Vergangenheit abzulehnen, die China davon abhielt, wissenschaftliche Fortschritte zu machen wie der Westen. Meine Eltern gehörten zu denen, die Meditation, Qigong und andere traditionelle Systeme zur Kultivierung des eigenen Selbst als rückwärtsgewandt und abergläubisch betrachteten. Erst seit etwa zehn Jahren kehrt sich der Trend langsam um. Die Zahl der neu gebauten daoistischen Tempel ist sprunghaft angestiegen. Buddhistische Meditation und Retreat-Zentren erfreuen sich großen Zulaufs. Überall in Festlandchina beginnen die Menschen, das Xiu Yang wieder mit seiner ursprünglichen Idee zu verknüpfen – mit dem Streben nach einer besseren Gesundheit, einem glücklicheren und ausgewogeneren Herzen, ethischer Klarheit und schließlich sogar nach einem spirituellen Erwachen. Meine Hoffnung ist, dass wir diesen reichen Weisheitsschatz auch in der westlichen Welt werden nutzen können.

SELBSTKULTIVIERUNG IM YOGA UND IM BUDDHISMUS

Nicht nur die Chinesen hegten die Überzeugung, sie könnten positive Eigenschaften kultivieren. Die buddhistischen Meditationen und Praktiken, die sich zum Beispiel der Entwicklung von Mitgefühl, Freundlichkeit und Freude widmen, sind unter dem Begriff *bhāvanā* bekannt, was »Hervorbringen«, »Entwicklung« oder »Ins-Sein-Bringen« bedeutet. Die Kultivierung guter Eigenschaften soll uns auf dem Weg zu größerer Einsicht, Weisheit und zum Erwachen behilflich sein.

Auch Yoga-Praktizierende haben sich über Jahrhunderte mit *bhāvanā* befasst, um mustergültige Charakterzüge zu kultivieren. Zwar hat es in der Geschichte des Yoga auch den Drang zu drastischen Maßnahmen gegeben – wie etwa Praktiken, zu hungern, den Atem anzuhalten oder jahrzehntelang einen Arm in die Höhe zu halten –, doch gab es ebenso Menschen, die den sanfteren Weg von *bhāvanā* wählten. Beim Erforschen von Xiu Yang werden wir auch einige dieser sanfteren Herangehensweisen aus dem Yoga und dem Buddhismus berücksichtigen, um mögliche Wege zu einem besseren Leben aufzuzeigen.

EINE ALTE, JEDEM ZUGÄNGLICHE TRADITION

Die Antwort auf die Frage, wer Xiu Yang praktizieren kann, lautet: jeder. In China haben im Lauf der Geschichte daoistische Priester ebenso wie buddhistische Nonnen, konfuzianische Gelehrte und Regierungsbeamte Xiu Yang praktiziert. Wie war das möglich? Anders als in der jahrhundertelangen Zerstrittenheit zwischen Christentum und Islam war in der chinesischen religiösen Tradition eine friedliche Koexistenz vieler verschiedener Glaubensformen möglich. Für das heutige Festlandchina trifft dies zwar weniger zu, doch in den Chinatowns von London oder New York City, in Hongkong oder Malaysia kann man als typische Tempelszene beobachten, wie sich jemand vor einer Statue des Konfuzius verneigt, zu Tian Hou, der daoistischen Himmelsgöttin, betet und schließlich dem buddhistischen Guanyin oder Bodhisattva des Mitgefühls eine Opfergabe darbringt.

Nur selten hatte sich in der chinesischen Geschichte eine Tradition gegenüber einer anderen zu beweisen. Dies wäre ein wichtiges Vorbild vor allem in der heutigen Zeit, in der eine starke Identifikation mit einer bestimmten Praxistradition häufig zu einer Entzweiung und Entfremdung spirituell Praktizierender führt. Das heißt, Xiu Yang ist eine Praxis für alle. Sie brauchen keinen spezifischen Hintergrund, um sich Xiu Yang zuzuwenden; Sie brauchen nur daran zu denken, dass Sie Teil der Natur sind und das Potenzial haben, das zu entwickeln, was in Ihrem Leben von tieferem Sinn erfüllt und wertvoll ist.

HARMONIE IN DER WELT DURCH HARMONIE IN UNS

Das Buch ist in vier Teile aufgeteilt:

- *Teil 1:* Die Kunst von Xiu Yang
- *Teil 2:* Xiu Yang für einen gesunden, harmonischen Körper
- *Teil 3:* Xiu Yang für ein ausgewogenes geistiges und emotionales Leben
- *Teil 4:* Xiu Yang für einen glücklicheren Platz in der Welt

In *Teil 1* möchte ich Ihnen das Dao im Zusammenhang mit den Zielen des Xiu Yang nahebringen. Außerdem stelle ich Ihnen das Mandala von Xiu Yang vor. Ein Mandala ist ein rituelles Symbol, das das Universum darstellt. Es besteht gewöhnlich aus Kreisen innerhalb eines Quadrats. Das Mandala von Xiu Yang können Sie gewissermaßen als Landkarte für Ihre innere Balance nutzen; äußerlich wird es Ihnen zu Frieden im Leben verhelfen. Es wird Sie darin unterstützen, Ihre Sinne zu schärfen und Wege zu finden, wie Sie zu jeder Zeit Selbstkultivierung praktizieren können. Es wird Ihnen außerdem im Verlauf des Buches bei der Ausrichtung Ihrer Übungen helfen.

In *Teil 2*, dem Xiu Yang für den Körper, werden wir erkunden, wie wir uns an den natürlichen Tagesrhythmen ausrichten können. Hier wird die Wichtigkeit von gemäßigten Körperübungen, gesunder Atmung und Ernährung aus Sicht von Xiu Yang erklärt.

Teil 3 zielt darauf ab, Sie mithilfe der Achtsamkeitslehren des Buddha enger mit Ihrem Herzen und Geist vertraut zu machen. Durch ein besseres Verständnis Ihres Herzens werden Sie die Menschen in Ihrem Leben und in Ihrem sozialen Umfeld mit mehr Umsicht und Mitgefühl wertschätzen und lieben können. Hierauf konzentriert sich *Teil 4*.

Beim Lesen werden manche der Ideen Sie inspirieren oder Ihnen gleich nützlich erscheinen. Andere mögen Ihnen so vorkommen, als wären sie nicht machbar. Nehmen Sie die unmittelbar inspirierenden Ideen oder Möglichkeiten, neue Aspekte von sich zu kultivieren, wie Blumen, die Sie in der Gärtnerei kaufen und zu Hause aufs Fensterbrett stellen, um sich täglich daran zu erfreuen. Die Abschnitte, von denen Sie eher denken: »Das ist zwar vielleicht eine gute Idee, aber im Moment für mich nicht durchführbar«, können Sie wie Samen oder Knollen betrachten, die Sie erst einmal im Gewächshaus aufbewahren, um sie dann irgendwann zu einem späteren Zeitpunkt in die Erde zu setzen.

Das Wichtigste ist, dass Sie beim Lesen meine Worte oder die Worte anderer nicht als absolute Wahrheit verstehen. Halten Sie es so, wie es der Buddha empfahl: *Dhamma ehipassiko* – oder »Komm und sieh selbst«. Erkunden, erforschen und untersuchen Sie diese Lehren im Licht Ihres eigenen Urteilsvermögens, Ihrer persönlichen Praxis und Erkenntnisse. Das ist die beste Rückversicherung, um wirklich festzustellen, ob die Übungen für Sie nützlich, wirksam und sinnvoll sind.

VON SELBSTFÜRSORGE ZU SELBSTKULTIVIERUNG ODER -PFLEGE

Fangen wir an, mit Xiu Yang zu arbeiten, müssen wir uns zunächst im Klaren darüber sein, dass Selbstkultivierung etwas anderes ist als Selbstfürsorge. Selbstfürsorge mag uns mitunter als kurzfristige Lösung für unsere Schwierigkeiten erscheinen: Nach einem harten Tag gönnen wir uns ein heißes Bad oder eine Massage, schauen uns einen Liebesfilm an oder essen ein Eis. Auch wenn Selbstfürsorge unerlässlich ist, können wir sehen, dass wir tiefere, anhaltende Lösungen benötigen, um Gesundheit und Wohlbefinden auf lange Sicht zu fördern.

Bei Xiu Yang geht es nicht darum, Wunden zu verbinden oder bereits vorhandene Schäden zu beheben. Es geht darum, die Richtung zu ändern und einen neuen Weg zu beschreiten. Es geht darum zu prüfen, was es heißt, Mensch zu sein in dieser Welt, mit all den unterschiedlichen Rollen und Verantwortungen, die wir übernehmen. Es geht darum zu fragen: »Wie finde ich meinen Weg so natürlich, klar und wach wie möglich?« Es geht darum, zur eigenen inneren Quelle zurückzufinden und zu prüfen, welche Aspekte unseres Herzens wir kultivieren und nähren wollen, um die Tiefe und den Glanz des eigenen inneren Seins finden zu können. Xiu Yang hilft uns zu erkennen, wohin eine Selbstkultivierung uns führen kann: dass wir das Gefühl von einem Selbst bekommen, das nicht fragmentiert, abgetrennt und beschädigt, sondern Teil der Gesamtheit des immer ganzen und vollständigen Universums ist.

Teil 1

DIE KUNST VON XIU YANG

Ich frage mich oft, wie wohl die Schönheit der Natur entstanden ist. Wie konnten die Vielfalt, Ausgewogenheit und die Farben eines Sonnenuntergangs, von Wildblumen oder Herbstblättern zu einer so hohen Kunst geraten? Wenn ich mir die Natur und ihre feinen Muster ansehe, überwältigt mich häufig eine »wortgewandte Sprachlosigkeit«, eine Erfahrung, die meinen Versuch, das Geschehen zu interpretieren, transzendiert. Manche geben diesem Ursprung einen Namen, wie zum Beispiel »Wissenschaft«, »Gott« oder »Liebe«. Die alten chinesischen Weisen verstanden den Ursprung der natürlichen Welt als das Dao.

Ihrer Auffassung nach konnte das Dao nur verstanden werden, indem man die Erfahrung des gegenwärtigen Augenblicks kultivierte. Für sie war die große Schöpfung unseres Lebens wie die endlose Leinwand des Himmels, die sich den Sternen öffnet: Sie sahen sie als unendlich und voller Möglichkeiten. Xiu Yang ist das Instrument, mit dessen Hilfe wir diese Möglichkeiten erkennen können. Es richtet unser Streben darauf aus, sich so voll und authentisch wie möglich mit dem zu verbinden, was uns umgibt. Dabei entdecken wir Wege und Möglichkeiten, unsere Widerstände gegen die Herausforderungen des Lebens zu schmelzen und uns mit dem Potenzial des Menschen in Einklang zu bringen, der wir sein können. Dies ist die Kunst von Xiu Yang.

1

XIU YANG UND DAS DAO

Xiu Yang macht das Dao für die Menschen erfahrbar. Es ermöglicht uns, uns eins mit dem Dao und seinen sich entfaltenden, lebendigen Impulsen zu fühlen. Genau wie ein Samen Nährboden, Wasser und Sonne braucht, um zu keimen und zu einer blühenden Pflanze zu reifen, benötigen Körper, Geist und Seele bestimmte günstige Bedingungen, um mit weniger Reibung und mehr Leichtigkeit wachsen und reifen zu können. Mit Xiu Yang können wir herausfinden, wie wir in größerer Übereinstimmung mit der natürlichen Entfaltung des Dao leben können.

Was ist das Dao? Wörtlich bedeutet es »Weg« oder »Pfad«, es kann aber auch »Lehre« meinen. Einfach ausgedrückt ist es die Kraft, die allen fortdauernden Mustern des Universums zugrunde liegt. Natürlichkeit, Mühelosigkeit und Einfachheit bilden den Mittelpunkt des Dao. Es heißt, dass es sich formlos und fließend entfaltet. Im *Dao De Jing* (andere Schreibweisen: *Tao te king* oder *Tao te-ching*), einem weltweit übersetzten Buch, das die zentralen Themen des Dao darstellt, ist es eine namenlose Kraft, die sich schwer definieren und doch alles entstehen lässt.

Das Dao wird oft mit Wasser gleichgesetzt: Es füllt sich endlos selbst wieder auf, ist weich und doch zutiefst kraftvoll. In seiner Essenz ist es gut und elementar wohlwollend. Das Dao wird als groß definiert, es war schon bei der Entstehung von Himmel und Erde da. Zudem ist es demütig: Es fließt auch an die niedersten Orte und nährt alles, ohne je darum gebeten werden zu müssen. Es schenkt allem Leben und fordert nichts dafür, es nützt allem, ohne Partei zu ergreifen, und regiert, ohne seine Autorität geltend zu machen. Es bewegt sich – im Gegensatz zu den heutigen linearen, zielorientierten Tendenzen der Menschen – zyklisch und in Kreisen. Manche beschreiben das Dao als unberührbare Energie, die sich überall bewegt und findet und zugleich ganz plötzlich ruhen kann – und zwar in den Momenten, in denen es im Herzen wohnt.

NICHTS IST VONEINANDER GETRENNT

Das Grundprinzip des Dao besteht darin, dass alle Erfahrung relativ ist; nichts existiert vollkommen isoliert oder getrennt von allem anderen. Jedes Ding existiert nur in Beziehung zu etwas anderem. Das heißt, dass nichts an sich lang oder kurz ist; definieren wir etwas als lang, ist es nur länger als etwas, was wir für den Standard halten. Dasselbe gilt für innen und außen, schön oder hässlich, aufregend oder langweilig. Um es mit den Worten des *Dao De Jing* zu sagen:

> Denn Sein und Nichtsein erzeugen einander.
> Schwer und Leicht vollenden einander.
> Lang und Kurz gestalten einander.
> Hoch und Tief verkehren einander.
> Stimme und Ton sich vermählen einander.
> Vorher und Nachher folgen einander.

Das Symbol von Yin und Yang macht diese Vorstellung von Relativität, Ausgewogenheit und Ganzheit am besten anschaulich. Es zeigt, wie Gegensätze in der Totalität, die das Dao ist, koexistieren können. Yin ist Schatten, Empfänglichkeit, Zusammenziehen, Dichte und Dunkelheit. Yang ist Helligkeit, Aktivität, Ausdehnung, Veredelung und Licht. Diese gegensätzlichen Kräfte wirken zusammen, um Harmonie und Kontinuität zu erschaffen. Sie können ohneeinander nicht sein. Und die ihnen zugesprochenen Eigenschaften sind mit keinerlei Wertung verbunden.

Die Schriftzeichen für Yin und Yang waren ursprünglich als Schatten- und Sonnenseite eines Berges definiert. Die alten daoistischen und schamanischen Weisen beobachteten, dass, wenn die Sonne aufging und über den Himmel zog, zuerst die eine Seite des Berges von der Sonne bestrahlt wurde, während die andere Seite im Schatten blieb. Wenn die Sonne am Nachmittag ihre Reise über den Himmel bis zur Dunkelheit fortsetzte, kehrte sich das Muster um, sodass nun die zuvor sonnenbeschienene Seite des Berges im Schatten lag und die schattige Seite in der Sonne. Im Zusammenspiel von Yin und Yang lässt sich in der Welt wie auch in unserem Leben eine natürliche Harmonie entdecken.

In welcher Verbindung steht diese Sichtweise mit Xiu Yang? Immer dann, wenn wir einer schwierigen Situation begegnen, wenn wir uns zum Beispiel beleidigt, beurteilt oder auf andere Weise unbehaglich fühlen, erinnern wir uns zugleich daran, *dass nichts vom anderen abgetrennt ist*. Das Dao lehrt, dass alle Gegensätze harmonisiert werden und zusammengenommen ein Ganzes bilden. Dies hilft zu erkennen, dass es nicht stimmt, wenn wir denken, wir hätten eine andere Meinung als die anderen oder andere wären im Unrecht und wir hätten recht. Mit dem Dao werden wir eingeladen, immer auch den Kontext mitzuberücksichtigen. Wir erinnern uns, dass wir nicht isoliert von den anderen existieren, sondern Teil einer lebendigen, atmenden Matrix sind, die alle Lebewesen definiert und formt. Vollkommenheit und Einheit sind ständig gegenwärtig. Sie bilden unsere elementare Natur und sind uns stets zugänglich. Xiu Yang hilft uns, das zu erkennen.

Dieses Einheitsmodell ist uns von großer Hilfe, wenn es darum geht, im Leben den Überblick zu behalten. In der Dunkelheit des Yin steckt implizit das Licht des Yang. In der Helligkeit des Yang wird das Dunkel des Yin akzeptiert und verstanden. Dies kann uns helfen, nicht zu vergessen, dass wir, egal, wie schwer wir es gerade im Leben haben mögen und wie groß auch immer der Schmerz sein mag, dennoch Licht in uns einlassen können. Entsprechend erinnern wir uns auch dann, wenn uns alles gelingt und wir glücklich sind, dass wir uns von der Möglichkeit eines Verlustes nicht abkehren und Unbehagen nicht ausschließen sollten. Xiu Yang schenkt uns die geistige und körperliche Disziplin, die nötig ist, um diesen Gesamtüberblick zu behalten. Sie ermöglicht uns zu erkennen, dass unsere Erfahrung nicht bruchstückhaft oder geteilt, sondern ein Tanz der Gegensätze ist. An manchen Tagen scheint für uns die Sonne, an manchen stehen wir im Schatten – und das ändert nichts an der Gesamtheit unseres Seins.

Ein tieferes Verständnis der Beziehungen zwischen Yin und Yang bildet den Kern vieler spiritueller Lehren. Es hilft uns zu erkennen, dass Traurigkeit und Glück ebenso gleichzeitig aufsteigen können wie Freude und Schmerz. Entsprechend begreifen wir, dass zum Leben der Tod gehört. Nichts kann ohne das andere existieren. Wenn wir diesen Erfahrungszugang akzeptieren, können wir anfangen, die Hoffnung auf Genuss und den Kampf gegen den Schmerz loszulassen.

Im Jahr 2015 gab es eine Reihe von Terroranschlägen in Paris, dann auch in Berlin. Diese Tragödien riefen mir die beeindruckende Lehre eines klassischen yogischen Textes ins Gedächtnis, des *Yogasutra: pratipakṣa-bhāvanam.* Darin geht es darum, den entgegengesetzten Blickwinkel zu kultivieren, vor allem dann, wenn starke, schwierige Gefühle im Spiel sind. Eine Schülerin hatte mich zu dieser Idee befragt. Als Antwort schrieb ich ihr Folgendes:

> *Pratipakṣa-bhāvanam* hilft, den Überblick darüber zu behalten, dass Ereignisse im Rahmen eines Spektrums wirken. Manchmal schwingt das Pendel zu einem Extrem von Gefühlen, und in unserer Verzweiflung vergessen wir, dass es auch Glück und Schönheit gibt. Richard Freeman sagte einmal in einem Vortrag, *pratipakṣa-bhāvanam* sei in den Bewegungen des Vinyasa-Yoga wunderbar veranschaulicht: Auf den »Herabschauenden Hund« folgt der »Heraufschauende Hund«, aufs Einatmen folgt stets das Ausatmen. Gott sei Dank bleiben wir nie für immer im »Heraufschauenden Hund« stecken! Wir haben den Überblick und die Erfahrung von seiner Ergänzung und seinem Gegenteil. Sri Swami Satchidananda beschreibt in seiner Übersetzung des Sutras, wie man entgegengesetzte Gedanken einlädt, um negative Gedankenmuster zu entschärfen. Spüren wir Hass oder Wut, dann denken wir an die Liebe oder betrachten ein schönes Bild. Wenn eine Tragödie wie zum Beispiel ein Terroranschlag geschieht, dann wenden wir uns nicht etwa ab von Trauer, Traurigkeit, Angst oder Wut. Wir erinnern uns dennoch daran, dass es trotz dieser Tragödie auch noch Schönes gibt. In den letzten Tagen war ich sehr berührt von den Posts und Geschichten darüber, wie sich Gemeinschaften gefunden haben, die Blut spenden, Unterkünfte anbieten, nach geliebten Menschen forschen und daran arbeiten, mit jedem Tag mehr Freundlichkeit zu entwickeln. Die

Welle der Liebe, der Hoffnung und des Vertrauens ist ermutigend und mutig. Das ist eine wunderbare Übung in *pratipakṣa-bhāvanam.* Möge uns dies helfen, die Zusammenhänge im Blick zu behalten, und uns in unserer wesentlichen menschlichen Fähigkeit bestärken, zu wachsen und uns zu ändern.

Wir bagatellisieren das Geschehene nicht und entlassen auch niemanden aus seiner Verantwortung. Kann das Leben schön sein? Ja, es kann der Himmel auf Erden sein. Kann das Leben schrecklich sein? Ja, es kann das absolute Drecksloch sein. Beides stimmt und beides koexistiert. Seite an Seite schenken uns Yin und Yang die Fähigkeit, uns von einer einseitigen Sicht auf das Leben zu befreien. Wollen wir nur das Leben und nicht den Tod sehen oder nur die Hoffnung auf den Himmel auf Erden und nicht die Hölle, dann entstehen Ungleichgewicht und Leid. Ausgewogenheit heißt, beide Möglichkeiten als Teil des Ganzen zu erkennen.

Xiu Yang zum Erleben ausgewogenen Ganzseins

Hier eine einfache Übung, um mit der Vorstellung des Ganzseins zu arbeiten. Nehmen Sie sich täglich einen Augenblick Zeit und betrachten Sie den Schatten eines Baums, einer Person oder eines Gebäudes. Sehen Sie den Schatten dann nur, weil die Sonne da ist. Lenken Sie nun die Aufmerksamkeit auf das Licht. Versuchen Sie, sich selbst im Licht zu absorbieren. Ist das möglich? Können Sie nur das Licht ohne den Schatten sehen? Aller Wahrscheinlichkeit nach ist es von Ihrem Blickwinkel aus unmöglich, nur das eine ohne das andere zu sehen. Übertragen Sie, wenn Sie das nächste Mal mit etwas Schwierigem konfrontiert sind, dieses Beispiel auf Ihre Lage: Schauen Sie, wenn Sie traurig sind, eine Blume oder den Himmel an und bewundern Sie ihre Schönheit. Lenken Sie, wenn Sie frustriert sind, Ihre Aufmerksamkeit auf das, was fließend und frei ist, wie zum Beispiel auf die Fähigkeit zu atmen oder auf den Wind, wie er durch die Bäume weht. Lassen Sie diese Gegensätze langsam Ihre Erfahrung in Einklang bringen, bis alles zu einem Ganzen verschmilzt.

DIE WEITE IM BLICK BEHALTEN

Ob Sie das nun für seltsam oder normal halten: Ich bitte regelmäßig Bäume um Rat. Oft suche ich mir alte, hohe Bäume aus, die schon eine ganze Weile da sind – Hunderte oder vielleicht sogar Tausende Jahre. Einmal sah ich beim Wandern in den Schweizer Alpen eine riesige Kiefer ganz oben auf einem Kamm. Ich wusste gleich, dass mir dieser Baum wichtige Erkenntnisse und Weisheit schenken würde. Respektvoll ging ich zu ihm, lehnte den Kopf an seinen großen, glatten Stamm und legte ihm meine Frage vor: »Gibt es irgendetwas, was ich wissen sollte?« Sofort hörte ich wie in einem Echo eine alte Stimme: »Bleib weit.«

Diesen Rat habe ich mir zu Herzen genommen. Wann immer ich daran denke, bemühe ich mich, einen weiten Blick einzunehmen. Weite ist das Gegenteil von einem Gefühl von Enge, Klein- oder Abgespaltensein. Doch weil es eine so schwierige Angelegenheit ist, Mensch zu sein, vergessen Körper, Geist und Herz schnell, dass sie weit sein können. Stattdessen werden sie tagtäglich eng und verlieren die Verbindung zueinander. Das wiederum führt zu Angst, Traurigkeit und Verwirrung.

Weite ist ein Gefühl, von dem wir vielleicht eine Ahnung bekommen, wenn wir ganz und gar in einem tiefen Erleben aufgehen: einer Geburt, einem Tod, einer Hochzeit oder einem Sonnenaufgang. In solchen Augenblicken steht die Zeit still, und der Geist beruhigt sich. Wenn wir so über die eigenen Gedanken hinaus eine tiefere Bedeutung erkennen, können wir uns zugehörig und weit fühlen. Die Wahrheit versteckt sich nicht mehr. Stattdessen spüren wir etwas Ehrliches. Wir spüren *uns selbst.* Vielleicht nehmen wir sogar wahr, dass wir Teil von etwas sind, das größer ist, als wir uns je hätten vorstellen können.

Leider meinen wir meist, solche Momente kämen und gingen rein zufällig. Was wäre, wenn wir in Betracht zögen, dass diese Augenblicke klarer Erkenntnis nicht einfach nur Zufall sind? Wenn dieses Erkennen der Weite Teil unseres Wesens wäre? Wenn das Gefühl, glücklich, ganz und einem weiter gefassten Leben zugehörig zu sein, in mehr Augenblicken am Tag möglich wäre?

Behalten wir die Weite im Blick, hilft uns dies zu erkennen, dass wir im Umgang mit unseren persönlichen Dramen immer die Wahl haben. Auch das ist ein Kennzeichen von Xiu Yang: Dank einer stetigen Kultivierung unseres Bewusstseins können wir den Blick abwenden von allem, was uns klein, abgetrennt und isoliert fühlen lässt, und eine weite, unbegrenzte Sicht auf das Leben einnehmen. Und plötzlich steigt ein Gefühl von Freiheit auf.

Xiu Yang für die Weite im Blick

Achten Sie darauf, ob Sie sich geistig an Kleinigkeiten und Belanglosigkeiten aufhängen. Häufig passiert das, wenn wir mit Menschen zusammen sind, die wir nicht gut kennen, oder auch mit Kollegen und der Familie. Der Buddha nannte es die »Ich-ich-mein«-Tendenz der Gedanken, die uns in selbstsüchtige Wünsche einschließen. Wir halten uns daran fest, wie etwas sein sollte, an Geschichten über uns selbst, wir werden kurzsichtig, ziehen uns nach innen zusammen und verlieren den Kontakt zu einer umfassenderen Sicht auf das Leben. Wir können uns dann so an unseren Problemen verzehren, dass wir vergessen, nicht das Wichtigste auf der Welt zu sein. Die Beatles haben über die Lehren des Buddha ein Lied mit dem Titel »I Me Mine« gesungen. Im Text heißt es: »Jeder sagt es, freier fließen als Wein, das ganze Leben ich, ich, mein«. Er beschreibt, wie verbreitet unsere Tendenz ist, uns in unseren kleinen Sorgen zu verhaken.

Versuchen Sie doch mal, Ihre Konzentration auf etwas Weiträumiges zu verlagern, wenn Sie bemerken, dass Sie sich in Ihrem kleinen Selbst gefangen fühlen: vom kleinen Selbst hin zu einem weiter gefassten Leben – auf den offenen Himmel, das Sonnenlicht, das durchs Fenster scheint, oder auf das Mysterium des Lebens, darauf, dass jeder Mensch atmet, ein Bewusstsein hat und Teil der Schöpfung ist. Oder zaubern Sie sich das Echo einer riesigen Kiefer herbei, die uns rät, weit zu bleiben. So können Sie sich langsam von dem Gefühl des kleinen Selbst in ein weiter gefasstes Leben hineinbewegen.

DAS SEELENPFERD UND *WU WEI*

Der Dreh- und Angelpunkt des daoistischen Denkens findet sich in dem chinesischen Begriff *wu wei* (無為). *Wu wei* bedeutet »müheloses« beziehungsweise »absichtsloses Handeln«, wörtlich »Nichttun«, was nicht heißt, dass man passiv oder desinteressiert sein soll. Es geht darum zu bestimmen, wie viel Kraft notwendig ist, um eine Aufgabe auszuführen. Es geht um ein Tun ohne Anstrengung, ohne

viel Aufheben, darum, keine Energie zu verschwenden, um allein die Aufgaben zu erledigen, die zu tun sind. Stellen Sie sich zum Beispiel eine Seiltänzerin vor, die sich hundertprozentig und zugleich entspannt konzentrieren muss, um die Balance halten zu können, oder einen Kampfkünstler, der mitten im Kampf ruhig und wach bleibt. *Wu wei* steigt auf, wenn wir im Fluss der Erfahrung sind. Es ist die Antithese zu Unfrieden und Kampf.

Eine meiner Lieblingsgeschichten zu *wu wei* in Aktion hat sich 2004 bei meiner Arbeit als Fotografin ereignet. Ich war mit einem Projekt in den abgelegenen Regionen Osttibets beauftragt. Eines Tages machte ich mich mit ein paar Kollegen in einen noch abgelegeneren Flecken der Provinz nahe der bhutanischen Grenze auf. Auf halbem Weg hatte unser Wagen, ein stabiler, aber schon alter Land Rover, einen Platten. Zunächst machten wir uns keine Sorgen; Land Rover haben für Pannen wie diese grundsätzlich einen Ersatzreifen am Heck.

Doch als unser Fahrer den Bolzen lösen wollte, der den Reifen hielt, mühte er sich fürchterlich ab. Der Bolzen war verrostet und rührte sich nicht. Auch die anderen Mitfahrer versuchten sich daran. Wir winkten einem der selten vorbeifahrenden Wagen mit chinesischen Funktionären, von denen einige Polizeiuniformen trugen. Jeder dieser starken Männer mühte sich ab, um den Reifen loszubekommen, doch keiner hatte Erfolg. Durch ihre Bemühungen überdrehten sie den Bolzen nur umso mehr, und unsere Hoffnung, den Reifen loszubekommen, schwand zusehends. Das Nachmittagslicht begann nachzulassen. Alle waren erschöpft. Keiner von uns war für die sinkenden Temperaturen und die bevorstehende Dunkelheit ausgestattet. Unter uns vieren hatten wir nur wenig Wasser und ein wenig Studentenfutter, das ich im letzten Moment als Proviant eingesteckt hatte. Schließlich hielt ein Auto mit einem freien Sitzplatz und bot an, einen unserer Kollegen in die Stadt mitzunehmen, damit er Hilfe holen konnte. Wir hatten keine Ahnung, wann er zurück sein würde. Bis zur Dämmerung würde es nur noch etwa eine Stunde dauern.

In der Zwischenzeit hatten uns aus der Ferne zwei junge tibetische Nomaden gesehen. Sie trugen Plastiksandalen und gefütterte Jacken aus Yakleder. Nach einer Weile trieb sie die Neugier näher zu uns heran. Sie setzten sich in sicherer Entfernung hin und beobachteten die großen, starken Männer, wie sie ihr Körpergewicht und all ihre Kraft einsetzten, um den Bolzen loszubekommen. Als sie sie aufgeben sahen, kamen sie näher. Einer der Tibeter, der nicht älter als 17 Jahre sein mochte, bot seine Hilfe an. Wir hatten inzwischen so gut wie alle Hoffnung aufgegeben, den Reifen noch ausbauen zu können, und kaum jemand schenkte ihm Aufmerksamkeit. Schließlich hatte ja nicht einmal die bewaffnete Polizei es geschafft.

Der Nomade machte sich still an die Arbeit. Meine Neugier war geweckt, ich trat also näher, um zu sehen, was er da tat. Er hatte den Schraubenschlüssel sorgsam auf den Bolzen gesetzt, und zwar so, dass er ihn nicht noch weiter abziehen würde. Dann verlagerte er sein Gewicht immer wieder, um den Hebel unterschiedlich ansetzen zu können, und achtete auf minimale Bewegungen. Seine Beharrlichkeit und sein achtsames Hinhören zahlten sich aus. Langsam begann der Bolzen sich zu drehen. Nach weiteren fünf Minuten hatte er ihn gelöst.

Als ein Mann mit einem mit Glöckchen und Bändern geschmückten Schimmel im Geschirr herbeigefahren kam, sahen wir bereits alle dem Nomaden bei der Arbeit zu. Das zarte Klappern der Hufe und die singenden Glöckchen zogen meine Aufmerksamkeit auf sich. Der Lenker war ein älterer, fröhlicher Tibeter mit rosigen Wangen, der ebenfalls zuschauen wollte.

Manchmal denke ich an dieses Pferd als ein Seelenpferd. Ich spürte, wie es dem jungen Nomaden durch seine ruhige, majestätische Präsenz stillschweigende Unterstützung bei der Arbeit bot. Ich erinnere mich, wie er mit dem Widerstand umging, der den Bolzen blockiert hatte. Statt ihn forcieren und den Rost, der sich über viele Jahre angesammelt hatte, bezwingen zu wollen, spürte er ruhig dem genau richtigen Kraftmaß nach. Er wählte die Sanftheit, statt dem Bedürfnis nach Kraft nachzugehen. Er zeigte weder

Zwiespalt noch Mühe, er war gelassen und entspannt. Er hatte die Kunst von *wu wei* praktiziert. Es war Xiu Yang in Aktion.

In alten indischen Texten kommt häufig das Pferd vor als Symbol für unseren Geist. Das Pferd steht für unsere Sinne. Die Sinne beeinflussen die Gedanken direkt. Wenn unsere Sinne sich selbst überlassen werden, sind sie unvorhersehbar und wild wie ein ungeschultes Pferd, das seinem Reiter nicht gehorcht. Sind die Sinne dagegen ruhig und geschult, geht das Pferd furchtloser seinen Weg. Mit der Zeit lernt es, ruhig und zuverlässig auf seinen Reiter zu reagieren, und schließt Frieden mit seiner Umgebung. Auch die Bereitschaft zu üben und die Sinne zu schulen ist Xiu Yang.

Diese Geschichte lehrt uns, dass zu viel Bemühung oder Kraftanstrengung nicht immer hilfreich ist, vor allem dann, wenn man es mit einem ruhelosen oder verwirrten Geist oder mit einem widerstrebenden Körper zu tun hat. Doch genau wie die bewaffneten Polizisten, die versuchten, mit Gewalt an dem Bolzen zu drücken und zu ziehen, wenden wir oft automatisch zu viel Kraft an, wenn etwas nicht nachgibt, und geben schnell auf. Wenn wir dagegen Hindernissen mit der Präsenz eines ruhigen Geistes begegnen können, finden wir vielleicht den inneren Raum, nachzugeben, hinzuhören und mit dem rechten Maß an Kraft darauf einzugehen. Mit der Zeit können wir unsere Aufmerksamkeit schulen und sowohl beim Üben wie auch im täglichen Leben lernen, unseren Herausforderungen mit weniger Kraft zu begegnen und uns feiner auf sie einzustimmen. Wir entdecken mit der Zeit, dass wir diese Haltung als Lebenseinstellung jederzeit kultivieren können, weil sie uns in die Lage versetzt zu erkennen, was gerade in uns aufsteigt und wie wir am angemessensten damit umgehen können.

Mit Xiu Yang und dem Prinzip von *wu wei,* das uns das Dao schenkt, können wir Ressourcen stärken, die uns helfen, die Bolzen und Schrauben zu lösen, die unseren Körper und Geist gefangen halten, ohne sie zu überdrehen. Wir können darauf hinarbeiten, dass wir unsere Erfahrungen klarer erkennen und in einem besseren Gleichgewicht leben, sodass wir freier atmen und leben können.

Den Bolzen nicht überdrehen

Wie wäre es, wenn Sie zum Beispiel das nächste Mal beim Sport, egal, ob Sie Gymnastik machen, joggen gehen oder Yoga oder Qigong praktizieren, nur so viel Kraft benutzen würde, wie Ihr Körper braucht, ohne also – bildlich gesprochen – den Bolzen zu überdrehen? Dasselbe lässt sich auch auf die Meditation anwenden: Sitzen Sie mit der Erfahrung, die aufsteigt, und nehmen Sie wahr, ob Sie auf Ihre Atmung, die Gedanken und Empfindungen achten können, ohne sie wegdrücken zu wollen oder sich durch sie noch enger zu fühlen. Lassen Sie sie da sein und hören Sie ihnen freundlich zu.

Der Buddha nannte diese Herangehensweise *sammā vāyamā,* die rechte Anstrengung, was so viel bedeutet wie: Unser Tun ist – um bei dem Bild des Bolzens zu bleiben – weder zu fest noch zu lose. In den Lehren des Dao ist ebendies *wu wei:* müheloses Handeln. Der Yoga definiert es als das wichtige Zusammenspiel vom Üben und Loslassen des Ergebnisses, im Sanskrit auch *abhyāsa* und *vairaghyam* genannt.

2

DAS MANDALA VON XIU YANG

Mandalas sind wie Landkarten. Wenn man die Kunst von Xiu Yang erlernt, kann es hilfreich sein, einen Plan von der Beschaffenheit des Geländes zu haben. Es sind rituelle Symbole, die in vielen Traditionen – darunter Yoga, Buddhismus und Daoismus – dazu verwendet werden, eine meditative Wahrnehmung, Konzentration und Transzendenz herbeizuführen. *Maṇḍala* bedeutet im Sanskrit »Kreis,

Bogen, Abschnitt«. Ein Mandala wird mithilfe sich wiederholender und ineinandergesetzter geometrischer Formen von Kreisen und Quadraten gestaltet. Normalerweise stellen Mandalas einen Mikrokosmos im Makrokosmos dar: Das Quadrat steht für die Natur oder das Universum, der Kreis für unsere Erfahrungen, und der Mittelpunkt sind wir selbst. Anhand dieser allgemeinen Orientierung können die Menschen Mandalas betrachten und ihren Platz im Universum bestimmen.

DAS MANDALA VON XIU YANG: KÖRPER, HERZ, GEIST, WELT

Die Symbolik des Mandalas kann uns helfen, unseren Platz im heiligen Raum des täglichen Lebens zu erkennen. Als Mikrokosmos im Makrokosmos sind wir nicht nur unser Geist und Körper, sondern Teil von allem, was sich bewegt, lebt und atmet. Wir können anfangen, die Verbindungen und Beziehungen zu all dem zu sehen, was uns umgibt. Wir essen nicht einfach nur, sondern erinnern uns bei achtsamem Essen daran, dass das, was wir verzehren, dank Sonne, Regen und Erde gewachsen ist. Wir machen nicht einfach nur Körperübungen, sondern begreifen, dass Bewegung ein Gebet zum Tempel unseres Körpers werden kann, indem wir die Anziehungskraft zwischen Erde und Himmel steuern. Wir sprechen nicht einfach nur, sondern bedenken, wie unser Reden Herz und Geist anderer berührt.

Wenn ich das Mandala als Leitbild nehme, fange ich an, darüber nachzudenken, was mir im Leben am wichtigsten ist. Für mich stehen anhaltende Zufriedenheit, Gesundheit und Ausgewogenheit an vorderster Stelle. Doch wie kann ich diese Qualitäten kultivieren und entwickeln? Wo finde ich die nötigen Quellen? Als Erstes fallen mir Familie, Freunde und die Gemeinschaft ein, ebenso Gesundheit und Wohlbefinden. Doch sosehr wir unsere Familie lieben, so unerträglich verletzt und betrogen können wir uns auch durch sie fühlen. Freunde und Gemeinschaft ändern sich häufig, und unsere Gesundheit wird regelmäßig durch Verantwortlichkeiten und Arbeit herausgefordert. Was genau im Mandala von Xiu Yang kann also zu dauerhafter Zufriedenheit führen?

Die Antwort lautet: Die wahren Quellen der Zufriedenheit liegen in uns selbst und lassen sich weiterentwickeln. Das widerspricht den Botschaften, die wir aus den Medien empfangen, die uns weismachen wollen, dass uns nur das neueste Smartphone, ein Stück Kuchen oder ein Urlaub am Strand Freude, Befriedigung und Trost verschaffen werden. Äußere Ressourcen aber sind leider nur kurzlebig; auch wenn es schön ist, sie zu haben, und auch wenn sie zunächst unser Unbehagen stillen, versagen sie unweigerlich, wenn es darum geht, eine verlässliche und dauerhafte Zufriedenheit herzustellen.

In Teil 4 werden wir uns näher anschauen, was dauerhafte Zufriedenheit eigentlich ist. Doch schon beim Betrachten des Mandalas von Xiu Yang können wir in Erwägung ziehen, ob das Ziel der Selbstkul-

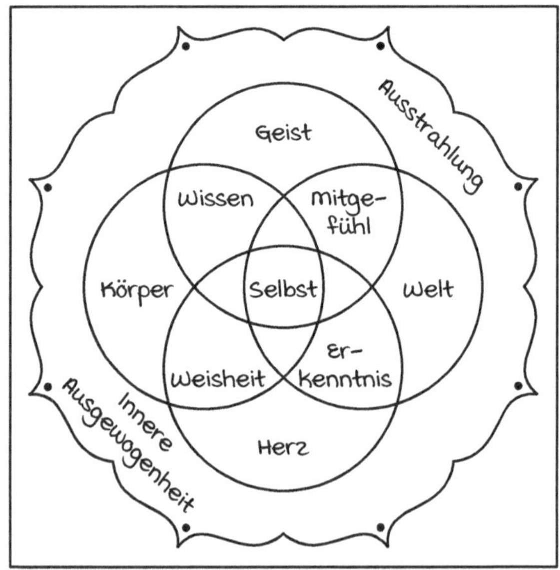

Mandala zur Selbstkultivierung von Xiu Yang

tivierung und Selbstpflege uns nicht helfen kann, uns eine innere Quelle der Weisheit und Standhaftigkeit, des Mitgefühls und der Großherzigkeit, wie sie das uns stets und reichhaltig zur Verfügung stehende Dao darstellt, nutzbar zu machen. Diese Quelle der Zufriedenheit befähigt uns, der äußeren Welt mit Klarheit und anhaltender Freude zu begegnen.

Das Mandala für sich interpretieren

Die Voraussetzung für eine Betrachtung des Mandalas ist das Wissen, dass alles miteinander in Verbindung steht und Teil des Dao ist. So wird Ihre körperliche Gesundheit auch Geist und Herz beeinflussen. Wie Sie in der Welt tätig sind, wird sich an Ihrem Körper bemerkbar machen; was Sie denken, wird sich auf Ihr Herz auswirken; und wie Sie atmen, wird eine Wirkung auf Ihre Gedanken haben.
Mit diesem Wissen können Sie nun die Landkarte Ihres Mandalas folgendermaßen befahren:

1. Betrachten Sie das Quadrat als Vertreter der natürlichen Welt und des Dao.
2. Sehen Sie sich als Teil dieser Existenz, die ganz und vollkommen ist.
3. Bedenken Sie jeden Aspekt von sich – Körper, Geist, Herz und Welt – und wie sie sich auf Ihr Selbst auswirken und umgekehrt.
4. Bedenken Sie, dass Ideen wie Wissen, Weisheit, Erkenntnis und Mitgefühl Produkte dessen sind, wie Sie Ihrem Körper, Geist, Herzen und Ihrer Welt begegnen und umgekehrt.
5. Bedenken Sie, dass Ihr inneres Gleichgewicht zu Ausstrahlung führen kann und dass diese immer aus dem inneren Gleichgewicht entsteht.
6. Erkennen Sie, dass alles, was in Ihnen aufsteigt, auch Teil der Welt ist, die Sie umgibt.

KREISE UND QUADRATE

Das Mandala von Xiu Yang setzt uns in die Mitte, umgeben von einem Kreis, der unser tieferes Selbst darstellt, das immer ganz und vollkommen ist. Innerhalb des Kreises befinden sich vier Qualitäten, die unser inneres Selbst transformieren, sich aber auch nach außen in die Welt ausdehnen: Wissen, Mitgefühl, Weisheit und Erkenntnis. Das äußere Quadrat stellt die Natur als ganz und vollkommen dar. In diesem Modell überschneiden wir uns mit der Natur durch Körper, Geist, Herz und Interaktionen oder die weltlichen Beziehungen. In dem Bestreben, das eigene Potenzial als Teil der Natur zu entwickeln und zu verwirklichen, erwecken wir nach und nach unsere Fähigkeit, ganz und gar Mensch zu sein. Uns als Teil dieser Aspekte zu erkennen kann eine mächtige visuelle Hilfe sein.

Der Körper

Die körperliche Gesundheit nährt uns selbst, aber auch unseren Geist, unser Herz und unsere Beziehungen mit der Welt. Auch wenn Sie sich anfänglich vielleicht eher auf Veränderungen Ihres Körpers konzentrieren wollen – und ihn zum Beispiel leichter, gesünder oder weniger angespannt haben möchten –, werden wir uns ihm mit Xiu Yang auf ganzheitliche Weise annähern und begreifen, dass er beeinflusst wird durch die Art und Weise, wie wir unseren Tag gestalten, wie wir essen oder schlafen, und dadurch, welche Aktivitäten wir im Verhältnis zu der aktuellen Jahreszeit und unserem jeweiligen Alter wählen. Statt den Körper als etwas zu betrachten, das repariert werden muss, werden wir ihn als Samen erkunden, der unter den richtigen Bedingungen wachsen und gedeihen kann. Diese Erkundung unternehmen wir in Teil 2 des Buches, »Xiu Yang für einen gesunden, harmonischen Körper«.

Geist und Herz

Der Geist ist etwas ganz Wunderbares: Er ermöglicht es uns, vernünftig zu urteilen, nachzudenken, uns Dinge vorzustellen, zu erschaffen und Erfahrung sachlich zu analysieren. Gedanken sind wertvoll und notwendig. Nur ist das, was wir die meiste Zeit denken, schädlich und schwächt uns. Wenn wir unsere Gedanken beobachten, lernen wir, ihre Qualität im Moment ihres Entstehens zu unterscheiden. Sind sie urteilend oder freundlich? Sind sie logisch oder ein Zufallsprodukt? In der Vergangenheit verloren oder in künftigen Sorgen gefangen? In Teil 3 des Buches, »Xiu Yang für ein ausgewogenes geistiges und emotionales Leben«, werden wir uns ansehen, wie wir die Samen guter Gedanken aufgehen lassen und das Unkraut der Gedanken jäten können, die uns verletzen und schaden.

Außerdem werden wir erkunden, wie wir unserem Herz, das in der chinesischen Philosophie, im Yoga und Buddhismus oft als dasselbe wie der Geist gilt, begegnen, es öffnen und weiten können. Doch verdient der Unterschied zwischen unserem *Gedankenleben* und dem, was das Herz fühlt und *als Leben* verstoffwechselt, nähere Aufmerksamkeit. Fangen wir an, unser Herz zu kultivieren, dann laden wir es ein, so zu werden, wie es vermutlich in ausgeglichenem Zustand auf ganz natürliche Weise ist: offen, weise und mitfühlend. Dies hilft uns, die emotionalen Stürme, die so häufig durch unsere innere Landschaft toben, zu überstehen und ihnen mit mehr Rückhalt, Tapferkeit und Anmut zu begegnen.

Die Welt

Die Menschen sind soziale, oft von Spannungen, Herzschmerz, Wut oder Angst belastete Wesen. Wie können wir – gerade angesichts von Themen, wie es die Umweltzerstörung, radikale politische Ansichten und die wachsenden ethnischen und religiösen Konflikte sind – einen glücklicheren Platz auf der Welt kultivieren? Zuallererst könnten wir in Betracht ziehen, dass wir, sosehr die Welt auch auseinanderzufallen scheint, trotzdem in der Lage sind, Lösungen zu finden. Durch die gesamte chinesische Geschichte hindurch hat Xiu Yang die Vorstellung gefördert, dass das Leben auf dieser Welt ethisch, fließend, demütig und weit gefasst sein kann. Der Buddha wusste um die Bedeutung der Ethik und gab ihr in seinen Lehren die höchste Priorität. Tatsächlich ist ein ethisches In-der-Welt-Sein der erste Schritt hin zum Erwachen. Begegnen wir einander auf einer ethischen Grundlage, dann erkennen wir, dass gerade Gemeinschaft zu einer großen Kraftquelle wird.

Das Verständnis des Wirkungszusammenhangs dieser verschiedenen Rollen und dessen, wie sie uns beeinflussen, bildet den Schlüssel zu der einzigartigen Auffassung vom Leben, wie sie im Xiu Yang vertreten ist: *Wir befinden uns in keiner linearen Entwicklung, sondern eher in einem Prozess sich weitender Kreise und Quadrate, bei denen alles mit dem Zentrum verbunden ist.* Es reicht nicht, die Essgewohnheiten zu ändern, um die eigene Gesundheit zu stärken. Vielmehr fördern wir unsere Gesundheit mithilfe von Körper, Geist und Seele, und diese zusammengenommen geben den Essgewohnheiten Gestalt. Ebenso erkennen wir, dass unsere Essgewohnheiten auf das einwirken, was wir praktizieren, und darauf, wie wir mit Widrigkeiten umgehen. Mit anderen Worten, eine Diät wird sich in kleinen Wellen über die Wasseroberfläche bewegen und so die Art und Weise beeinflussen und vielleicht sogar bestimmen, wie Körper, Geist, Herz und die Rolle, die wir in der Welt einnehmen, sich entfalten. Diese vier Bereiche wiederum beeinflussen das Selbst direkt, doch wachsen sie auch aus dem Selbst heraus; jeder einzelne ist ein Teil vom Ganzen.

Eine klare Ethik zu kultivieren ist nur selten leicht, umso schwerer jedoch wird es, wenn wir in Herz und Geist verwirrt oder körperlich ausgelaugt sind. Entsprechend lassen sich Herz und Geist kaum ohne klare Ethik nähren. Und die Wichtigkeit der körperlichen Eigenfürsorge werden wir nur schwerlich erkennen, wenn wir keine grundlegend gütige Haltung uns selbst und der Welt gegenüber einnehmen, beides nicht aus einer größeren Perspektive sehen und nicht zulassen, dass alles im Fluss ist.

EINE LANGFRISTIGE UNTERSTÜTZUNG UNSERER ZUFRIEDENHEIT

Mit den Übungen zur Selbstkultivierung nähren wir zudem vier Qualitäten, die uns auf tieferen Ebenen verwandeln: Wissen, Mitgefühl, Weisheit und Erkenntnis. Der unmittelbare Unterschied zwischen diesen Qualitäten, insbesondere zwischen Wissen, Weisheit und Erkenntnis, ist nicht immer gleich erkennbar. Tatsächlich stehen die vier eindeutig in wechselseitiger Beziehung zueinander. Meiner Erfahrung nach beeinflussen sie sich gegenseitig und führen gemeinsam zu echter Zufriedenheit.

Wissen

Fakten und Informationen durch Lesen, Zuhören und Erfahrung zu erfassen gehört zu einer guten Bildung. Ob wir uns dessen bewusst sind oder nicht, wir sammeln stetig neue Informationen an, die sich zu Wissen auswachsen. Das ist nützlich, denn es hilft, Zusammenhänge zu erkennen und Entscheidungen zu treffen. Wissen schenkt uns die Chance, im Leben neue Fertigkeiten und sowohl praktisches als auch theoretisches Verständnis dafür zu erwerben, was wir arbeitstechnisch oder in bestimmten Situationen tun. Zu wissen, an wen wir uns zum Beispiel wenden müssen, wenn das Auto liegen bleibt, ist wichtig, und man sollte es sich merken. Für Xiu Yang benötigen wir Wissen, damit wir Entscheidungen treffen und Fertigkeiten vertiefen können, die uns bei unserer Entwicklung behilflich sind.

Mitgefühl

Es fällt uns allzu leicht, selbstkritisch zu sein oder uns mit anderen zu vergleichen. Deshalb ist, wenn wir uns in dem langsamen Prozess der Selbstkultivierung befinden, Mitgefühl lebenswichtig. Mithilfe von Mitgefühl erkennen wir, dass die Leichtigkeit, mit der wir streng, wütend oder verwirrt sind und zu scheitern meinen, gar nicht wirklich zu uns gehörten. Zu lernen, diesen Tendenzen mit Mitgefühl zu begegnen, mildert die Strenge und löst sie auf. Wenn wir Mitgefühl kultivieren, erkennen wir, dass die Dinge, die uns Geist oder Herz vergiften, nur Besucher und keine ständigen Bewohner sind. Der Mitgefühlsexpertin Sharon Salzberg zufolge sind diese Gifte zufällig und uns nicht von Natur aus zugehörig. Sie sind wie Ungeziefer oder Unkraut, das sich auf unserem Acker breitmacht. Mitgefühl schützt unseren Garten vor Schädlingen.

Weisheit

Weisheit ist die Qualität, die Menschen dabei hilft, sorgsam, einfühlsam und verständnisvoll miteinander zu kommunizieren. Wissen ist angesammelte Information; ist Weisheit im Spiel, wenden wir unser Wissen kaum je rücksichtslos oder unüberlegt an. Sie impliziert Urteilsfähigkeit und entsteht aus der Kontemplation und Reflexion all dessen, was wir wissen. Ebenso sagt uns die Weisheit, dass es noch viel zu lernen gibt.

Erkenntnis

Wenn wir das nötige Wissen erworben haben und anfangen, es weise und mitfühlend zu nutzen, öffnen wir uns für die Erkenntnis. Erkenntnis ist die Fähigkeit, einen Sachverhalt aus dem tieferen Verständnis heraus zu betrachten, das aus Weisheit und Wissen rührt. Erkenntnis ist etwas Persönliches und entsteht häufig, wenn man das innere Wesen der Dinge versteht. Sie bedeutet Introspektion. Manche betrachten Erkenntnisse als Wahrheiten; das Erwachen des Buddha wird zum Beispiel als seine Erkenntnis über die wahre Natur der Erfahrung beschrieben. Ein Teil seiner Erkenntnis bestand darin zu verstehen, dass sich alle Dinge wandeln. Doch eine ebenso wichtige Erkenntnis ist es, dass Leid zwar existiert und seine Gründe hat, es daneben aber einen Weg gibt, der uns aus diesem Leid führt und ihm ein Ende setzt. Auch diese wesentliche Wahrheit lehrt uns Xiu Yang und verhilft uns so zu einem besseren Leben.

DIE LIEBE BEWEGT SICH ALS PULSIEREN DES DAO

Dank des Mandalas von Xiu Yang können wir sehen, dass unterschiedliche Abschnitte der Landkarte auch noch einen weiteren Erfahrungsrahmen widerspiegeln. Ebenso wie die Chinesen von jeher daran glauben, dass das Dao grundsätzlich wohlwollend ist, lehrte der Buddha, dass Geist und Herz auf natürliche Weise leuchtend und rein sind. Visualisieren wir uns im Zentrum des Mandalas, können wir sehen, dass wir in Wahrheit unser inneres Gleichgewicht kultivieren. Es wird uns nicht nur zu einem Quell der Stärke, Zentrierung und Erdung, sondern auch zu einem Quell der Liebe.

Aus Sicht der chinesischen Philosophie bewegt sich die Liebe als Pulsieren des Dao. Dieses Pulsieren ist weder leidenschaftlich noch sentimental, sondern eine unverstellte Energiequelle, die uns mit einem Teil von uns verbindet, der ganz und vollkommen ist. Es ist das Sonnenlicht auf dem Wasser, das Rauschen des Windes in den Bäumen oder das Lachen eines Kindes. Es ist die geheimnisvolle Kraft, die erschafft, verwandelt und wieder zurückfindet. Es ist das erhabene Gefühl, das uns überkommt, wenn wir die Natur in ihrer vollen, strahlenden Pracht sehen. Eine andere Möglichkeit für die Betrachtung der Liebe ist die Definition des Buddha. Er nannte sie *mettā* – die Qualität des grenzenlosen Herzens, das weder Feindschaft noch Hass kennt, sondern allen Lebewesen ein zufriedenes, glückliches Herz wünscht. Er glaubte, dass unsere Fähigkeit zu lieben unserer wahren Natur entspringt.

Ich erlebte das Potenzial dieser Liebe, als meine Schwägerin schwer erkrankte: Sie hatte Krebs im Endstadium. Unsere Beziehung war über Jahre schwierig gewesen, noch dazu verkompliziert durch den Tod meines Vaters, ihre Krankheit und unsere Unfähigkeit, über die gegenseitigen Schuldzuweisungen und den jeweiligen Schmerz hinwegzusehen. Die Krise spitzte sich durch eine Reihe von Missverständnissen zu und kulminierte in einem Telefongespräch, in dem wir uns anschrien und einander drohten, unsere Beziehung endgültig zu beenden. Während einer langen Zeit des Schweigens, in der ich mir sicher war, dass sie nie wieder mit mir reden wollen würde, nahm ich all meine Meditations-, Yoga- und Qigong-Erfahrungen zu Hilfe, um eingehend darüber nachzudenken, was eigentlich die Wurzel meiner Wut und meines Schmerzes war. Obgleich ich innerlich zitterte und es mich aus dem inneren Gleichgewicht brachte, schaffte ich es, mich zu fragen: Was ist mir jetzt wirklich wichtig, und warum macht es mir so viel aus? Die Antwort kam sofort: Sie gehört zur Familie. Ich bin verletzt, weil ich möchte, dass sie mich mag, und ich möchte sie mögen.

Ich nahm all meinen Mut und meine Kraft zusammen und sagte zu ihr: »Rachael, es bricht mir das Herz, dass du das Gefühl hast, ich sei nicht mitfühlend und liebevoll zu dir gewesen. Das war nie meine Absicht. Es tut mir leid, dass ich dir dieses Gefühl gegeben habe. Als du John geheiratet hast, war ich so glücklich, dass ich endlich eine Schwester hatte. Ich würde so gern verstehen, was mit uns passiert ist und warum wir so verletzt, wütend und durcheinander sind.«

Sie öffnete sich sofort, und wir sprachen von Herz zu Herz miteinander. Am Ende versprachen wir uns gegenseitig, unsere Beziehung wieder in Ordnung zu bringen. Als sie im Sterben lag, setzte ich mich ins Flugzeug, um bei ihr und der Familie meines Bruders zu sein. Auch wenn sie schon nicht mehr bei Bewusstsein war, spürte ich Frieden im Herzen und konnte ihr sagen, dass ich sie liebte und dankbar war, dass wir uns wieder gegenseitig wertschätzen konnten. Ich werde immer dankbar sein für ihre wilde Entschlossenheit, ihr Herz zu öffnen und mir ihre Liebe zu schenken.

Mit der Kunst von Xiu Yang erobern wir uns unser wahres Potenzial: die Natürlichkeit im Sein, Atmen, Leben, Lieben und Zurückfinden. Damit haben wir die Fähigkeit, unser inneres Gleichgewicht und die echte Lebensfreude zurückzugewinnen, die uns von Natur aus zustehen. Dieses Potenzial zeigt sich anhand von müheloser Gesundheit, Zufriedenheit und unserer Ausstrahlung.

Übung zur Visualisierung des Mandalas

Nehmen Sie sich einen Augenblick Zeit und schauen Sie sich noch einmal das Mandala von Xiu Yang an (siehe oben). Was bedeutet das Quadrat beziehungsweise die Natur für Sie? Fühlen Sie sich mit der Natur verbunden oder von ihr abgespalten? Wie erfahren Sie Körper, Geist, Herz und Beziehungen in diesem Augenblick innerhalb der natürlichen Welt? Stellen Sie sich vor, dass jeder dieser vier Aspekte von Ihnen selbst in Harmonie mit dem immer präsenten Gefühl des Dao steht, das stets ganz und vollkommen ist. Lenken Sie dann Ihre Aufmerksamkeit auf den Kreis, der für Ihr vollkommenes, nichtfragmentiertes Selbst steht. Wie passen Konzepte wie Wissen, Mitgefühl, Weisheit und Erkenntnis zu Ihrem Selbstgefühl? Inwieweit wirken sie sich auf Ihren Körper und Geist, Ihr Herz und Ihre Welt aus? Visualisieren Sie, wie Sie selbst in der Mitte sitzen, während sich diese Qualitäten auf Sie zu- und wieder von Ihnen fortbewegen. Stellen Sie sich vor, wie diese Faktoren in Ihrer Umgebung und in Ihrem Innern fortfließen und sich nähern wie in Ebbe und Flut.

3

DAS GEWÖHNLICHE ALS AUSSERGEWÖHNLICH BETRACHTEN

Wenn wir auf dem Markt Gemüse kaufen oder einen fertigen Salat essen, machen wir uns kaum Gedanken darüber, dass die Nahrung aus einem winzigen Samen stammt, der tief in fruchtbare Erde gesteckt worden war. Ich habe jedenfalls viele Mahlzeiten heruntergeschlungen, ohne mich auch nur im Geringsten für den Prozess von deren Herkunft und Wachstum zu interessieren. Seit Kurzem aber pflanzen mein Mann und ich einen Großteil unserer Nahrungsmittel selbst an. Das Wissen darum, dass der simple Akt des Samensetzens einen vollen, gesunden Salatkopf produzieren kann, schenkt mir ganz neue Einblicke in den Prozess, der am Ende zu der Freude an einem Mundvoll knackiger Frische führt. Dabei muss ich daran denken, wie leicht wir auch den Vorgang der Selbstkultivierung übersehen: Womöglich haben wir, wenn wir uns wirklich gesund oder glücklich fühlen, die ganz simplen, unspektakulären Schritte und Stadien, die uns dorthin geführt haben, gar nicht wahrgenommen.

Über einen Großteil seiner Geschichte war China eine bäuerliche Gesellschaft. Der Respekt vor dem Land hat das Denken hier weithin geformt und definiert. Ich erinnere mich noch an die Reisfelder, die ich 1984 bei meinem ersten Besuch dort sah. Sie wurden von Bauern mit Karren beackert, vor die Ochsen gespannt waren. Viele dieser Reisfelder schufen erstaunliche Terrassen, die das Land gestalteten und prägten; wie konzentrische Wasserkreise umgaben sie die Berghänge. Dieses Bewirtschaftungssystem war ein Beispiel für ein altes, voll integriertes Ökosystem, in dem Pflanzen, Tiere und Menschen wechselseitig nachhaltige Lebensressourcen schufen. Höchstwahrscheinlich sind diese Felder von Reisbauern über Jahrhunderte auf diese Weise beackert und versorgt worden.

Auch wenn sich in der modernen Zeit vieles geändert hat und heute über die Hälfte der chinesischen Bevölkerung in urbanen Zentren lebt, sind die alten Ackerbautechniken in den Regionen Südwestchinas noch immer existent. Mit diesen Techniken hat man dafür gesorgt, dass das Wasser und das Leben einer Reihe von Wassertieren und -pflanzen erhalten bleiben. Die Bauern bevorzugen ganzjährige Pflanzen, die das Wachsen von Unkraut verhindern und zugleich den Boden schützen und nähren. Viele zeitgemäße landwirtschaftliche Trends wie die Permakultur versuchen heute ähnliche Wechselbeziehungen zwischen den Organismen und ihrer Umgebung herzustellen, wie es die Chinesen mit ihren traditionellen Anbaumethoden taten. Zwar haben sich inzwischen die meisten chinesischen Bauern von diesem integrierten Ansatz verabschiedet, doch gibt es eine Reihe von Agrargemeinschaften, die weiterhin mit Methoden und Werkzeugen arbeiten, die das Land nähren und sein Gleichgewicht nicht durch Pestizide oder Großmaschinen zerstören. Xiu Yang zeigt, dass wir auch in uns ein Gleichgewicht schaffen können, wenn wir unseren inneren Acker auf ganzheitliche, natürliche Weise urbar machen.

DAN-CHANG: DAS ALTARFELD

In China stellt ein Mandala etwas dar, was auch »Altarfeld« oder *dan-chang* (壇場) genannt wird. Ein Altar ist ein heiliger Ort, an dem die Menschen Opfer darbringen, beten und sich mit der göttlichen Kraft verbinden. Es ist ein Ort für Rituale. Ein Feld ist ein Stück offenes Land oder Weide, das Menschen begehen, auf dem Nutzpflanzen gesetzt werden und Tiere grasen. Verbindet man diese beiden Vorstellungen so miteinander, wie es die alten Chinesen taten, dann schmiedet man das Heilige und Natürliche, das Spirituelle und Alltägliche zusammen.

Doch wenn die Menschen ein unbestelltes Feld anschauen, ist die trockene Erde für sie meist kaum mehr als vertrockneter Schmutz. Im Englischen bedeutet *dirt* »Erde« und »Schmutz« und hat eine negative Konnotation, bei der »verrottet«, »matschig« und »unrein« mitschwingen. Dabei ist Boden etwas ganz anderes. Er ist mitnichten unrein. Er ist geheimnisvoll und besteht aus zersetzter Materie, die neues Leben generiert. Der Boden ist die Erde, die alle Lebewesen unterstützt. Er ist reichhaltig, voller Nährstoffe wie

Bakterien, Pilze und Amöben wie auch Mineralien, die aus Felsen stammen, darunter Calcium, Potassium und Phosphor. Verrottete Blätter, Lehm, Wasser und Sand versorgen die Erde mit weiteren Mineralien wie Stickstoff und Calcium. All das bereichert die dort angesiedelten Pflanzen.

Fangen wir an, Felder in diesem komplexeren Sinne zu betrachten, dann können wir sie als Raum für Potenzial sehen. Dieser Raum kann Heimstatt für unterschiedliche Samen werden, die sich zu einer Vielfalt von Blumen, Pflanzen und Bäumen formen, genau wie wir Heimstatt für eine Quelle von Erfahrungen werden können, die aus Körper, Herz, Geist und der äußeren Welt erwachsen. Die Möglichkeit zu Wachstum ist stets vorhanden.

Dank des Mandalas von Xiu Yang können wir lernen, dem Boden, der unser persönliches Feld bildet, tiefen Respekt entgegenzubringen. Zeigen wir diesen Respekt, dann erkennen wir, dass alles, was wir aufnehmen, von Bedeutung ist und das Potenzial besitzt, heilig zu sein, ganz genau so, wie für den Keim Sonnenlicht, Erde und Regen heilig sind. Ebenso hat das, was wir aufnehmen, das Potenzial, profan, schädlich, zersetzend und zerstörerisch zu sein, genau so, wie etwa Salz und Chemikalien einem Baum schaden oder ihn töten können.

Die chinesischen Denker der Antike wussten dies. Der Philosoph Menzius (auch Mengzi oder Mong Dsi), der im 4. Jahrhundert n. Chr. lebte, schrieb: »Darum: es gibt nichts, das nicht wachsen würde, wenn ihm seine rechte Pflege zuteil wird, und es gibt nichts, das nicht in Verfall geriete, wenn es der rechten Pflege entbehren muß.« So bittet uns das Xiu Yang, daran zu denken, dass uns unsere Essgewohnheiten, Gedanken, Körperübungen und Meditation Körper und Geist nicht nur gesund halten, sondern es uns auch ermöglichen, zu blühen und gedeihen. Diese Aktivitäten nähren den Boden, der uns zu der Person wachsen lässt, die wir sind.

Sicherzustellen, dass die Erde auf unserem Feld Nahrung bekommt, ist eine Möglichkeit, uns und unseren Feldaltar zu ehren. Es ist weder egozentrisch noch narzisstisch. Es ist ein Geschenk.

Wir kultivieren unser Feld und streben danach, die nahrhaftesten und gesündesten Pflanzen zu ziehen. Wir kultivieren uns selbst, um klarer, ausgewogener und besser in der Lage zu sein, gut zu leben und in unserem und dem Leben anderer etwas zu bewirken. Dank des Mandalas arbeiten wir stetig daran, uns als Teil eines größeren Ganzen zu sehen.

Indem wir das Feld unserer Selbstkultivierung als heiligen Raum, gewissermaßen als Altar, sehen, können wir uns vor all dem tief verneigen, das innerhalb und außerhalb von uns ist. Wir können zudem als Teil von etwas Größerem und Kostbarerem für uns sorgen, jenseits unserer rein persönlichen Belange. Indem wir für den Boden unseres Altars sorgen und ihn nähren, machen wir die Person reicher, die wir potenziell sein können. Das ist Teil der Kunst von Xiu Yang.

ERKENNEN, DASS DER BODEN HEILIG IST

Der einflussreiche indische Philosoph und Theosoph Jiddu Krishnamurti (1895–1986) beschrieb, wie er einst einen Stein aus einem Garten auf seinen Kaminsims stellte. Tagtäglich brachte er dem Stein Blumen. Nach einem Monat war der Stein heilig. Alles, was wir uns vornehmen und wertschätzen, hat das Potenzial, heilig zu sein. Um die Symbolik zu verstehen, die die Chinesen nutzten, also den Vergleich zwischen den äußeren Feldern, wo wir Nutzpflanzen säen und ziehen, und dem inneren Feld unseres Selbst, könnten Sie sich jeden Tag ein wenig Zeit nehmen und ein Stück Erde aufsuchen. Sie können es in einer Zimmerpflanze, einem Park oder auf dem offenen Feld finden. Schauen Sie eine Weile hin, nehmen Sie die Erde zwischen die Finger, riechen Sie vielleicht sogar daran. Stellen Sie sich dann vor, dass die in der Erde ruhenden Möglichkeiten dem Potenzial entsprechen, das in Ihnen steckt und Ihrem Körper, Geist, Herzen und Ihrer Welt mehr Gesundheit, Glück und Gleichgewicht schenkt.

GUTE SAMEN KULTIVIEREN

Unter günstigen Bedingungen hat jeder Same das Potenzial zu wachsen. Mit Xiu Yang beabsichtigen wir, gute Pflanzen zu ziehen und das Unkraut unter Kontrolle zu halten. Diese Symbolik können wir auf viele Lebensbereiche übertragen: auf unsere Gedanken, Entscheidungen und Beziehungen. Der Zen-Mönch Thich Nhat Hanh lehrt, dass in unserem Bewusstsein gute wie schlechte Samen aufgehen. Wir tragen beides in uns. Geben wir den Samen Wasser, die gesund für uns sind, wie zum Beispiel den Samen der Liebenswürdigkeit, Großzügigkeit und des Mitgefühls, dann wird mehr von genau diesen keimen und wachsen. Entsprechend können auch die Samen destruktiver Emotionen und Gedanken wachsen und uns einnehmen, wenn wir ihnen Wasser geben. Auf der anderen Seite können die guten Samen ermüden, wenn wir sie vernachlässigen. Thich Nhat Hanh sagt, dass wir eine gesunde Portion guter Samen benötigen, damit sie uns über schwierige Zeiten hinweghelfen.

Wie lassen sich nun diese guten Samen ziehen, und wie können Sie sich dessen versichern, dass sie auch wirklich zu hilfreichen Ressourcen werden? Denken Sie zuallererst daran, dass sich Samen unsichtbar und im Dunkeln vorbereiten müssen, bevor sie an der Erdoberfläche auskeimen. Die Frühstadien der Selbstkultivierung entfalten sich ganz ähnlich: Vieles davon ist unsichtbare Entwicklungsarbeit, die uns schließlich zu einem glücklicheren, weiseren und vollständig erwachten Menschen werden lässt.

Bleiben Sie daher beim Bereiten des Bodens geduldig und lassen Sie den Samen genügend Zeit, um aufzukeimen, damit sich der Prozess ganz allmählich entfalten kann. Schenken Sie Ihren Samen einfach stets die rechte Menge an Licht, ohne sie direkter Sonneneinstrahlung auszusetzen. Schaffen Sie außerdem ausgewogene Lichtquellen; erhalten Keimlinge auf einem Fensterbrett nur aus einer Richtung Licht, werden sie sich diesem Licht entgegenrecken und lang, dürr und schwach werden. Wenn Sie Ihre inneren Samen auskeimen lassen, denken Sie daran, sich Zeit, Raum und genügend Optionen für deren Wachstum zu lassen.

Genau das sage ich häufig Anfängern in der Yoga-Praxis: Gehen Sie es langsam an, und nehmen Sie zunächst bei verschiedenen Lehrern Unterricht. Probieren Sie unterschiedliche Stile aus, bevor Sie sich einem Pfad verschreiben. In einem frühen Stadium ist es wichtig, Diverses zu erkunden und sich nicht zu sehr auf Ergebnisse zu fixieren.

Sind die Samen erst einmal ausgekeimt, benötigen sie gleichmäßige, friedliche Lebensbedingungen. Keimlinge sind empfindlich. In den Lehren des Menzius gibt es die Geschichte von einem Mann, der ängstlich auf das Wachstum seines Korns bedacht war. Er zog an den Pflanzen, um ihr Wachstum zu beschleunigen, brachte sie dadurch jedoch zum Welken. Mit der Geschichte wollte Menzius veranschaulichen, dass es beständiger Geduld, Arbeit und Achtsamkeit bedarf, wenn man ein besserer Mensch werden möchte. Er riet: »Das Gemüt soll das Ziel nicht vergessen, aber dem Wachstum nicht künstlich nachhelfen wollen.« Wollen wir unsere persönliche Entwicklung übers Knie brechen, kann es passieren, dass wir am Ende nur erschöpft sind oder das Ergebnis bereuen.

Dieser Rat gilt für alle Situationen, vor allem, wenn es um unsere körperliche, geistige und spirituelle Entwicklung geht. Kümmern Sie sich in den frühen Stadien gut um alles, was Sie keimen lassen möchten. Begeisterung kann gesund, aber auch riskant sein. Über die Jahre habe ich bei vielen Schülern erlebt, wie sie am liebsten schon nach einem Monat Praxis Lehrer geworden wären. Leider führt dies oft zu körperlichen Verletzungen ebenso wie zu psychischem Leid. Yoga, Meditation und Qigong sind eine starke Medizin. So segensreich sich die Übungen für manche Menschen auch anfühlen mögen, sind sie doch auch ein Spiegel. Nicht alles, was uns reflektiert wird, ist positiv oder ermutigend. Um mithilfe spiritueller Praktiken zu erkennen, wer wir wirklich sind, benötigen wir Mut, die Führung vertrauenswürdiger Lehrer und das Geschenk der Zeit.

Vielleicht spüren Sie keine sofortigen Auswirkungen Ihrer täglichen Bemühungen um Selbstkultivierung. Tatsächlich wird Ihnen vermutlich die Mühe, die Sie in Ihre tägliche Praxis stecken, banal und unspektakulär vorkommen. In diesem Fall sollten Sie nicht vergessen, dass auch im Gewöhnlichen Außergewöhnliches verborgen ist.

Seit der Antike gehörte eine gesunde Portion Disziplin und Engagement zu Xiu Yang. Körperübungen, tägliche Routine, Schlafzyklen, Meditation und Atemübungen sind regelmäßig zu wiederholen. Durch die Wiederholung werden unsere Anstrengungen allmählich so fließend, dass sie keine Anstrengung mehr kosten. In diesem mühelosen Einsatz oder auch *wu wei* steigt eine Natürlichkeit auf, die das Wesen des Dao ausmacht. Genau wie in den frühen Stadien der Aussaat auf dem Feld, wo wir noch nicht sehen können, was sich unter der Erdoberfläche befindet, kommen die Ergebnisse unserer Arbeit dank Geduld, stetigen Wässerns und Nährens zustande.

Dies lässt sich daran aufzeigen, wie Schüler zu Meistern der chinesischen Kalligrafie werden. Auf den ersten Blick nimmt ein Beobachter vielleicht die Wörter auf einer Schriftrolle als simpel und unbedeutend wahr. Besonders in der chinesischen Kultur bedeutet Kalligrafie jedoch »wunderschöne Schrift«. Es ist eine Form hoher visueller Kunst, die Malerei und Bildhauerei noch übertrifft. Wie jemand schrieb, war ebenso wichtig wie das, was er schrieb; und was jemand schrieb, spiegelte oft sowohl den Körper als auch die Elemente der Natur wider. Für den Kalligrafen ist das Schreiben der Schriftzeichen wie ein Tanz: Beim Ziehen einer Linie über das Papier ist es nicht nur die Hand des Künstlers, die den Strich bestimmt; auch die Art, wie er sein Körpergewicht verlagert, bestimmt die Bewegung des Pinsels in dem Moment, in dem dieser das Papier berührt. In dem Augenblick, in dem die Schriftzeichen Form annehmen, werden sie durch die Lebensenergie oder das Qi des Kalligrafen lebendig. Qi hat die Kraft, ein Schriftzeichen in Natursymbolik zu verwandeln. Der Punkt eines Pinsels wird zu einem fallenden Stein, einer Tigertatze oder einem Adlerschnabel. Schriftzeichen und Linien springen unbeschwert einher.

Um diese Qualitäten entstehen zu lassen und die Kunst der Kalligrafie zu meistern, wiederholen die Künstler die Bewegung des Pinsels auf dem Papier so lange, bis der Prozess mühelos wird; erst dann hat die Kalligrafie ihre perfekte und spontane Form. Dasselbe gilt für Bewegungsformen wie Qigong und Tai-Chi. Man steht still, bewegt den Körper langsam, steht wieder still und wiederholt die Bewegung. Dank dieser Wiederholung geschieht eine wundersame Verwandlung. Die langsamen Bewegungen des Qigong können das Energieniveau blitzschnell anheben und eine erstaunliche innere Hitze verursachen. Der einfache Prozess des Stillstehens und Sich-langsam-Bewegens schafft den inneren Raum dafür, sich im Körper ausgerichtet zu fühlen. Dies öffnet die Lungen und vertieft die Atmung. Als Meditation in Bewegung beruhigt und beschwichtigt es den Geist. Dadurch kann sich sogar die DNA eines Menschen verändern; Studien haben ergeben, dass Entzündungsgene bei Menschen, die regelmäßig Qigong praktizierten, weniger leicht aktiv wurden. So wird also etwas so Gewöhnliches wie das Schreiben zu etwas Außergewöhnlichem.

Meditation ist vielleicht das außergewöhnlichste Beispiel dessen, was durch den so banalen, gewöhnlichen Akt des Stillsitzens passieren kann. Wenn Sie 15 Minuten lang Ihre Atmung beobachten, finden Sie das vielleicht langweilig. Denn schließlich ist das Atmen nicht annähernd so attraktiv wie die Gedanken, die sich an Erinnerungen, Geschichten oder ausgefeilte Fantasien hängen. Doch ist durch Studien erwiesen, dass der bloße Prozess, sich wieder und wieder hinzusetzen und den Atem zu beobachten, die Hirnchemie wie auch das Niveau und den Zustand des Gewahrseins verändert. Es beruhigt und beschwichtigt den Geist. Dies ist ein außergewöhnlicher Prozess, vor allem angesichts der Tatsache, wie gern unser Geist geschäftig ist und wie leicht er sich ablenken lässt.

Beim Praktizieren von Xiu Yang müssen wir ausdauernd sein wie der Bauer, wenn er darauf wartet, dass seine Pflanzen Früchte tragen. Im Buddhismus wird diese Duldsamkeit und geduldige Ausdauer *khanti* genannt. In der heutigen, schnelllebigen Welt der sofortigen Ergebnisse können Langsamkeit und Beständigkeit uns wie Überholtes aus der Vergangenheit vorkommen. Vergessen Sie aber nicht, dass jeder Augenblick, in dem wir praktizieren, eine Belohnung ist. Wie Donna Farhi in ihrem Buch *Bringing Yoga to Life* schreibt: »In dem Augenblick, in dem wir in stiller Selbstreflexion sitzen, langsam unsere Glieder strecken oder in tiefe Entspannung eintauchen, werden wir zu dem, wonach wir suchen. So ist es möglich, von Anfang an das Endergebnis zu erfahren.«

Die nervliche und muskuläre Feinheit und Raffinesse, dank derer wir uns bewegen, atmen und einen bewussten, denkenden Geist haben, sind nichts weniger als ein Wunder und Mysterium. Wenn wir uns verlangsamen und jeden Augenblick voll und ganz wertschätzen, können wir sehen, dass wir Teil einer Kontinuität im Leben sind, die eine viel größere und stärkere Kraft besitzt. Wir sind ein Feld: fruchtbar, ruhend und zugleich tiefgreifend in seiner Dynamik. Wenn wir dies nicht vergessen, können wir vielleicht erfahren, was die alten Chinesen zu wissen schienen – und zurückfinden in die uns angeborene, ganz gewöhnliche Natur, die das außergewöhnliche Einssein des Dao ist.

Üben, das Außergewöhnliche im Gewöhnlichen zu sehen

Setzen Sie sich ein paar Minuten hin und spüren Sie in Ihren Körper hinein. Schließen Sie die Augen. Vielleicht nehmen Sie Gedanken, Empfindungen und Erfahrungen wahr. Öffnen Sie nun die Augen wieder und nehmen Sie die Vielfalt an Farben, Strukturen und Formen auf, die Sie umgeben. Stellen Sie sich folgende Fragen: Wie kommt es, dass meine Augen sehen, was sie sehen? Wie kommt es, dass mein Bewusstsein weiß, was hier ist? Wie kommt es, dass wir Dinge wissen und ein Bewusstsein von unserem Bewusstsein haben? Ist Wissen etwas Gewöhnliches oder das Ergebnis von etwas Geheimnisvollem und Außergewöhnlichem?

OFFEN SEIN FÜR DIE LANDSCHAFT

Die Felder von Körper, Geist, Herz und Welt zu bestellen bedeutet, bereit zu sein, die Gesamtheit unserer persönlichen Erfahrung zu sehen und die eigenen Umstände genau zu betrachten. Es verlangt von uns, die Landschaft insgesamt im Blick zu behalten und das Leben zu empfangen, wie es ist: in den leichten, sorglosen Zeiten ebenso wie in den niederschmetternden, herzzerreißenden Momenten. Das heißt auch, dass wir offen sein müssen für das, wogegen wir Widerstand leisten. Das ist zwar sehr schwer, aber wichtig. Unsere natürliche Tendenz besteht meist darin, schwierige Situationen zu vermeiden oder uns zu verschließen.

Praktiken wie Yoga, Qigong und Meditation können hilfreich sein: Sie schaffen Raum, sodass wir den Bewegungen von Körper, Geist und Atem im Augenblick ihres Entstehens begegnen und fühlen können, was wir fühlen. Wir werden innerlich klar und sensibel für mehr als nur unsere Gedanken. Beim Praktizieren heißen wir ein vollständigeres Selbst willkommen und lernen, alles in ganzem Umfang zu spüren – auch das, wogegen wir uns wehren. Mit den Jahren hat mich die Offenheit für das, was ich nicht mag, gelehrt, dass ich vor Unannehmlichkeiten nicht immer davonzulaufen und Unsicherheiten nicht mehr auszuweichen brauche, wie ich es als Jugendliche immer tat. Wann immer jemand in meiner Familie zu streiten anfing, verkroch ich mich in meinem Zimmer und schloss die Tür hinter mir. Ich hasste Konfrontation so sehr, dass ich sie, wann immer möglich, vermied – auch in meinen Freundschaften und später in meiner Ehe. Heute weiß ich, dass diese Gewohnheit mir mehr Ärger als Gutes eingebracht hat! Als ich langsam immer mehr Konfrontationen und Unannehmlichkeiten zuließ, lernte ich, dass meine Ängste, wenn ich ihnen ins Gesicht sah, frei werden konnten, sodass ich sie mit allem Drum und Dran besser spürte: mit dem Schmerz, aber auch der Zartheit, Ehrlichkeit und Freude.

Offen sein für die Landschaft heißt, allen qualvollen Momenten des Ringens zu begegnen, die trotz allem von unschätzbarem Wert sind, ohne dass wir andere ausschließen oder uns selbst verschließen. Dies kann ein machtvolles Gegenmittel gegen Zynismus und Egoismus werden. Statt im Sumpf der eigenen Probleme zu versinken, können wir lernen, auf festerem Boden zu stehen und mit allem und allen in unserer Umgebung verbunden zu bleiben. Von dieser Position aus können wir so wichtige Samen wie Mitgefühl, Besonnenheit und Fürsorglichkeit in unserem Leben düngen und zum Erblühen bringen.

Widmen Sie sich, um die Quelle der Zufriedenheit und des Glücks zu kultivieren, dem, was die Daoisten die »zehntausend Dinge« nannten, und schauen Sie genau hin. Sie betreffen alles zwischen Himmel und Erde – die Freuden ebenso wie die Sorgen des Lebens. Für alles, was ist, offen zu bleiben erfordert mehr, als sich den Weg durch die Widerstände nur zu »denken«. Wir können uns leicht im Grübellabyrinth der Gedanken verirren. Um sich nicht zu verlaufen, halten Sie sich einfach an Ihre Landkarte. Das Mandala von Xiu Yang wird Ihnen helfen zu erkennen, dass Sie mehr sind als Ihre Gedanken. Es hilft, den weiten Blick beizubehalten und zu sehen, dass Sie Teil einer unendlichen Matrix von Erfahrungen sind, die sich aus Körper, Geist, Herz und Welt zusammensetzen.

Denken Sie bei Ihrer Reise über die Landkarte von Xiu Yang daran, dass Sie bei jeder Wende Ihr Herz kultivieren und nähren *(xiu xin yang xing).* Die Übungen, Ideen und Prozesse, die ich Ihnen in den folgenden Kapiteln vorstelle, sind Einladungen, die Ganzheit und das Gleichgewicht der Natur zu stützen, die auch Sie sind. Indem Sie innerhalb der heiligen Felder des Mandalas die Samen für mehr Gesundheit, Gleichgewicht und Zufriedenheit aussäen, wird Ihr Herz auf ganz natürliche Weise ruhiger, friedlicher, liebevoller und strahlender.

Teil 2

XIU YANG FÜR EINEN GESUNDEN, HARMONISCHEN KÖRPER

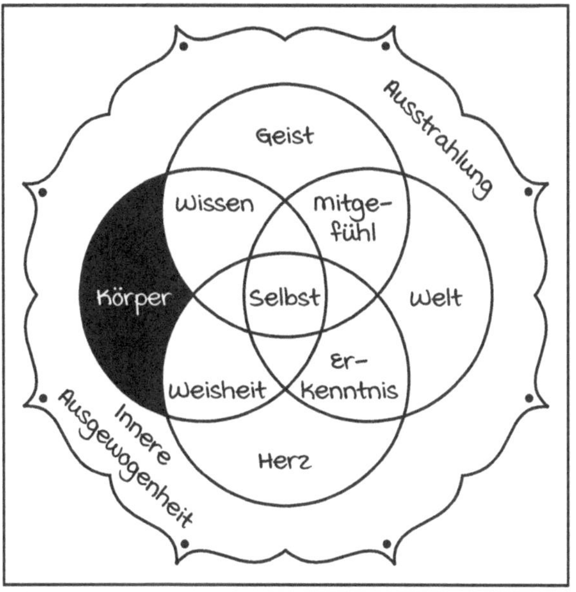

Mandala zur Selbstkultivierung von Xiu Yang

Die meisten von uns finden den eigenen Körper alles andere als ideal. Tatsächlich sorgt er häufig für eine Menge Frust: Er wird krank, müde, fühlt sich eng oder schwer an oder scheint uns auf irgendeine andere Weise unvollkommen. Xiu Yang und das Dao lehren uns, dass alles relativ und Teil des immer vollkommenen Ganzen ist. So auch unser Körper. Betrachten Sie zu Beginn Ihrer Reise in das Terrain eines glücklichen, harmonischen Körpers Fleisch und Blut als selbstverständlichen Teil der ausgewogenen

Natur. Wenn Sie Ihren Körper als Quelle des Schreckens oder Verdrusses empfinden, signalisiert dies, dass irgendetwas ein Ungleichgewicht und die Illusion von Abgetrenntheit hervorgerufen hat. Stellen Sie sich vor, dass Ihr Körper wie die Erde sein kann. Dieses Verständnis wird Ihnen helfen, sich zu erinnern und die Person, die Sie sind, in ihrer Vollkommenheit als Teil der Natur wahrzunehmen. Wie die Erde riskiert Ihr Körper, vernachlässigt oder zu intensiv bestellt zu werden, doch kann er auch mit Nährstoffen versorgt werden und ertragreiche Ernte bringen.

DER CHINESISCHE ZUGANG ZUM KÖRPER

Nach dem Gesundheitsansatz der chinesischen Medizin besteht der Körper aus Lebensenergie oder Qi. Alles – unser Blut, die Organe, Knochen, Gewebe und Nerven – ist Teil miteinander verbundener Systeme, die das Qi speichern und bewegen. Seit der Antike hat die chinesische Medizin betont, dass die Heilung des Körpers mit der Heilung des Qi-Flusses im Körper anfängt.

Qi ist als Prinzip schwierig zu verstehen und lässt sich kaum begrifflich erfassen. Seiner einfachsten Definition nach ist Qi die energetische Blaupause, die aller Materie Leben einhaucht. In dichter Form wird Qi zu fester Materie; in verdünnter oder leichter Form ist es Atem, Äther, Himmel und Paradies. In unserem Körper ist das Qi eine organisierende Kraft, die Entwicklung und Wachstum beeinflusst. Es ist wie das menschliche Erbgut – ein dynamisches Konstrukt, das dem Embryo erlaubt zu wachsen und dem Herzen ermöglicht, eigenständig zu schlagen. Qi findet sich in unserem Atem, in den Knochen und im Blut. Es belebt alle unsere Bewegungen, Gedanken und Emotionen.

Dank der Allgegenwart von Qi unterscheidet sich der chinesische Zugang zum Körper grundlegend von der westlichen Medizin. Chinesen verstehen Qi als Kraft, die uns in einem bestimmten dynamischen Wechselspiel zwischen Organen und Meridianen als

Ganzes erfasst (Meridiane sind feinstoffliche Leitbahnen, die mit einem Organ verbunden sind und subtile Energie durch den Körper fließen lassen). Nach der klassischen chinesischen Medizin wird die Knochendichte durch das Niveau und die Qualität des in den Nieren gespeicherten Qi bestimmt und beeinflusst. In der konventionellen westlichen Medizin wird keine derartige Verbindung hergestellt.

Bei dem klassischen westlichen Zugang zum Körper werden Anatomie und Physiologie als unterschiedliche Disziplinen betrachtet. Die Anatomie (vom Griechischen abgeleitet, »Zergliederung«) ist die Untersuchung der Struktur und Teile eines Organismus. Die Physiologie (vom Griechischen abgeleitet, »Naturkunde«) ist die Untersuchung der Funktionen in lebenden Organismen. Obgleich es in der westlichen Medizin inzwischen Trends gibt, eine andere Perspektive einzunehmen, definierten doch über viele Jahre Standard-Anatomiebücher wie *Gray's Anatomy* das Skelett als Struktur und Teil des Organismus, der losgelöst von den lebenserhaltenden Funktionen der Gewebe, des Blutes und der Organe betrachtet wurde. Inzwischen gibt es Untersuchungen, die zeigen, dass zum Beispiel die Knochen eine wichtige Rolle für das Immunsystem spielen, indem sie die Körperreaktion auf eindringende Bakterien und Viren regulieren.

Die chinesische Medizin betrachtet das Blut als das Mittel, welches das Qi durch die Organe und Meridiane leitet. Ist der Blutfluss gesund und stark, dann werden die Organe durch lebendiges, gesundes Qi bereichert. Ist der Blutfluss unregelmäßig oder stockend, kann der Qi-Fluss überhöht oder unzureichend sein und zu Stagnation und schlechter Organfunktion führen.

In der Yoga-Tradition gibt es ein dem Qi entsprechendes Konzept: *prāṇa.* Auch Prana wird als Lebensenergie oder Lebenskraft definiert. Der Unterschied besteht darin, dass Prana nicht in Verbindung zu den Organen, den Elementen oder Tageszeiten gesehen wird. Prana bewegt sich in Form unterschiedlicher Winde oder *vāyu* durch den Körper. Auch diese Winde können unsere Gesundheit direkt beeinflussen. Ein gesunder Prana-Fluss ist für viele Menschen der Hauptgrund, Yoga-Haltungen zu praktizieren. Yogis nennen bewusstes Atmen *prāṇāyāma,* dies war die prägende Praxis des körperlichen Yoga, bevor durch moderne westliche Einflüsse die Körperhaltungen im Yoga den Vorrang erhielten. Ist der Prana-Fluss gesund, tendiert man zu besserer Verdauung, stärkerer Immunkraft und geistiger Klarheit. Ist er unregelmäßig, schwach oder zu stark, kann er diese Funktionen stören und die Gesundheit beeinträchtigen.

Egal, ob Prana oder Qi, jeder Mensch besitzt eine universelle, innere Lebensenergie. Unser Körper ist Quelle und Grundlage für die Förderung der Lebensqualität. Unser Gesamtzustand und Befinden hängen davon ab, ob unser Qi- oder Prana-Fluss gesund oder gestört ist. Dies ist auch der Grund, warum in der chinesischen Medizin, im Daoismus und im modernen Yoga so viel Wert auf die bestmögliche Selbstfürsorge und Kultivierung von Körper und Geist gelegt wird.

4

NACH DER KÖRPERUHR LEBEN

Wir beginnen unsere Reise durch das Xiu Yang für den Körper, indem wir bestimmte Rhythmen nach den in der Natur vorhandenen Mustern ausrichten. TCM-Ärzten, Daoisten und konfuzianischen Weisen zufolge wirkten diese Rhythmen auf drei Grundebenen:

1. *Täglich:* Die Zeiten, zu denen wir aufstehen, essen, arbeiten, ruhen und schlafen, können den gesundheitlichen Gesamtzustand des Körpers beeinflussen.
2. *Jahreszeitlich:* Je nachdem, ob wir unser Leben den Jahreszeiten gemäß organisieren, können wir unser Grundbefinden ausbalancieren oder durcheinanderbringen.
3. *Lebenszyklisch:* Gehen wir unser jeweiliges Alter und die entsprechende Lebensphase bewusst und mit Würde an, werden wir vermutlich harmonischer wachsen, reifen und altern können.

Der chinesischen Medizin nach besitzen wir zwölf Hauptorgane mit entsprechenden Meridianen, die jeweils mit bestimmten Tageszeiten in Verbindung stehen. Die Funktion der spezifischen Organsysteme ist zu diesen Tageszeiten optimal. Die in der Organuhr skizzierten, natürlichen und biologischen Rhythmen helfen uns demnach, unseren Energiefluss zu regulieren. Er entspricht zwei sich abwechselnden Tageshauptzyklen und unterstützt sie:

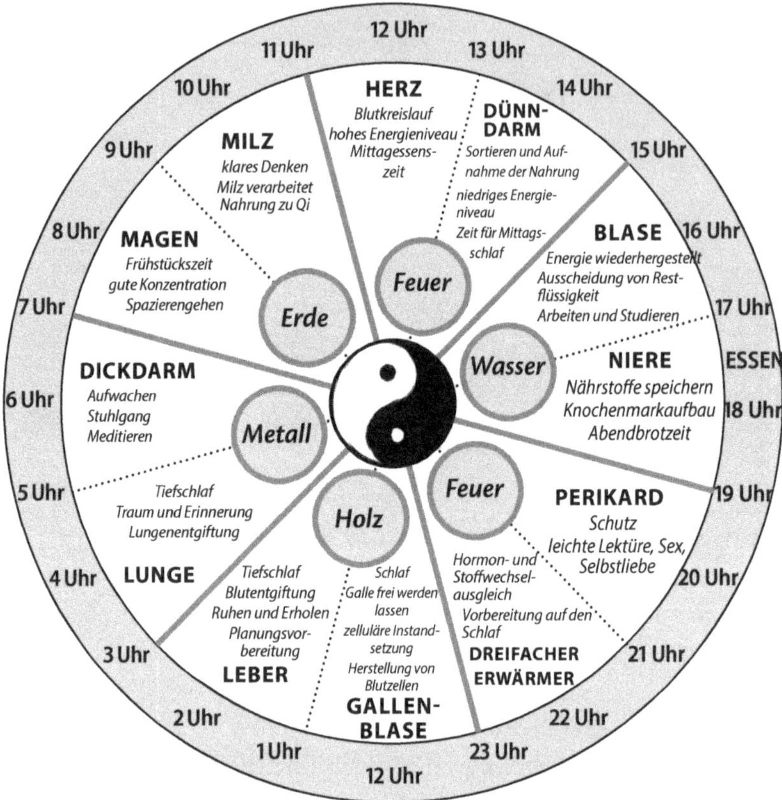

1. den *Yang-Zyklus:* einen nach außen gerichteten, expansiven Zyklus, der durch Aktivitäten wie Wachstum, Planung, Verdauung und Ausscheidung gekennzeichnet ist;
2. den *Yin-Zyklus:* einen nach innen gerichteten, rezeptiven Zyklus, der Reinigung, Erholung, Schutz und Erhaltung ermöglicht.

Leben wir entsprechend der Körperuhr, dann bringen wir Yin und Yang in ein Gleichgewicht, das auf natürliche Weise Teil unserer Konstitution ist.

Der chinesischen Körperuhr zu folgen ist eine der einfachsten, direktesten und unmittelbarsten Möglichkeiten, unsere Gesundheit und unser Befinden positiv zu beeinflussen. Sind Sie zum Beispiel jemand, der das Frühstück gern auslässt, könnte eine bewusste Umstellung auf ein volles, herzhaftes Mahl zwischen 7 und 9 Uhr morgens Ihren Stoffwechsel, die Verdauung insgesamt, den Kreislauf und die Immunkraft verbessern. Das liegt daran, dass morgendlich durch den Magen aufgenommene Nahrung die Produktion des Qi oder der Lebensenergie anschiebt. Die anderen Organe sind abhängig von dieser Energie, um ihre Funktionen erfüllen und Ihnen die im Lauf des Tages benötigte Energie schenken zu können. In meinen Zwanziger- und frühen Dreißigerjahren wusste ich noch nichts von der chinesischen Medizin. Ich schlief gern lang und ließ des Öfteren das Frühstück aus. Nachdem ich mein Leben mehr an der Körperuhr ausgerichtet hatte und dazu übergegangen war, früh aufzustehen und täglich ein reichhaltiges Frühstück zu mir zu nehmen, ließen viele meiner Verdauungsprobleme nach, wie etwa Verstopfung, Blähungen und Aufstoßen (Aufstoßen wird in der chinesischen Medizin auch als »rebellierendes Qi« bezeichnet). Im Verlauf dieser Veränderung begann ich zudem, Qigong – die chinesische Kunst der Selbstkultivierung – zu praktizieren, wodurch sich meine Gesundheit maßgeblich gebessert hat. In Kapitel 6, im Abschnitt über moderate Körperübungen, werden wir uns eingehender mit Qigong befassen.

DIE FÜNF ELEMENTE DER CHINESISCHEN MEDIZIN

Für eine optimale Arbeit mit der Körperuhr sollte man wissen, dass die laut chinesischer Medizin vorhandenen Organe und Meridiane unterschiedlichen Elementen und Jahreszeiten entsprechen. Insgesamt gibt es zwölf Hauptorgane, fünf Elemente und fünf Jahreszeiten mit jeweils spezifisch zugeordneten Emotionen und Eigenschaften, die je nach Gleichgewicht oder Ungleichgewicht der Organe auftreten. Ein Verständnis der Verbindungen zwischen den Organen, Elementen und Jahreszeiten hilft uns zu erkennen, wie vorteilhaft es ist, der Körperuhr zu folgen. Die folgende Tabelle zeigt die Verbindungen zwischen den Organen, Elementen und Jahreszeiten sowie die ihnen zugeordneten Eigenschaften, Emotionen und Tendenzen auf.

Element	Jahreszeit	Organe	Eigenschaft	Emotion	Entspricht	Herausforderungen
Holz	Frühjahr	Leber und Gallenblase	Ausdehnung und Wachstum	Wut	Rhythmus, Träumen, Visionen, klaren Plänen, Wachstum	Autorität, Einschränkung
Feuer	Sommer	Herz, Dünndarm, Dreifacher Erwärmer, Perikard	oberster Herrscher, Trennen des Reinen vom Unreinen, Schutz, Regulierung von Beziehungen	Freude	Stimulierung, Intimität, Liebe, Verbindung, Spiel	Grenzen, Einsamkeit
Erde	Spät-sommer	Milz und Magen	Konzentration, Transformation und Verdauung	Mitleid/ Mitgefühl	Mutter, Sicherheit, Stabilität, Mitgefühl, Verständnis	Sucht/ Zwangsvorstellung, Stagnation
Metall	Herbst	Lungen und Dickdarm	Inspiration und Loslassen	Trauer	Vater, Respekt, Bestätigung, Wärme	Perfektion, Vergangenheit
Wasser	Winter	Nieren und Blase	Fluss, Reserven und Speicherung	Angst	Ruhe, Rückversicherung, Weisheit, Frieden	Fluss, das Ungewisse, Zukunfstsängste

XIU YANG FÜR EINEN AUSGEWOGENEN, GESUNDEN TAG

Hier folgt nun eine Aufstellung für Sie, damit Sie Ihrem Tag eine gesunde Struktur geben und den Tageszeiten entsprechende Aktivitäten wählen können. Orientieren Sie sich enger an der Körperuhr, dann werden Sie harmonischer und ausgewogener leben. Es wird sich spürbar auf Ihr Wohlbefinden auswirken und eine solide gesundheitliche Grundlage bilden.

3–5 Uhr: Lungen (Metall-Element)

Schlafen Sie tief und erholsam.

In einem Yoga-Ashram oder Tempel in Asien würden Sie um diese Zeit womöglich Atem- oder Meditationsübungen machen. Viele Nonnen und Mönche rund um den Globus stehen jetzt freiwillig auf. Entsprechend der chinesischen Medizin dagegen, sind diese frühen Morgenstunden der optimale Zeitpunkt zum Entgiften der Lungen und für die Endphase des Tiefschlafs.

Die Lungen haben in der chinesischen Medizin ebenso mit Inspiration wie mit Loslassen zu tun. Was tun wir, wenn uns jemand mit einem Geschenk überrascht? Wir ringen nach Luft. Wow! Ah! Vor Freude ziehen wir schnell die Luft ein. Wenn etwas schwer ist oder wir uns belastet fühlen, atmen wir oft mit einem Seufzer aus. Im Idealfall ermöglichen wir es den Lungen um diese Uhrzeit, uns zu helfen, damit wir für die Inspirationen des vor uns liegenden Tages unbelastet und offen sein können.

5–7 Uhr: Dickdarm (Metall-Element)

Wachen Sie auf und entschlacken Sie.

Dies ist die ideale Zeit zum Aufstehen und für den Tagesbeginn. In der chinesischen Medizin ist der Dickdarm dafür zuständig, den Körper zu entschlacken. Daher ist es in diesen Stunden des Tages gut, Stuhlgang zu haben und die am vorherigen Tag verdauten Abfallprodukte auszuscheiden. Durch das Loslassen schaffen Sie außerdem Raum für die Aufnahme von Neuem – ob es sich nun um neue Nahrung, Erfahrungen oder Ideen handelt. Loslassen ist nicht immer leicht. Verstopfung ist zum Beispiel eine verbreitete Störung, die mit Festhalten zu tun hat. Solcherlei Ungleichgewicht kann sich in der Kombination von Essgewohnheiten, Körperübungen, Atemübungen und einem regelmäßigen Tagesablauf in dem Maße normalisieren, wie das Körper-Qi und die Energie in ein größeres Gleichgewicht finden.

7–9 Uhr: Magen (Erd-Element)

Nehmen Sie einen leichten Snack zu sich, halten Sie Stimulation im Allgemeinen in Grenzen, machen Sie Körperübungen und genießen Sie schließlich ein herzhaftes Frühstück.

Sind die Lungen erst einmal gereinigt, ist dies die ideale Tageszeit, um zu meditieren, Atemübungen und anschließend leichte Körperübungen zu machen. Da wir für Letzteres Qi brauchen, ist es am besten, zum Tagesbeginn eine Tasse Tee oder heißes Zitronenwasser zu trinken und ein Stück Obst zu essen.

In den Stunden zwischen 7 und 9 Uhr ist die Magensäure am effektivsten tätig. Das heißt, dass die Verdauungssäfte jetzt am stärksten sind. Essen wir jeden Morgen eine volle Mahlzeit, dann maximieren wir unsere Verdauung und die Nahrungsaufnahme und entwickeln einen gesunden Stoffwechsel. Der Magen ist das Organ, das die Nahrung aufnimmt, die wir zu uns nehmen, und sie so zerlegt, dass der Körper sie verstoffwechseln kann. Ohne das Qi aus unserer Nahrung haben die anderen Organe Mühe, ihren Aufgaben nachzukommen. Wenn Sie es sich zur Gewohnheit machen, um diese Zeit eine ordentliche Mahlzeit zu sich zu nehmen, wird Ihr Magen mit Sicherheit genügend Qi in Energie verwandeln können, damit Sie gut durch den Tag kommen. In Kapitel 7 werden wir uns genauer anschauen, welche Art von Lebensmitteln Ihnen je nach Jahreszeit und Konstitutionstyp am besten bekommen könnte.

In der chinesischen Medizin ist der Magen auch das Organ, das stets alles umrührt und verdaut, was wir an Gedanken und Emotionen, also gewissermaßen an Lebenserfahrung, aufnehmen. Eine gute Idee wäre es, zu dieser Tageszeit die geistige und emotionale Stimulation minimal zu halten, um den Magen beim Verarbeiten nicht zu überfordern und aus dem Gleichgewicht zu bringen. Wenig (oder gar nicht) reden, Meditation und sanfte Körperübungen wie Qigong oder sanfter Yoga werden den Magen jetzt ebenfalls bei seiner Verdauungstätigkeit unterstützen.

9–11 Uhr: Milz (Erd-Element)

Fokussieren und konzentrieren Sie sich.

Die Aufgabe der Milz besteht darin, die vom Magen verdaute Nahrung in Qi umzuwandeln und durch den Körper zirkulieren zu lassen. Sie werden feststellen, dass Sie ohne ein nahrhaftes Frühstück auch weniger zu verteilen haben. Dies führt zu einem Ungleichgewicht in der Milz und kann zudem den Energiefluss im gesamten System durcheinanderbringen.

In der chinesischen Medizin beherbergt die Milz das sogenannte *yi*, das am ehesten als Intention und Gedanken verstanden werden kann. Daher sind diese Stunden des Tages am besten für fokussierte geistige Arbeit geeignet wie Studieren, Schreiben, Organisieren oder Recherchieren. Mit einer gesunden Milz sind unsere Gedanken vermutlich klar und fokussiert. Ist sie aus dem Gleichgewicht, tendieren wir zum Grübeln, zu zwanghaften Gedanken, dazu, uns zu sorgen oder zu quälen. Da der Mensch dazu neigt, zu viel nachzudenken und sich den Kopf über Vergangenes oder über künftige Belange zu zerbrechen, sind Milz und *yi* häufig überfordert und überlastet. Eine der besten Möglichkeiten, die Milz in der Balance zu halten, besteht in Meditation und Körperübungen wie Yoga und Qigong. Dies ist das beste Gegenmittel für einen aufgewühlten

Geist, da er sich dann auf die Körperempfindungen konzentrieren kann und gewissermaßen nach Hause findet.

11–13 Uhr: Herz (Feuer-Element)

Seien Sie jetzt aktiv und nehmen Sie dann Ihr Mittagessen zu sich.

Essen Sie nach einem zügigen Spaziergang oder anderen Körperaktivitäten ein ordentliches Mittagessen, um das Herz in seinen Anstrengungen und Sie insgesamt mit Energie und Nahrung für den Nachmittag zu versorgen, zu nähren. Das Herz wird in der chinesischen Medizin als oberster Gebieter oder Herrscher über den Körper beschrieben. Der Herrscher ist in China der Kaiser, der Glück, Gesundheit und Wohlbefinden des Staates verwaltet und beaufsichtigt. Die Aufgabe des Herzens entspricht daher der eines Herrschers: mit Weisheit, Einsicht und Güte zu regieren und auf diese Weise für den Erhalt von Frieden und Harmonie zu sorgen.

Da die Hauptaufgabe des Herzens darin besteht, Blut durch das Herz-Kreislauf-System zu pumpen, müssen wir in diesen Stunden für eine gute Durchblutung sorgen. Es ist also eine ideale Zeit, um nach der konzentrierten Arbeit in der Milzphase eine aktivere Arbeit zu verrichten. Dies gilt nur dann nicht, wenn jemand an einer Herzkrankheit oder an Bluthochdruck leidet. Da das Herz jetzt auf Hochtouren arbeitet, um das Blut zirkulieren zu lassen, kann ihm zu viel physische Anstrengung schaden. Bei einem Herzleiden ist es am besten, in diesen Stunden zu ruhen, damit das Herz seine Arbeit möglichst effizient leisten kann.

13–15 Uhr: Dünndarm (Feuer-Element)

Ruhen Sie, halten Sie Mittagsschlaf, lesen Sie oder erledigen Sie Alltägliches.

Nach dem Mittagessen ist es am besten, sich auszuruhen oder leichte Aufgaben zu erledigen, die keine große geistige Anstrengung verlangen, denn jetzt arbeitet der Dünndarm daran, das Reine vom Unreinen zu trennen. Er schickt das Unreine als Abfall durch den Dickdarm und das Reine zum Herzen (*xin* [心], im Chinesischen auch »Geist«), sodass es sich klarer und leuchtender anfühlt. Wie bei allen Reinigungsprozessen, bei denen unerwünschte Objekte durch Absorption ausgeschieden werden, sollte man diesen Prozess am besten ungestört vonstattengehen lassen. Bleibt er unvollendet, riskieren wir, das, was wir rein halten wollen, zu kontaminieren. Der Körper braucht eine ruhige Umgebung, um optimalen Nutzen aus dem Reinigungsprozess ziehen zu können. Funktioniert der Dünndarm gut, dann werden Herz und Geist klare, ruhige, ausgeglichene Gedanken hervorbringen. Ist er aus dem Gleichgewicht, können Herz und Geist verwirrt und überfordert sein, und das Urteilsvermögen ist womöglich beeinträchtigt.

15–17 Uhr: Blase (Wasser-Element)

Trinken Sie einen Tee. Erledigen Sie leichte Aufgaben oder bringen Sie eine Arbeit zu Ende, für die Sie Konzentration benötigen.

In Großbritannien wie auch in vielen asiatischen Kulturen ist jetzt Tea Time, weil der Körper in den Blasenstunden mit dem flüssigen Abfall auch die Gifte ausscheidet. Indem Sie mehr Wasser (oder Tee!) trinken, füllen Sie aktiv die Reservoirs wieder auf und unterstützen den Entgiftungsprozess. Dadurch, dass die Gifte entfernt werden, stellt sich die Energie in den Nieren wieder her. Dies kann gegen Spätnachmittag dazu führen, dass die Konzentrationsfähigkeit oder Produktivität wieder leicht ansteigt.

Aufgrund unserer heutzutage hektischen und stressigen Lebensweise nehmen viele von uns diesen Schub gar nicht wahr. Stattdessen fühlen wir uns womöglich erschöpft und müde. Das liegt daran, dass die Nieren und die Blase unser konstitutionelles Qi, das auch »Essenz« oder *jing* genannt wird, speichern und zu regulieren helfen. Fühlen Sie sich zu dieser Tageszeit müde, sollten Sie sich lieber ausruhen, statt sich mit anspruchsvoller Arbeit zu quälen.

17–19 Uhr: Niere (Wasser-Element)

Machen Sie sanfte Körperübungen, die helfen, die Knochendichte zu erhöhen, und nehmen Sie dann zum Abendessen etwas Leichtes zu sich.

Da zu dieser Tageszeit die Nieren am aktivsten sind, wäre es sinnvoll, ein paar leichte Körperübungen zur Erhöhung der Knochendichte zu machen, wie etwa Qigong-Übungen im Stehen, die das Prinzip der Tensegrity verwenden (das heißt, eine Kombination von Anspannung und Kompression auf Muskeln und Knochen anbringen), oder Belastungsübungen aus dem Yoga, zum Beispiel die Positionen von »Heuschrecke«, »Herabschauendem Hund« oder »Brett«, die gegen die Schwerkraft zu halten sind und von denen es heißt, dass sie die Knochen stärken. Sind Sie in einem Fitnessstudio angemeldet, wäre die Nierenzeit für leichtes Gewichtheben gut geeignet.

Eine leichte Mahlzeit nach den Körperübungen stärkt die Nierenessenz, auch *jing* genannt, ebenfalls! Wir haben zwei Arten von in den Nieren gespeichertem *jing:* das *jing* unserer Vorfahren, das uns von unseren Eltern, Großeltern und Ahnen weitergegeben wurde, und das nachgeburtliche *jing*, das wir durch unsere Essgewohnheiten, Körperübungen und Lebensweise aufnehmen. Von beiden heißt es, dass sie unser Knochenmark unterstützen und anreichern, was nicht nur für unsere Körpergrundstruktur bedeutend ist, sondern auch mit so wichtigen Funktionen zu tun hat wie dem Aufbau unseres Immunsystems.

19–21 Uhr: Perikard (Feuer-Element)

Machen Sie es sich mit einem guten Buch, einem gewaltfreien Film oder Ihren Lieben gemütlich.

In der Zeit des Perikards (des Herzbeutels, eine Art Bindegewebe, das das Herz umschließt) könnten Sie es sich mit jemandem oder etwas, den oder das Sie lieben, gemütlich machen, sich ruhig hinsetzen und/oder etwas Inspirierendes, »Herzerwärmendes« lesen. Das Perikard ist der Beschützer des Herzens. Das Herz ist in der chinesischen Medizin sehr wichtig, und jeder direkte Schlag dagegen wäre zu schmerzhaft beziehungsweise gefährlich oder gar tödlich. Der Beschützer des Herzens hat daher die Aufgabe, dafür zu sorgen, dass das Herz in Sicherheit ist. Wird es durch großen Kummer, Trauer oder Gewalt angegriffen, federt das Perikard den ersten Stoß ab. Auf diese Weise leitet es Spannung mit ab und schützt das Herz vor direkter Verletzung. Wie ein »wohlwollender Türsteher« eines Nachtklubs lässt es jedoch ein, was das Herz füttert und nährt, wie etwa Zärtlichkeit, Freundlichkeit, Fürsorge und Liebe.

In den klassischen Texten der chinesischen Medizin und daoistischen Handbüchern gelten die Stunden des Perikards als ideale Zeit für die Liebe. Möchte man gern ein Kind, gilt dies als die beste Zeit, um Liebe zu machen. Hat man keine Beziehung, kann man jetzt wunderbar Zeit mit Haustieren, Freunden oder anderen Menschen verbringen, die einem nahestehen.

21–23 Uhr: Dreifacher Erwärmer (Feuer-Element)

Nehmen Sie ein Bad oder eine heiße Dusche und gehen Sie zu Bett.

Viele unserer Freunde nennen mich und meinen Mann gern augenzwinkernd »Oma und Opa Deemer«, weil wir meist früh zu Abend essen möchten, damit wir um halb zehn ins Bett kommen, denn das ist unsere ideale Schlafenszeit. Doch ist es angesichts der Anforderungen der heutigen Zeit nicht immer möglich, so früh schlafen zu gehen. Späte Arbeitszeiten, technische Geräte, die uns wachhalten, oder gute spätabendliche Fernsehprogramme verlocken dazu, lange aufzubleiben. Jedenfalls galt das für mich, bis ich die Vorteile entdeckte, die ein Lebensrhythmus mit frühen Schlafenszeiten für mich barg.

Der Dreifache Erwärmer ist sozusagen der Temperaturregler des Körpers. Seine Funktion besteht darin, unsere Temperatur in drei

Hauptbereichen zu regulieren: im Unterbauch, im Solarplexus und in der Brust. Diese Bereiche sind durch Faszien (auch ein aus Bindegewebe bestehendes Geflecht) miteinander verbunden. Ist die Temperatur in diesen drei Bereichen gut reguliert, dann ist der Körper selbstreguliert oder auch im Gleichgewicht. Dies unterstützt Funktionen wie den Stoffwechsel, die Hormonproduktion, Stimmung, Fortpflanzung, Sexualfunktion und den Schlaf. Damit der Dreifache Erwärmer gut arbeiten kann, sollte man in seiner Hauptfunktionszeit am besten schlafen. Gehen Sie jetzt nicht ins Bett, kann das die Fähigkeit des Körpers, diese Aktivitäten zu bewerkstelligen und zu regulieren, behindern und zu Problemen in Blutkreislauf, Atmung, Verdauung, Ausscheidung und Fortpflanzung führen.

23–1 Uhr: Gallenblase (Holz-Element)

Schlafen Sie und ermöglichen Sie Ihrem Körper, sich zu regenerieren.

Jetzt findet der empfindliche Übergang zwischen den Yang- und Yin-Kreisläufen statt. Der Körper beginnt, das Blut und die Zellen zu regenerieren, beides Aufgabe von Gallenblase und Leber. Die Leber (das größte Körperorgan) und die Gallenblase (ein kleines, birnenförmiges Organ direkt unterhalb der Leber) befinden sich beide auf der rechten Körperseite unterhalb der Rippen. Entsprechend der chinesischen Medizin, regiert die Gallenblase über Urteilsvermögen und Entscheidungsfindung. Sie setzt die von der Leber erzeugten Ideen und Pläne um. Sind Sie um diese Zeit wach, beeinträchtigen Sie womöglich die Entscheidungsfähigkeit Ihrer Gallenblase und stören sie in ihrer Aufgabe, die Galle aus der Leber zu entfernen und zu speichern. In diesem Fall kann »zu viel Galle« entstehen, was leicht zu Grobheit, Ungeduld und Unbesonnenheit führt.

Viele Menschen bleiben heutzutage lange auf. Vielleicht gehören Sie ebenfalls dazu und lesen sogar gerade dieses Buch! Unsere technischen Geräte wie auch spätabendliche Fernsehprogramme oder andere Unterhaltung sind verlockend. Wenn wir zwischen 23 und 1 Uhr nachts auf sind, wächst laut chinesischer Medizin unsere Neigung zu Irritationen, Wut oder sogar Gewalt. Interessanterweise berichtete das US Bureau of Justice Statistics, mit Alkohol in Verbindung stehende Gewalttaten hätten in den Jahren 2002 bis 2008 um 1 Uhr morgens ihren Höhepunkt gehabt, während das FBI bekannt gab, im Jahr 2013 habe die höchste Kriminalitätsrate in den USA zwischen Mitternacht und 1 Uhr morgens gelegen – zu einer Nachtzeit, während der die Körperuhr uns rät, wohlbehalten im Bett zu liegen und zu schlafen.

1–3 Uhr: Leber (Holz-Element)

Zeit für Tiefschlaf, Entgiftung und Träume, die Ihnen Inspiration für Ihre Visionen, Ziele und Pläne schenken.

In diesen frühen Morgenstunden gibt der Körper Toxine frei, die von der Leber aufgenommen und in Form von Galle an die Gallenblase weitergegeben wurden. Diese Toxine können sowohl Chemikalien oder Hormone aus unserer Nahrung wie auch im Alkohol enthaltene Gifte und Pestizide sein. Damit der Körper seinen Aufnahme- und Ausscheidungsprozess effektiv und ungestört vollziehen kann, sollte er um diese Zeit ruhen. Sind Sie dagegen in diesen frühen Morgenstunden wach, kann sich dies negativ auf Ihre Leber auswirken und zu vermehrter Toxizität und Störungen anderer von der Leber verwalteter Funktionen wie Menstruation, Schlaf, Hormonproduktion und allgemeines Energieniveau führen.

Laut westlicher Medizin hat die Leber viele Funktionen, darunter auch das Speichern von Zuckern und deren Freigabe während der Nacht. Genau deshalb wachen wir, wenn wir spät eine schwere Mahlzeit oder kurz vor dem Schlafengehen süße Snacks zu uns genommen haben, mitunter mitten in der Nacht auf. Haben wir bereits durch unser Essen Zucker im Blut, kann uns die zusätzliche

Lebertätigkeit nachts aufrütteln. Deshalb ist es sinnvoll, abends vor 19 Uhr zu essen und späte Snacks zu vermeiden.

Eine gesunde Leber unterstützt außerdem die eigenen Visionen, Ziele und Träume. In diesen Nachtstunden tauchen häufig Träume auf. Die Leber nimmt zudem Wut – eine Emotion, die mit dem Holz-Element assoziiert ist – auf und setzt sie frei. Eine Leber, die aus dem Gleichgewicht ist, kann zu Irritation, Zorn oder – im Mangelzustand – zu Duckmäuserei und der Unfähigkeit führen, sich zu behaupten. Eine gesunde, ausbalancierte Leber dagegen ermöglicht es uns, Wut kreativ und konstruktiv so zu äußern, dass wir weder uns selbst noch anderen Schuld zuzuweisen brauchen. Zum Beispiel könnten Sie Ihre Wut zur Veränderung sozialer Ungerechtigkeiten einsetzen, statt über sich selbst oder Ihren Partner frustriert zu sein, wenn der Porridge anbrennt, weil einer von Ihnen vergessen hat, ihn umzurühren.

Abschließende Gedanken zu den Tageszeiten

Regelmäßig früh ins Bett zu gehen und früh aufzustehen ist ein guter Anfang, wenn man die eigene Gesundheit unterstützen und kultivieren und den Körper ins Gleichgewicht bringen will. Auch wenn manche der Vorschläge für Aktivitäten zeitlich so nicht gleich einzuteilen sein sollten, denken Sie daran, dass jeder Samen, den Sie säen, mit der Zeit aufgehen wird. Vielleicht möchten Sie erst einmal nur die Morgen- und Abendroutine umstellen. Sind diese dann zur Gewohnheit geworden, könnten Sie Ihre Energie Stück für Stück weiteren Veränderungen Ihres Alltags widmen. Es eilt nicht. Lassen Sie sich Zeit und nehmen Sie wahr, wie sich die Veränderungen anfühlen.

XIU YANG IN DER ANPASSUNG AN DIE JAHRESZEITEN

Wie wäre es, wenn Sie sich in Ihren übers Jahr verteilten Aktivitäten den Jahreszeiten gemäß an den chinesischen Kalender anpassten? In der Antike lebten viele Chinesen entsprechend dem Jahreskreislauf der Landwirtschaft: Im Frühjahr wurden die Pflanzen gesät und gezogen, im Sommer wuchsen sie zur Reife. Im Spätsommer reiften die Früchte, man freute sich an der Fülle, und im Herbst erfolgte die Ernte. Im Winter lag der Boden brach und ruhte, bis sich im Frühjahr alles erneuerte und von Neuem wuchs. Ganz ähnlich können auch wir den Rhythmen der Jahreszeiten folgen.

Hier einige Anregungen, wie Sie Ihre Aktivitäten und Prioritäten in Übereinstimmung mit den Jahreszeiten einteilen und angehen könnten:

Frühjahr, die Phase des Holz-Elements

Schmieden Sie jetzt Pläne für das neue Jahr und entwickeln Sie Visionen. Dies ist die Jahreszeit der aufsteigenden Energie. Säen Sie die Samen für neue Vorhaben oder überlegen Sie, wie sich bestimmte Träume realisieren lassen könnten. Es kann eine produktive, ruhig auch geschäftige Zeit sein. Halten Sie jedoch ebenso nach Zeichen der Irritation oder der Wut Ausschau, denn die zum Holz gehörende Emotion ist die Wut. Beim Entfalten der Visionen verläuft vielleicht nicht alles nach Wunsch oder Plan. Womöglich tauchen Hindernisse auf, die Sie schnell frustrieren, wütend machen oder dazu führen, dass Sie einfach aufgeben. Wenden Sie sich, falls Sie die Wut des Holzes spüren, an die Findigkeit der Bäume, die, wenn ihnen im Wachstum etwas im Weg steht, einfach um das Hindernis herumwachsen. Vergessen Sie nicht, im Frühjahr flexibel und anpassungsfähig zu bleiben.

Sommer, die Phase des Feuer-Elements

Führen Sie die im Frühjahr gefassten Pläne weiter aus, aber schätzen Sie auch die Arbeit, die Sie in die Entwicklung dessen gesteckt haben, was Sie jetzt heranwachsen sehen. Der Sommer kann eine Zeit der Offenheit, Verbundenheit, Fröhlichkeit und Freude sein. Die mit dem Sommer verbundene Emotion ist die Freude. Die längeren Tage und das wärmere Wetter wecken naturgemäß den göttlichen Geist, der in der chinesischen Medizin *shen* genannt wird. *Shen* beseelt das Leben und bringt Fröhlichkeit und Freude zu uns. Nehmen Sie sich Zeit für Spiel und Leichtigkeit und nutzen Sie sie für einen Urlaub. Denken Sie außerdem daran, dass das Feuer-Element und der Sommer mit dem Herzen zu tun haben. In der chinesischen Medizin geht es dem Herzen nicht gut, wenn es überstimuliert wird, was in der Tat auch durch zu viel Freude passieren kann. Das Herz gedeiht am besten, wenn es ruhig und gelassen ist. Schenken Sie sich genügend Zeit für Muße und Entspannung.

Spätsommer, die Phase des Erd-Elements

Der Spätsommer ist eine Zeit, in der es noch nicht richtig kühl, aber auch nicht mehr so warm ist. Jetzt reifen die Früchte an den Bäumen und fallen zu Boden. Es ist eine Zeit der Fülle, der Übergänge und der Beständigkeit zugleich. Nehmen Sie sich Zeit: Sie können sich jetzt genährt und unterstützt fühlen, denn Ihre Frühjahrspläne sind über den Frühsommer gereift. Falls Sie im Sommer eine Auszeit hatten, können Sie jetzt langsam Ihren Weg zurück in die Produktivität finden. Spüren Sie die Zentriertheit und Beständigkeit der Erde. Sie hilft Ihnen, sich zu verankern, damit Sie sich und die Menschen, die Sie lieben, nähren und mit Liebe umsorgen können.

Herbst, die Phase des Metall-Elements

Im Herbst geht es darum, sich zu verlangsamen, vom Leben inspirieren und immer mehr Dinge sein zu lassen. So wie die Tage kühler und kürzer werden, können Sie Ihre Aktivitäten nun langsam und natürlich herunterfahren. Genau wie die Bäume ihre Blätter nach und nach verlieren, können Sie sich jetzt überlegen, was Sie in Ihrem Leben ablegen wollen. Im Verlauf dieses Prozesses erkennen Sie, was bei Ihnen auf echter Inspiration beruht und wirklich wertvoll ist. Oft passiert das, wenn Sie zu Hause ausmisten oder erkennen, in welchen Bereichen Sie übermäßig geschäftig waren: Sie sehen, was Ihnen wirklich wichtig ist, und schätzen es zutiefst.

Winter, die Phase des Wasser-Elements

Im Winter ziehen die Bäume meist ihre Kraft von den Zweigen und Blättern in ihre Wurzelsysteme zurück, damit diese kostbare Nahrung aufnehmen, um sich auf das Frühjahrswachstum vorzubereiten. Auch wir Menschen können lernen, unsere Energien von den Tätigkeiten, die nach außen gerichtet waren, nach innen in die Stille zu lenken und uns zu erholen. Das ist meist gar nicht so einfach, da unsere Gesellschaft ständig hundertprozentige Produktivität von uns erwartet. Der chinesischen Medizin entsprechend jedoch, ist dies die Jahreszeit der Brache. Freunden Sie sich mit der Stille an und hören Sie auf das Bedürfnis von Körper und Geist, sich zu erholen und zu regenerieren. Auf diese Weise können Sie sich auf das Wachstum und den Tatendrang des Frühlings vorbereiten.

XIU YANG FÜR UNSERE LEBENSPHASEN

Was für den Tagesablauf und die Jahreszeiten gilt, können wir ebenso für die verschiedenen Lebensphasen lernen. Auch hier gibt es je nach Alter unterschiedliche Rhythmen und Aktivitäten. Praktizierende von Xiu Yang glaubten seit frühester Zeit, dass, wer von Geburt an bis zum Tod die rechte Lebensweise kultivierte, gut neunzig oder gar hundert Jahre alt werden könne. Verständlicherweise ist für viele von uns angesichts des Stresses und der vielen Ungewissheiten und Anforderungen in unserem Leben diese »rechte Lebensweise« nur schwer zu verwirklichen. Doch die Menschen damals glaubten, dass jeder, der die eigene Energie gut ausrichtet, negative Erfahrungen mindert und Übungen zur Selbstkultivierung praktiziert, so lange leben kann.

0–20 Jahre: Holz-Element

Die Energie dieser Jahre entspricht dem aufsteigenden Yang. Es ist eine Zeit des exponentiellen Wachstums. Unsere Knochen und unser Körper entwickeln sich, ebenso unser Ego und unsere Persönlichkeit, der Geist füllt sich mit Visionen und Träumen.

20–40 Jahre: Feuer-Element

Dies sind Jahre maximalen Yangs, in denen zwar unser Körper nicht mehr weiterwächst, aber das Herz reift. Idealerweise bauen wir jetzt unsere Verbindungen zu Arbeit, Leben und Familie aus. Richten wir uns speziell in dieser Lebenszeit auf die Kultivierung eines gesunden, ausgeglichenen Herzens aus, dann wird unsere Fähigkeit, Mitgefühl, Freundlichkeit und Liebe zu zeigen, wachsen und gedeihen.

40–60 Jahre: Erd-Element

Der Höhepunkt der Feuer-Jahrzehnte der Reife ist vorbei, nun kommen die Erd-Jahre, in denen wir im Idealfall zu ein wenig Ausgeglichenheit finden. Jetzt geht es insgesamt weniger darum, bei der Arbeit, in den Beziehungen und in der Familie nach mehr zu streben. Stattdessen bleibt mehr Zeit, um die Früchte des Lebens und seine Fülle zu genießen.

60–80 Jahre: Metall-Element

In diesen Jahren vertieft sich die Beziehung zum Spirituellen, wir lassen los, was wir nicht mehr brauchen. Es ist eine Zeit der Läuterung und Wertschätzung. Wir sortieren alles Unnötige aus, der tiefere Sinn des Lebens und seine Kostbarkeit treten hervor.

80–100 Jahre: Wasser-Element

In China wird das Alter geehrt, denn mit ihm kommt die Weisheit, die aus der Erfahrung gewonnen ist. Das Wasser wird mit tiefem Wissen, Erkenntnis und Zuhören assoziiert. Andere schauen aufgrund unserer Lebenserfahrung zu uns auf. Sie hören auf uns, weil wir wissen, wie man schweigt und mit dem Herzen zuhört. Seien Sie in diesen Jahren bereit, dem Nichtwissen zu begegnen, und heißen Sie das Mysterium willkommen.

5

DER ATEM UND EIN LANGES LEBEN

Das Feld unseres Atems will täglich und beständig bestellt und kultiviert werden. Die Ernte, die wir aus der regelmäßigen Pflege unseres Ein- und Ausatmens einfahren, kann uns nicht nur einen gesünderen und ausbalancierteren Körper verschaffen, sondern auch das aufschließen, was die alten chinesischen Weisen für das Tor zur Langlebigkeit hielten.

Die Atmung ist die wichtigste und hervorstechendste Praxis in der *Inneren Übung (Neiye),* dem vermutlich ältesten überlieferten daoistischen Text aus dem 4. Jahrhundert v. Chr. Die Atmung soll uns in den Zustand des Einsseins mit dem Dao zurückführen – einen Zustand, der uns immer zugänglich ist, uns aber aufgrund von »Kummer, Glück, Freude, Zorn, Begierde und Streben nach Gewinn« mitunter verloren geht. Schütteln wir diese Dinge ab, kehrt unser Geist in einen Zustand der Gelassenheit und des Gleichmuts zurück. Der Prozess dieses Abschüttelns wird hier als ein Prozess des Aufwickelns und Zusammenziehens und Abwickelns und Ausdehnens beschrieben:

Zur Übung des Dao:
Du musst einkreisen. Du musst zusammenziehen.
Du musst erweitern, du musst strecken.
Du musst stark sein. Du musst beharrlich sein.

Halte fest am Kostbaren und gib nicht auf.
Vertreibe das Übermaß und vermeide den Mangel.
Sobald man das Äußerste erreicht hat,
kehrt man zum Dao und der inneren Kraft zurück.

Die Weisheit dieser antiken Handbücher verbindet uns wieder mit dem, was die Menschen vor Tausenden von Jahren wertschätzten: Wir können uns in ein langes, gesundes, sinnhaftes Leben hineinatmen.

DIE FÄHIGKEIT ZU ATMEN NEU ENTDECKEN UND VERFEINERN

Die Atmung ist ein natürlicher, dauerhafter Prozess, der uns am Leben hält. Und doch bekennen Schüler in vielen meiner Yoga-, Meditations- und Qigong-Kurse, dass sie nicht wissen, wie sie richtig atmen sollen. Viele von uns haben die uns angeborene, nährende und regenerierende Atmung verlernt, die uns im Mutterleib oder als Neugeborenen noch zur Verfügung stand. Mit der inneren Bereitschaft und einem Grundverständnis der Atemfunktionen können wir unsere Atemfähigkeit jedoch neu entdecken und verfeinern. Die Atmung lässt sich so kultivieren, dass wir eine optimale Ernte an Lebensenergie oder auch Qi oder Prana einfahren können.

Den eigenen Atem bewusst wertzuschätzen und zu ehren ist mitunter ein heikler Prozess. Atmung geschieht in jedem Augenblick unseres Lebens, und doch sind wir uns dessen die meiste Zeit nicht bewusst und würdigen gar nicht, wie uns der Atem Leben verleiht. Viele Menschen entwickeln zudem Atemmuster, die die eigentliche

Kapazität des Körpers, voll und nährend zu atmen, behindern. Vielleicht ist uns beigebracht worden, den Bauch einzuziehen und unsere Mitte so einzuengen, dass der Atem den unteren Teil der Lungen gar nicht erreichen kann und stattdessen auf den oberen Brustraum begrenzt bleibt. Beim Einatmen können sich die Lungen den ganzen Rücken hinunter bis zur Taille ausdehnen. Atmen wir in diesen unteren Bereich hinein, verwenden wir einen größeren Teil unserer Lungenkapazität (gewöhnlich nehmen wir durchschnittlich nur 500 Milliliter Luft auf, dabei würden unsere Lungen bis zu 5000 Milliliter schaffen). Doch Stress beeinflusst unsere Atmung und lässt sie kürzer, flacher und schneller werden.

Meine Atmung ist für mich ein langer Weg gewesen, verbunden mit vielen Schwierigkeiten und Entdeckungen. Da ich schon als Kind an Asthma erkrankte und im Alter von vier Jahren eine Bronchitis und Lungenentzündung hatte, habe ich einen Großteil meines Lebens Schwierigkeiten damit gehabt, tief zu atmen. Als ich anfing, Yoga und später auch Qigong zu praktizieren, entdeckte ich mit der Zeit meine Gewohnheit, flach und eng zu atmen. Inzwischen ist mir die Bedeutung der Tiefenatmung klar, und einige meiner Atemmuster haben sich sehr stark gewandelt. Doch arbeite ich auch heute tagtäglich weiter daran, meine Atmung zu verfeinern und zu kultivieren. Mein Asthma ist zwar inzwischen viel besser als in meinen jungen Jahren, doch flammt es immer noch ab und zu auf. Wenn das geschieht, werde ich daran erinnert, wie schnell tiefer, nährender Atem verschwinden kann.

Im Umgang mit meinen eigenen Mühen habe ich gelernt, dass die beste Möglichkeit, den Atem neu zu entdecken und zu verfeinern, darin besteht, ihn als natürlichen Prozess zu sehen, den wir zum Wachsen und Gedeihen ermutigen können. Wir können uns zurückerobern, was Lebensgewohnheiten oder Krankheit uns genommen haben, und so zu atmen beginnen, wie wir es als Kinder vermochten: frei, leicht und tief.

DIE ZELLATMUNG

Jede Körperzelle atmet. Und jede Zelle hungert nach einer stabilen Versorgung mit Sauerstoff. Letzterer gelangt über das Einatmen ins Blut und wird von diesem zu den Zellen transportiert. Über das Ausatmen sollen nun umgekehrt Toxine wie etwa Kohlendioxid aus den Zellen entfernt werden. Wenn die Ausscheidung der Toxine abgeschlossen ist, können die Zellen einen Moment ruhen, bevor der Prozess der Nährstoffaufnahme wieder von vorn beginnt. Diese Sehnsucht nach Erneuerung, Wachstum und Ruhe auf zellulärer Ebene treibt unser Atembedürfnis an.

Die Zellen fangen schon im Mutterleib an zu atmen. In diesem Zustand schwebt der Körper in Flüssigkeit, treibt schwerelos und atmend herum, ohne sich um die Schwerkraft oder die Funktion der Lungen kümmern zu müssen. Hier atmen die Zellen über die Nabelschnur der Mutter: Sie führt mit Sauerstoff angereichertes Blut ein und transportiert entsprechend den Abfall wieder hinaus.

Im embryonalen Stadium folgen die Zellen einem Bewegungsmuster von Ausdehnung und Kontraktion: Wenn Sauerstoff und Nährstoffe durch eine Zellmembran in die Zelle eindringen, dehnt sie sich aus. Wenn sie Kohlendioxid und anderen Abfall durch dieselbe Zellmembran ausscheidet, zieht sich die Zelle zusammen. Nach dieser Kontraktion ruht die Zelle einen Augenblick, bevor sie die nächste Runde Sauerstoff aufnimmt. Sind wir dann draußen in der Welt angekommen, folgt unsere Atmung einem ähnlichen Muster. Auch wenn sich der Rhythmus unterscheidet, sind unsere Atemmuskeln so geschaffen, dass sie die Atmung in drei Teile teilen – einatmen, ausatmen und am Ende des Ausatmens pausieren. Indem Sie diesen Vorgang in Ihren Zellen visualisieren, erstellen Sie sich eine nützliche Blaupause, mittels derer Sie die Körperatembewegung verstehen und herstellen können.

Übung zur Zellatmung

Am besten machen Sie diese Übung morgens gleich nach dem Aufstehen, abends vor dem Schlafengehen oder in einer Mittagspause.

1. Legen Sie sich bequem auf den Rücken, die Knie leicht gebeugt auf einer Yoga-Rolle oder einem Kissen.
2. Als stabile Grundlage für die Arbeit wird es Ihnen dienlich sein, wenn Sie erst einmal wahrnehmen, wie sich Körper und Atmung anfühlen. Laden Sie zunächst Ihren Atem ein, frei und natürlich zu fließen.
3. Nehmen Sie nun einen tiefen Atemzug und visualisieren Sie, wie die Zellen Nährstoffe wie Sauerstoff durch ihre Membran aufnehmen und sich ausdehnen.
4. Atmen Sie lang und sanft aus. Stellen Sie sich dabei vor, wie die Zellen Gifte und Abfall durch dieselbe Membran wieder abgeben und sich dabei sachte zusammenziehen.
5. Machen Sie nach dem Ausatmen eine kleine Pause und stellen Sie sich vor, dass die Zellen ruhen.
6. Wiederholen Sie die Schritte 3 bis 5 je nach der Ihnen zur Verfügung stehenden Zeit über 5 bis 25 Minuten.
7. Nehmen Sie sich zum Abschluss der Übung einen Moment Zeit und beobachten Sie, wie sich Körper und Atmung anfühlen. Beachten Sie, ob sich gegenüber dem Anfang der Übung etwas verändert hat.

EINE STÖRUNG IN DER ZELLATMUNG

Wenn die Zellatmung gut funktioniert, sind die Zellen vital und gesund. Wird der Prozess gestört, dann rackern die Zellen sich ab, funktionieren nur noch chaotisch und sterben am Ende ab. Eine mentale oder emotionale Anspannung bildet eine Belastungs- und Störursache für die Zellatmung. Wenn wir uns gestresst fühlen, findet eine vermehrte Ausschüttung des Hormons Cortisol im Körper statt.

Cortisol ist bekanntlich das Stresshormon. Jeder von uns benötigt eine bestimmte Menge an Cortisol, denn es sorgt dafür, dass unser Körper seine Kräfte sammelt, um in Notfällen schnell reagieren und uns aus Gefahrensituationen retten zu können. Dies tut es, indem es in solchen Momenten überflüssige Funktionen wie das Immunsystem, den Stoffwechsel und die Herstellung von Eiweißen und Kohlehydraten ausschaltet, die wir für Verdauung und Wachstum (wie Knochenbildung und Blutherstellung) benötigen. Bleiben wir in erhöhten Stresszuständen stecken und erleben wir eine ständig hohe Ausschüttung von Cortisol, dann fängt der Körper wegen dieser ausgeschalteten Körperfunktionen an zu leiden. Auf Zellebene schränken die Spannungsbereiche die Blut- und Sauerstoffversorgung ein und lassen die Zellen am Ende hungern. Umfassend betrachtet, schwächt und beeinträchtigt dies die Funktion fast aller größeren Körpersysteme, angefangen mit dem Immunsystem bis hin zu Herzfrequenz, Verdauung und Ausscheidung. Dies macht uns empfänglicher für chronische und akute Krankheiten und Störungen wie Infektionen, Herzerkrankungen, Magengeschwüre, Darmträgheit, Schlafstörungen und Angstzustände.

Die Zellen haben mitunter auch unter Muskelanspannung zu leiden. Sind die Muskeln regelmäßig oder gewohnheitsmäßig angespannt, dann ist der Blutfluss zu den Zellen dieses Muskelbereichs eingeschränkt und führt schließlich zu ihrer Beschädigung, sodass sie den gesunden Austausch von Nährstoffen und Abfall nicht mehr gewährleisten können. Falls Sie jemand sind, der lange in schlechter Haltung am Schreibtisch sitzt, dann werden die Gewebe um bestimmte Muskeln herum angespannt und hart, während andere erschlaffen und geschwächt werden. Jede Anspannung, jede Kontraktion reduziert die Durchblutungsleistung, was wiederum dazu führt, dass die Zellen keine gesunde Nahrungsaufnahme und Giftausscheidung mehr vornehmen können. Dasselbe gilt, wenn Sie sich auf dem Sofa fläzen oder zu lange im Auto sitzen: Die Brust kollabiert, dies wirkt sich auf die Brustmuskeln ebenso aus wie auf die Nackenbeugemuskulatur. Alle diese Muskeln leiden in der Folge an fehlender Zellerneuerung.

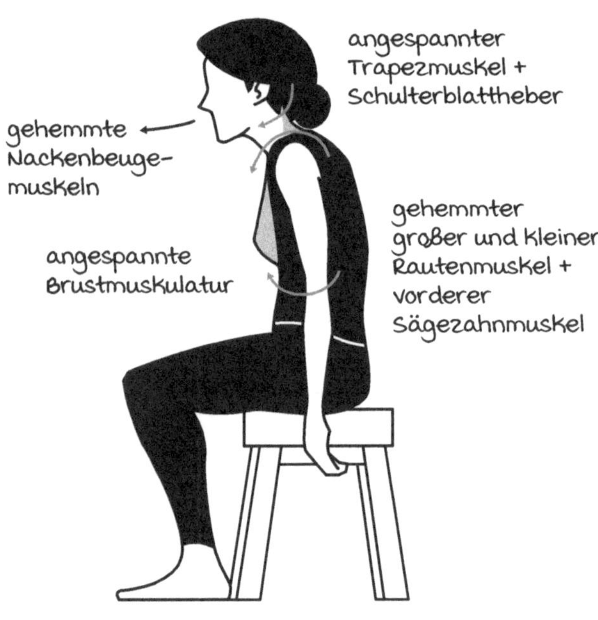

ATEM UND SCHWERKRAFT

Sobald wir zur Welt kommen und unseren ersten Atemzug tun, leitet der Körper den komplexen Vorgang der Suche nach Luft und Nährstoffen ein. Wir müssen lernen, mit zwei fremden Kräften umzugehen: dem Atem und der Schwerkraft. Wir beginnen zu atmen, zu saugen und zu schlucken, später zu krabbeln, zu gehen und zu stehen. Für alle diese Tätigkeiten müssen wir herausfinden, wie wir unseren Körper am besten positionieren, damit er das Gewicht unseres Kopfes trägt und wir in der Welt zurechtkommen.

Um überleben und gedeihen zu können, müssen wir Wege finden, diese Kräfte auszutarieren. Das ist eines der wichtigsten Geschenke, die uns Praktiken wie Qigong oder Yoga, die auf Bewegung beruhen, zu bieten haben. Da uns diese Praktiken speziell auffordern, Bewegung mit Atem zu koordinieren, schenken sie uns die großartige Chance, dieses Gleichgewicht zu erkunden.

EIN AUSFLUG ZU UNSEREM ZWERCHFELL

Ein Ausflug zu unserem Zwerchfell kann uns helfen zu verstehen, wie wir ein optimales Atemmuster kultivieren können. Das Zwerchfell ist der wichtigste Atemmuskel. Es befindet sich innerhalb der unteren Rippen, unterhalb der Mitte des Rumpfes. Daher wird die Hauptatemarbeit nicht in der Brust geleistet, wo wir meistens atmen. Eine optimale Atmung ist im Rücken, an den Seiten und im Unterbauch spürbar. Das Zwerchfell, das die Form eines Fallschirms oder auch einer Qualle hat, dehnt sich abwechselnd aus und kontrahiert, während der Atem die Lungen füllt und wieder leert. Beim Einatmen bewegt sich das Zwerchfell nach unten in Richtung Unterbauch. Dabei wird es flach wie eine Scheibe. Beim Ausatmen bewegt es sich nach oben wie ein eingezogener Schirm.

Das Zwerchfell ist etwa drei bis fünf Millimeter dick. Es stützt sich auf zwei kleine Pfeiler an der Wirbelsäule, die als »Schenkel« (Lateinisch *crus*) bezeichnet werden. Diese Schenkel bestehen aus Sehnenfasern, die das Zwerchfell bis zu den Lenden verlängern. Das betone ich, weil sich in dem Moment, in dem wir einatmen und das Zwerchfell sich nach unten hin abflacht, auch die Zwerchfellschenkel an den Lendenwirbeln entlang nach unten ausdehnen. Beim Ausatmen entspannen sie sich. Hier sind die Nieren lokalisiert, die der chinesischen Medizin zufolge das Qi durch die Atemtätigkeit der Lungen aufnehmen und es für den späteren Gebrauch speichern. Das wäre doch ein guter Grund, tief in diesen Rückenbereich »hineinzuatmen«.

Mit dem Wissen um die Hauptbewegungen des Zwerchfells ausgestattet, können Sie nun versuchen, eine tiefe, nährende Atmung zu pflegen:

1. Suchen Sie sich eine bequeme Lage, entweder aufrecht sitzend oder liegend mit angewinkelten Knien oder den Beinen auf einer Yoga-Rolle oder einigen Kissen.
2. Nehmen Sie die Atmung wahr. Findet sie in der Brust statt? Im Unterleib? An den Rippenseiten? Ist sie schnell, langsam? Flach oder tief? Rau oder geschmeidig? Abgehackt oder gleichmäßig?
3. Legen Sie sich die Hände auf den Unterbauch. Können Sie hier in Zusammenhang mit Ihrem Atem ein Anheben und Absenken spüren?
4. Falten Sie die Hände und legen Sie sich die Daumen auf den Bauch. Fächern Sie die Handflächen beim Einatmen Richtung Bauch auf. Dies entspricht der scheibenförmigen Ausdehnung des Zwerchfells nach unten. Entspannen Sie die noch immer gefalteten Hände beim Ausatmen. Das entspricht der schirmartigen Form des Zwerchfells, wenn es sich wieder entspannt.

FREI ATMEN

Haben Sie die Grundbewegung des Zwerchfells erst einmal verinnerlicht, können Sie anfangen, natürliche, freie Atemmuster zu erkunden. In ihrem Buch *The Breathing Book* betont Donna Farhi die Grundeigenschaften der Atmung. Wir haben hier nur eine dieser Eigenschaften, nämlich die Zwerchfellatmung, erkundet. Einige der folgenden Vorschläge basieren auf ihrer Arbeit. Nehmen Sie beim Weiterlesen die organischen Bewegungen Ihres Zwerchfells wahr und integrieren Sie zusätzlich folgende Qualitäten in Ihre Atmung:

1. *Gezeitenbewegung:* Der Atem kommt und geht wie die Gezeiten in einem Meer. Genau wie die Gezeiten hält der Atem nicht an und pausiert nicht. Es ist ein durchgehender Rhythmus, mühelose Ebbe und Flut bei jedem Ein- und Ausatmen. Visualisieren Sie Ihren Atem als fortlaufende Gezeitenbewegung.
2. *Strahlenförmige Symmetrie:* Der Atem folgt einem Bewegungsmuster, das von innen nach außen und wieder zurück verläuft. Beim Einatmen fühlen Sie, wie sich Ihr Zentrum in alle Richtungen nach außen ausdehnt. Beim Ausatmen spüren Sie von außen zum Zentrum hin das Loslassen.
3. *Lassen Sie sich vom Atem atmen:* Der Atem ist nichts, was aus einer äußeren Quelle käme. Ihr Atem ist etwas Natürliches und kommt von innen. Spüren Sie, wie Ihr Atem beim Einatmen aus der Tiefe Ihres Körpers aufsteigt. Nehmen Sie wahr, wie er beim Ausatmen zu dieser Quelle zurückkehrt.
4. *Einatmen, ausatmen, Pause:* Genau wie sich unsere Zellen ausdehnen, zusammenziehen und ruhen, können Sie die Atembewegung in drei Teilen vor sich gehen lassen: einatmen, ausatmen, Pause. Dehnen Sie das Ausatmen aus und lassen Sie danach eine kleine Pause zu. Dies wird Ihnen das Gefühl geben, das Ausatmen sei länger als das Einatmen. Erlauben Sie, bevor Sie das nächste Mal wieder einatmen, der Pause am Ende des Ausatmens, sich länger anzufühlen, als Sie es eigentlich für möglich halten.
5. *Fließen lassen:* Mit der Redewendung »Die einzige Konstante im Universum ist die Veränderung« (Heraklit) im Kopf können Sie den Atem frei fließen und sich wie Wasser allen auftauchenden Gegebenheiten anpassen lassen. Die Atemzüge werden mal länger, mal kürzer, mal voller und mal flacher sein. Genauso ist das Leben – Geist, Körper und Emotionen spiegeln unsere Atmung wider. Lassen Sie diese Veränderungen zu wie die Bewegung der Wellen im Ozean.
6. *Wu wei:* Lassen Sie Ihre Atmung zunehmend mühelos und spontan sein. Lassen Sie sie fließen, genau wie das Wasser in einem Fluss fortdauernd, beständig und ununterbrochen dahinfließt.

Die fünf Eigenschaften einer gesunden Atmung

Hier die fünf klassischen Atemtechniken, die in China seit Jahrhunderten verwendet werden. Wenn unser Atem diese Eigenschaften besitzt, kann er vielfältigen Nutzen bringen, zum Beispiel den Blutdruck senken, die Herzfrequenz verlangsamen und die Ausscheidung von Giften fördern.

1. *Langsam* (*man* [慢]): Atmen Sie in einem langsamen, nicht so gehetzten oder ungeduldigen Rhythmus. Nimmt man sich Zeit zum Atmen, kann der Sauerstoff leichter ins Blut aufgenommen werden. Langsames Atmen lädt auch das Nervensystem zu einer gleichmäßigeren Funktionsweise ein, was wiederum wichtige Funktionen wie das Immunsystem, den Blutkreislauf und die Verdauung unterstützt.
2. *Lange* (*chang* [長]): Lassen Sie Ihren Atem eher lang als kurz sein. Wenn Sie Ihren Atem bewusst ausdehnen, beruhigen Sie damit Ihren Geist. Außerdem fördert dies die Sauerstoffsättigung und die Ausscheidung von Giften. Jeder normale Atemzyklus besteht aus dem Einatmen, dem Ausatmen und einer Pause. Lassen Sie das Ausatmen mindestens zwei Sekunden länger werden als das Einatmen. Unterschätzen Sie niemals die Bedeutung des Ausatmens. Sie beseitigen damit bis zu 70 Prozent Ihrer Körperabfälle. Ruhen Sie und halten Sie einen Moment inne, bevor Sie wieder mit dem Einatmen beginnen.
3. *Fein* (*xi* [细]): Feiner Atem ist das Gegenteil von rauem Atem. Stellen Sie sich einen feinzahnigen Kamm vor, der Haar entwirrt, oder ein feines Sieb oder Seihtuch, mit dem Rückstände herausgefiltert werden, sodass nur Feines, Reines übrig bleibt. Genau das können wir auch mit einer feinen Atmung erreichen.
4. *Gleichmäßig* (*jun* [均]): Atmen Sie gleichmäßig und nicht abgehackt. Lassen Sie Ihren Atem einen Rhythmus finden, der weich und beständig ist wie sanft schaukelnde Wellen. Dabei bekom-

men Sie ein Gefühl dafür, wie sich mit jedem Atemzug Ihr Unterbauch natürlich ausdehnt und wieder zusammenzieht.

5. *Tief* (*shen* [深]): Atmen Sie nicht flach, sondern tief. Atmen Sie bis in den tiefsten Ort Ihres Körpers hinein. Wie wir bereits erörtert haben, liegen die tiefsten Teile der Lungen an der Rückseite Ihres Körpers nahe der Taille und den Nieren. Eine langfristig tiefe Atmung vergrößert die Lungenkapazität und fördert somit die Sauerstoffsättigung und die Ausscheidung von Kohlendioxid aus dem Blut. Sie reduziert zudem Engegefühle in der Brust, im oberen Rücken und Nackenbereich, da sie das Zwerchfell und die Zwischenrippenmuskulatur – unsere Hauptatemmuskulatur – aktiviert (sekundäre Atemmuskeln sind die Brustmuskeln, die Treppenmuskeln [M. scaleni] und der M. sternocleidomastoideus zwischen Brustbein, Schlüsselbein und Schädelbasis – der »große Kopfwender« oder »Kopfnicker«).

DIE ATMUNG – SCHLÜSSEL ZU EINEM LANGEN LEBEN

Für viele der ältesten Weisen Chinas war das Hauptziel von Xiu Yang ein langes Leben. Chinesischen medizinischen Texten zufolge, wie der *Huang di Nei Jing* oder *Innere Klassiker des Gelben Kaisers* einer ist, konnten Menschen unter den richtigen Voraussetzungen länger als 100 Jahre leben, ohne die üblichen Altersanzeichen zu zeigen. Dies ging auf die Überzeugung zurück, dass die »Atmung wesentlich und energetisch« sei, dass sie dazu beitrage, die Seele im Körper zu halten, und Letzteren vor dem Verfall bewahre. Darin liegt einige Wahrheit, wie wir schon gesehen haben: Tiefenatmung nährt unsere Zellen, entfernt die Gifte und wirkt stressreduzierend. Finden wir Zugang zu einer natürlichen, vollen Atmung, dann entwickeln wir Vitalität und Beständigkeit im Leben.

Hier einige Übungen, die Sie vielleicht in Ihren Alltag integrieren wollen, um leichter auf die Weisheit des Atems zurückgreifen zu können und zu einem längeren, gesünderen und ausgewogeneren Leben zu finden.

Drei Übungen aus dem Xiu Yang, um täglich die Samen für eine gesunde Atmung zu säen

1. Nehmen Sie sich täglich ein paar Minuten Zeit, um sich mit Ihrem Atem zu verbinden. Nutzen Sie »Die fünf Eigenschaften einer gesunden Atmung« (siehe oben) und beobachten Sie, ob Ihr Atem länger werden kann, falls er sich zu kurz anfühlt, langsamer, falls er sich zu schnell anfühlt, feiner und geschmeidiger, falls er sich rau anfühlt, gleichmäßiger, falls er sich abgehackt anfühlt, und tiefer, falls er zu flach ist.
2. Stellen Sie sich am Tag stündlich einen Timer, um ein wenig Zwerchfellatmung zu machen. Sobald er ein Signal gibt, halten Sie einfach inne, egal, womit Sie gerade beschäftigt waren, und spüren der Atembewegung vom Zentrum nach außen und wieder zurück nach. Stellen Sie sich dabei Ihr Zwerchfell vor, wie es sich weitet und zusammenzieht.
3. Nehmen Sie sich morgens als Erstes nach dem Aufwachen und abends als Letztes vor dem Einschlafen ein paar Minuten Zeit, die Zellatmung im Körper wahrzunehmen. Lassen Sie Ihren Körper atmen und visualisieren Sie die heilsame Arbeit in jeder einzelnen Zelle. Mit dem Einatmen beleben und nähren Sie Ihre Zellen. Mit dem Ausatmen scheiden Sie Abfälle und Gifte aus, die Zellen ruhen dabei gesund und pulsierend.

6

LEICHTE ÜBUNGEN FÜR MAXIMALE GESUNDHEIT

Im Westen gelten Körperübungen generell als etwas, was anstrengend sein muss, oder als Mittel, mit dem wir unseren Körper so verändern können, wie wir meinen, dass er idealerweise sein soll: dünner, stärker, schneller und fitter. Ich hatte dieses Ideal jedenfalls verinnerlicht. Ich besaß eine peinliche Menge an Aerobic-DVDs und habe es ziemlich erfolglos mit Jogging und dem Fitnessstudio versucht. Als ich anfing, Yoga zu praktizieren, mochte ich zunächst die harten Kurse, die mich zum Schwitzen brachten und mir tagelangen Muskelkater bescherten. Ich gestehe, dass ich insgeheim danach strebte, mir den perfekten »Yoga-Körper« oder das, was ich dafür hielt, anzutrainieren: schlank, geschmeidig und beweglich.

Zwar beginnt man jetzt langsam, Gymnastik als System zu sehen, das der allgemeinen Gesundheit dient, doch sind die westlichen Vorstellungen von einem perfekt geformten Körper weiterhin vor allem durch die alten Griechen beeinflusst. Sie meinten, der Mensch könne – ähnlich den Göttern, die er verehrte – eine makellose Physis und Kraft erlangen. Athleten kämpften bei Olympischen Spielen um die Wette, um ihre Fähigkeiten unter Beweis zu stellen und die menschenmöglichen Grenzen von Ausdauer, Kraft und Geschwindigkeit zu überwinden. Sie machten Sport, um zu zeigen, dass sie unbezwingbar und unabhängig waren und den Göttern ähnelten, denen die Spiele gewidmet waren.

Die alten Chinesen hatten da eine ganz andere Sichtweise: Leichte Körperertüchtigung bringt maximale Gesundheit hervor. Hau Tuo, ein Arzt, der im 2. Jahrhundert n. Chr. lebte und als Vater der chinesischen Medizin gilt, stellte fest, dass »der Körper trainiert werden soll, aber nicht über die Maßen. Bewegung bessert die Verdauung und hält die Meridiane frei. Auf diese Weise wird der Körper frei von Krankheit bleiben«. Statt Körperertüchtigung als etwas zu sehen, was einen makelbehafteten Körper in eine perfekte Form bringt, verstand man in der chinesischen Tradition Bewegung, Atmung und Dehnung als Mittel für die Wiederentdeckung eines ausbalancierten Ganzseins. Diese Sichtweise habe ich schätzen gelernt. Genau wie wir Kulturpflanzen weder übermäßige Sonneneinwirkung noch zu viel Hitze zumuten wollen, sollten wir uns selbst keiner exzessiven Anstrengung aussetzen.

Auch in den Gesundheitsberufen beginnt man die Vorteile dieser Grundhaltung anzuerkennen. Ein 2017 in der Zeitschrift *Frontiers in Immunology* veröffentlichter Artikel zeigt, dass sanfte Körper-Geist-Übungen wie Achtsamkeit, Yoga, Qigong und Tai-Chi das Niveau einer chemischen Verbindung namens »NF-κB« reduzieren, die durch Stress getriggert wird und für die Aktivierung entzündungsrelevanter Gene verantwortlich ist. Eine 2015 von der Harvard Medical School und der Pekinger Universität veröffentlichte Studie zeigt ebenfalls, dass Bewegungsformen wie Qigong und Tai-Chi bei einer Reihe von Gesundheitsproblemen helfen und gegen Krankheiten wie Bluthochdruck, Herzleiden, Diabetes, Arthritis und Osteoporose vorbeugen. 94,1 Prozent der 507 Testpersonen berichteten, Tai-Chi wirke sich positiv auf ihren Gesamtzustand aus. Das Ziel von einigen der Teilnehmer der Studie war allgemeine Gesundheit, während 50 Prozent von ihnen nach einem besseren Körpergleichgewicht strebten, um (in höherem Alter) nicht zu stürzen und sich nichts zu brechen oder sich vor anderweitigen Verletzungen zu schützen. In einer Studie von 2016 stellten Testpersonen mit Knieschmerzen fest, dass zwölf Wochen Tai-Chi-Praxis nicht nur ebenso wirksam zu einer Linderung der Beschwerden führten wie Physiotherapie, sondern auch depressive Zustände und die Lebensqualität positiv beeinflussten.

TRAINIEREN SIE DAFÜR, WIE SIE SICH IN ZEHN JAHREN FÜHLEN WOLLEN

Das American College of Sports Medicine rät älteren Erwachsenen heute, zur Stärkung der Körperkräfte, zur Gleichgewichtsbesserung und Sturzprävention sanfte Körperübungen wie Yoga und Tai-Chi zu praktizieren. Warum aber warten, bis man älter ist, um davon zu profitieren? Mithilfe von Xiu Yang können wir schon heute die Samen setzen, um in höherem Alter unsere Gesundheit zu erhalten. Wir können es halten, wie mein Freund Matthew Cohen, Begründer des Gesundheitssystems *Sacred Energy Arts,* empfiehlt: »Trainieren Sie dafür, wie Sie sich in zehn Jahren fühlen wollen.« Mit 46 kann ich so trainieren, dass ich meinen Körper für die Zeit unterstütze, wenn ich 56 sein werde. Die Idee gefällt mir, denn sie lädt mich ein, mich auf die natürlichen Veränderungen meines alternden Körpers einzulassen, sie zu akzeptieren und zu achten.

Für manche mag diese Empfehlung ungewöhnlich klingen, vor allem, da sich so viele Menschen gegen das Älterwerden sträuben. Die meisten Erwachsenen wollen sich ab einem Alter von 25 Jahren eher jünger fühlen, sie handeln entsprechend und versuchen, jünger auszusehen. Das Leben vorwärtszuspulen und sich zehn Jahre nach vorn zu denken, als wäre man schon 35, wenn man erst 25 ist, fühlt sich womöglich erdrückend und abschreckend an. Dabei ist es weise, jetzt schon Gewohnheiten zu pflegen, die uns beim Älterwerden helfen. Hoffentlich sehen Sie sich, wenn Sie an sich in zehn Jahren denken, als jemanden, der noch kräftig, beweglich und gesund und nicht etwa Verfall, Steifheit und Krankheiten ausgesetzt ist.

Um sich in der Zukunft gut fühlen zu können, müssen Sie zuallererst akzeptieren, dass Ihr Körper in dem Maße, wie er altert, auch dazu neigt, auszutrocknen und langsamer zu werden. Mitunter vergessen das die Leute und pflegen unbewusst Gewohnheiten, die sie erschöpfen und nur umso mehr in höherem Alter austrocknen und schwächen. Wenn Sie sich Ihre Übungen sorgfältig und mit der Absicht aussuchen, dass sie Ihnen Gesundheit, Gleichgewicht und nachhaltig Nutzen schenken, dann werden Sie sich in späteren Jahren einer besseren körperlichen Gesundheit und Vitalität erfreuen können.

DIE TRADITIONELLE CHINESISCHE HALTUNG ZU KÖRPERÜBUNGEN

Körperliche Ertüchtigung wird in China auch heute als zentraler Bestandteil der Übungen für ein gesundes und langes Leben betrachtet. Dies gilt bereits seit dem 4. Jahrhundert v. Chr., als der daoistische Weise Zhuangzi beschrieb, dass Übungen, mit denen man sich streckende Vögel und hängende Bären nachahmt, den Körper nähren und dem Menschen ein langes Leben verleihen. Zhuangzi, der für seinen hintergründigen Humor und einen leichten Hang zu Übertreibungen bekannt war, rief einmal aus: »Ich habe meine Person 1200 Jahre kultiviert, und mein Körper ist bis heute nicht gebrechlich geworden.« Eine aus dem Jahr 168 v. Chr. überlieferte Schriftrolle zeigt ebenfalls 44 Darstellungen von Figuren in tierähnlichen Bewegungen, bekannt unter der Bezeichnung *daoyin. Daoyin* bedeutet »führen und ziehen«. Die Übungen dienten der Vorbeugung gegen Krankheiten und ihrer Heilung, zum Beispiel bei Nierenleiden, Rheumatismus und Angstzuständen. Viele dieser Bewegungsformen sind noch heute als Qigong-Formen bekannt, sie sind in das »Spiel der fünf Tiere« *(Wu Qin Xi)* und die »Acht Brokate« *(Ba Duan Jin)* eingegangen.

Als eine Praxis des »Führens und Ziehens« fokussierte sich die Herangehensweise des *Daoyin Tu* auf drei Hauptziele, die die Expertin für daoistische und chinesische Langlebigkeitsübungen Livia Kohn in ihrem Buch *Chinese Healing Exercises* folgendermaßen beschreibt:

- *Qi führen und lenken:* Das Körper-Qi in Harmonie mit dem Dao zu bringen wird Ihnen helfen, das Gleichgewicht und Ganzsein von Yin und Yang wahrzunehmen. Dieses Gleichgewicht bringt Sie in Übereinstimmung mit den Energien der Natur und des Universums.
- *Kraft anziehen und aktivieren:* Ein Dehnen der Muskeln, Loslassen der Gelenke und Strecken der Glieder bringt das Qi auf gesunde Weise in Bewegung und lässt es kreisen.
- *Schmerz oder ein Problem loslassen und die Gesundheit des Körpers stimulieren: Daoyin*-Übungen implizierten häufig das Herausziehen von Qi aus einem kranken Körperteil, indem man die Muskeln dehnte und die Meridiane stimulierte.

Wie das medizinische Handbuch *Chu ping yüan hou lun* (»Abhandlung über den Ursprung und die Symptome medizinischer Erkrankungen«) aus dem 7. Jahrhundert beschreibt, besteht daher *daoyin* »daraus, im Körper alle schlechten, pathogenen und bösartigen Formen von Qi festzustellen. Dann folgt man ihnen, zieht sie ein und geleitet sie hinaus, sodass sie nie wiederkehren. Deshalb nennt sich dies *daoyin*«.

EINE MODERNE HERANGEHENSWEISE AN EINE ANTIKE METHODE

Im Vergleich zu den Menschen, die vor Tausenden von Jahren lebten, verbringen wir viel mehr Zeit im Sitzen, häufig auf einem Stuhl vor einem Computerbildschirm oder mit dem Blick nach unten gerichtet auf digitale Geräte wie Tablets und Smartphones. Unser körperlich eher bewegungsloses und auch ansonsten im Sitzen stattfindendes Leben könnte womöglich im Vergleich zu den damaligen *Daoyin*-Praktiken Heilmittel erfordern, die an die heutige Zeit angepasst und modernisiert wären. Hier folgen nun einige aktuelle Übungen aus dem Qigong und Yoga, die eine bessere Gesundheit und Versorgung der heutzutage unausgelasteten oder überdehnten Körperbereiche fördern.

Die folgenden drei Übungen sind für die meisten Altersgruppen und Fitnessniveaus geeignet. Die erste ist eine Aufwärmübung aus dem Qigong. In der zweiten und dritten werden Fließmuster und Bewegungsabläufe verwendet, die aus dem Qigong und Yoga kombiniert sind und ähnlich dem *daoyin* das Ziel haben, den Qi-Fluss im Körper zu harmonisieren, die Muskeln zu dehnen und die Gelenke zu entspannen, Schmerzen loszulassen und die Immunkräfte des Körpers zu stimulieren.

Die Hüfte lockern

Diese Aufwärmübung aus dem Tai-Chi und Qigong lässt das Qi kreisen und fördert die Durchblutung schnell und effizient. Zudem entspannt sie Rücken, Brust, Nacken und Schultern. Sie ist überall und zu jeder Tageszeit ausführbar. In vielen Parks in China oder in den Chinatowns auf der ganzen Welt werden Sie Menschen sehen, die als Form der Selbstkultivierung die Hüfte lockern und dabei die Arme kreisen lassen. Bei dieser weitverbreiteten Bewegung schlagen die Hände leicht gegen den Unterbauch und den unteren Rücken. Dies stimuliert die Verdauungsorgane, das Fortpflanzungs- und Atemsystem und fördert generell die Gesundheit der Nieren. Optimal für Ihre Gesundheit sind jeweils fünf bis zehn Minuten Praxis.

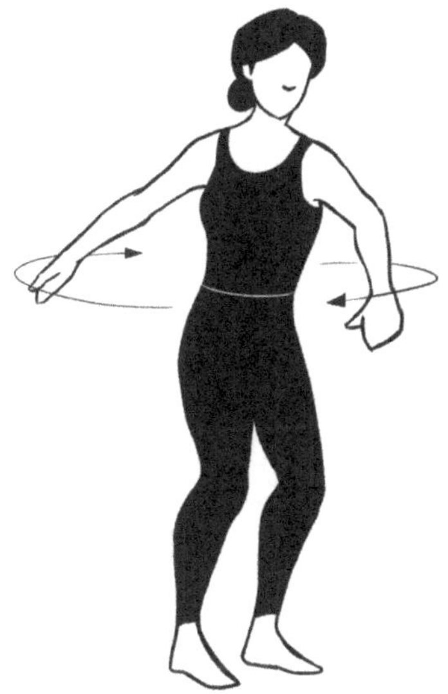

1. Stellen Sie die Füße schulterbreit auseinander und gerade nach vorn gerichtet.
2. Entspannen Sie die Gelenke und halten Sie die Knie leicht gebeugt. Lassen Sie die Arme entspannt an den Seiten herunterhängen.
3. Atmen Sie natürlich und tief. Sie brauchen die Atmung nicht mit der Bewegung zu koordinieren. Richten Sie die Augen auf den Boden vor sich.
4. Verwurzeln Sie sich mit den Füßen und haften Sie mit den Zehen fest am Boden. Halten Sie die Knie bei der Übung so stabil wie

möglich nach vorn gerichtet. Die Drehung erfolgt vom Oberkörper und den Hüften aus. Achten Sie darauf, die Knie nicht mitzudrehen oder zu belasten.

5. Lassen Sie nun den Oberkörper aufrecht nach links und dann nach rechts drehen, wobei die Arme sich nicht aktiv bewegen, sondern durch die Hüftdrehung organisch mitschwingen. Sobald die Drehbewegungen in Schwung kommen, werden die Arme und Hände automatisch leicht gegen die Vorder- und Rückseite des unteren Oberkörpers – den Bauch, den unteren Rücken und die Nierengegend – schlagen. Fahren Sie fünf bis zehn Minuten damit fort.
6. Lassen Sie die Bewegungen immer langsamer werden, bis Sie wieder ganz still dastehen. Nehmen Sie das energetische Kribbeln in den Händen und Armen wahr. Der Körper fühlt sich nun vibrierend und lebendig an.

Achterfiguren für Hüften, Schultern und Rücken

Die folgende Übungssequenz basiert auf der Arbeit von Donna Farhi, die die »Acht« in viele ihrer Bewegungsabfolgen integriert. Führen wir mit unseren Hüften Achten aus, dann folgen wir der natürlichen Bewegungsmöglichkeit der Kugelgelenke von Hüfte und Schultern. Dies wirkt nicht nur extrem therapeutisch für die Gelenkstruktur, sondern auch für die Muskeln, die die Gelenke umgeben und oftmals angespannt, fest und steif sind.

Im Westen gilt die Acht auch als Zeichen für die Unendlichkeit. In der Horizontale, also liegend (∞) betrachtet, wird die Acht in der Mathematik als Zeichen für die Unendlichkeit verwendet. Auch »Lemniskate« genannt, suggeriert ihre Form Einheit und Ganzheit, den Ausgleich der Gegensätze und Vollendung (vom griechischen *lēmnískos* [Schleife]). Es ist ein Muster, das in vielen Kulturen existiert. Die ältesten Darstellungen finden sich in der frühen indischen und griechischen Kunst, und in der arabischen Kalligrafie steht die Acht für den Namen Gottes. Für die Maori veranschaulicht sie das Fließen der Energie zwischen der physischen und der spirituellen

Welt ebenso wie die ewige Einswerdung zweier Leben. Für die Chinesen bildet die Acht denselben Fluss, der sich auch im Symbol von Yin und Yang findet.

Interessanterweise spiegelt das Bewegungsmuster in Achterformen die Art und Weise, wie das Blut im Herzen zirkuliert. Niemand weiß den Grund für dieses Bewegungsmuster, aber wenn Kardiologen einem Patienten einen Herzschrittmacher einsetzen, dann wissen sie in dem Moment, dass er am richtigen Platz sitzt, wenn sich die Elektrodenleiter des Herzschrittmachers von sich aus zu einer Acht formen.

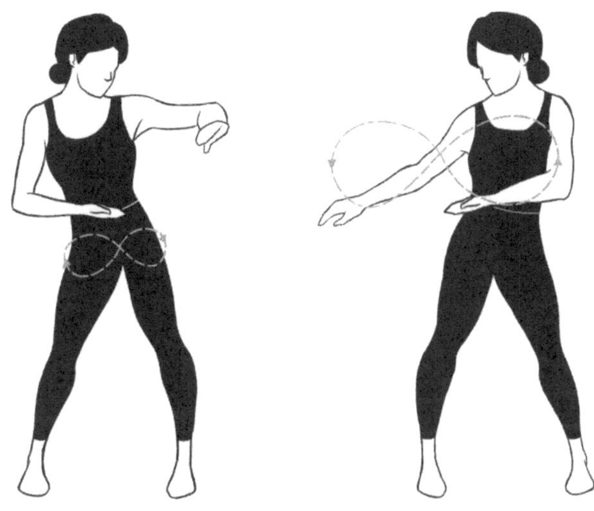

1. Stellen Sie die Füße, gerade nach vorn gerichtet, schulterbreit auseinander. Lassen Sie die Knie leicht gebeugt und die Arme entspannt an den Seiten hängen.
2. Atmen Sie natürlich und tief durch. Fangen Sie an, die Hüften in Achten zu kreisen.
3. Nehmen Sie nach einigen Minuten die Armbewegungen hinzu.

Erlauben Sie den Armen, sich zusammen mit den Hüftachten in Achten zu bewegen.

4. Lassen Sie, wenn die Hüften nach links kreisen, Hände und Arme in der Linksbewegung die erste Hälfte der Acht formen. Dabei zeigt die rechte Handfläche zum Himmel, die linke Handfläche zur Erde. Dies ist eine Variation zu einer Übung, die im Tai-Chi »Seide wickeln« genannt wird.
5. Sobald die Hüften anfangen, nach rechts zu kreisen, folgen auch Hände und Arme nach rechts. Nun zeigt die rechte Handfläche nach unten zur Erde, während die linke zum Himmel gewendet ist.
6. Spüren Sie, wie bei dieser fließenden Bewegung der Arme die Schultern sanft kreisen. Stellen Sie sich die Armbewegung so vor, als würden die Hände von Wind- oder Wasserströmen getragen und sanft durch diesen unendlichen Kreislauf gleiten.
7. Fahren Sie drei bis fünf Minuten in einer Richtung fort und wechseln Sie dann die Richtung. Sie können die Übung auch länger machen oder mal eine Variante mit weiter auseinanderstehenden Beinen ausprobieren.

Yoga-Qigong-Sonnengruß

Im Folgenden beschreibe ich eine Sequenz, die ich entwickelt habe und oft in meinen Vinyasa-Yoga-Kursen unterrichte. Damit sollen das Kreislauf- und Atemsystem gefördert und mithilfe der wichtigen Muskelgruppen des Körpers Kraft und Integration aufgebaut werden. In der Übungsfolge sind die fließenderen Bewegungen aus dem Qigong mit dem achtsamen Bewegungsfluss auf der Basis des klassischen Sonnengrußes aus dem Yoga, des *Surya Namaskar,* integriert.

Als Teil des Sonnengrußes visualisiert man bei dieser Übungsabfolge, Sonnenlicht als Wärme- und Nährquelle sowie als Quelle für Wachstum und Erkenntnis in den Händen zu führen. Man spürt dabei, wie die Erde, die Linien des Horizonts und die Bewegung von Wind und Wasser den Körper tragen. Lassen Sie die Bewegungen organisch, fließend und sanft sein. Sie können die Bewegungsabfolge zwei- oder dreimal pro Tag praktizieren, um sich mit den Elementen der Natur zu verbinden, die uns nähren, durchdringen und stützen. Eine Yoga-Matte oder sonstige stabile, nicht rutschende Unterlage erleichtert die Übung:

1. *Fangen Sie im Stehen an:* Atmen Sie ruhig und gleichmäßig. Stehen Sie mit den Füßen hüftbreit auseinander in der »Bergstellung« oder *tāḍāsana.* Legen Sie die Handflächen in Gebetshaltung vor der Brust zusammen.
2. *Beginnen Sie mit dem Sonnengruß:* Strecken Sie mit dem Einatmen die Arme zu den Seiten aus und heben Sie sie über den Kopf. Beugen Sie mit dem Ausatmen den Oberkörper in Richtung des Bodens, die Hände in Gebetshaltung zusammengelegt. Heben Sie mit dem Einatmen Kopf und Herz, sodass sich der Oberkörper horizontal zum Boden befindet. Sie können jetzt die Fingerspitzen auf den Boden stützen oder die Hände auf die Schienbeine legen. Beugen Sie mit dem Ausatmen den Körper wieder Richtung Erde.

3. *Machen Sie eine »Vinyasa«-Variation:* Treten Sie beim Einatmen zurück und setzen Sie mit dem Ausatmen die Knie in die »Kindstellung« auf dem Boden ab. Verlagern Sie mit dem Einatmen das Gewicht nach vorn in den Vierfüßlerstand. Rollen Sie mit dem Ausatmen den Oberkörper langsam zu Boden. Beugen Sie sich mit dem Einatmen sanft in eine Rückwärtsbeuge, entweder in die »Kobra« (mit dem Schambein am Boden) oder in den »Heraufschauenden Hund« (hier berühren nur Hände und Beine den Boden). Stellen Sie mit dem Ausatmen die Zehen auf und stemmen Sie sich in den »Herabschauenden Hund« hoch.

4. *Bereiten Sie sich darauf vor, das Sonnenlicht zu tragen:* Heben Sie mit dem Einatmen das rechte Bein nach hinten in die Luft in den »Herabschauenden Hund« mit ausgestrecktem Bein. Bewegen Sie mit dem Ausatmen den rechten Fuß schwunghaft zur rechten Hand nach vorn, als würde er sanft auf dem Mond landen. Heben Sie mit dem Einatmen die Arme in den hohen Ausfallschritt *(ashta chandrāsana).* Stellen Sie sich vor, dass Ihre Hände mit Sonnenlicht gefüllt sind.

5. *Tragen Sie das Sonnenlicht in den Händen:* Tragen Sie nun das Sonnenlicht mit dem Ausatmen zum hinteren Ende der Matte. Um fließende, harmonische Bewegungen herzustellen, könnten Sie sich vorstellen, dass die Arme von Wind und Wasserströmung getragen sind. Heben Sie mit dem Einatmen die mit Sonnenlicht angefüllten Arme in den hohen Ausfallschritt nach oben. Führen Sie das Sonnenlicht mit dem Ausatmen zurück zur Vorderseite der Matte und stellen Sie sich dabei wieder fließende, harmonische, von Wind und Wasser getragene Bewegungen vor. Kehren Sie, die Hände mit Sonnenlicht gefüllt, mit dem Einatmen in den hohen Ausfallschritt zurück. Lassen Sie nun mit dem Ausatmen die Hände sinken und treten Sie in den »Herabschauenden Hund« nach hinten.

6. *Wiederholen Sie die Schritte 3 bis 5 mit der linken Seite.*
7. *Treten Sie ans vordere Ende der Matte:* Treten oder springen Sie aus dem »Herabschauenden Hund« mit den Füßen ans vordere Ende der Matte. Heben Sie mit dem Einatmen Kopf und Herz in die Horizontale. Beugen Sie den Oberkörper mit dem Ausatmen wieder nach unten. Richten Sie sich mit dem Einatmen auf und nutzen Sie Arme und Hände, um die sonnengewärmte Erde zu sammeln und dem Himmel entgegenzuheben.

8. *Beenden Sie die Übung mit dem »Sichfüllen« aus dem Qigong:* Beugen Sie mit dem Sonnenlicht in den Händen und langsamem Ausatmen die Ellbogen. Die Mittelfinger zeigen dabei zueinander. Dies ist das sogenannte »Sichfüllen«. Nehmen Sie das Sonnenlicht in Ihren Körper auf, während Sie die Hände vor Gesicht, Brust und Bauch senken, und füllen Sie ihn damit an. In dieser Qigong-Übung nutzen Sie die Hände und Ihre Intention, um die Energie – oder das Qi – eigens in den Körper zu lenken und auf diese Weise heilend wirken zu lassen.

Sie können diese Variation des Sonnengrußes zwei- oder dreimal wiederholen. Nehmen Sie am Ende wahr, wie sich die Übung auf Ihren Körper, Atem und Geist ausgewirkt hat.

7

NIN CHI LE MA? – HAST DU SCHON GEGESSEN?

Wenn Sie in China jemand, der Ihnen nahesteht, sieht und grüßt, passiert das nur selten mit einem simplen *ni hao* auf Mandarin. Meist wird man Sie fragen: *»Nin chi le ma?«*, was so viel heißt wie: »Hast du schon gegessen?« Ich mochte diese Begrüßung immer sehr, weil sie sowohl die zentrale Bedeutung des Essens in der chinesischen Kultur widerspiegelt als auch die Tatsache, dass die Chinesen traditionell den Allgemeinzustand eines Menschen für wichtig halten, und zwar auf der Grundlage dessen, ob er gegessen hat oder nicht. Wenn jemand gegessen hat, heißt das, es geht ihm gut; wenn nicht, dann fehlt ihm womöglich etwas.

Die enge Verbindung von Nahrung und Gesundheit hat eine 3000 Jahre alte Tradition. Der *Innere Klassiker des Gelben Kaisers* stellt fest: »Die Nierenkrankheit entspricht einem gelblichen, fahlen Gesicht. Man sollte salzige Nahrung wie etwa schwarze Bohnen und Sojabohnen, Schweinefleisch, Kastanien und die Bohnenblätter zu sich nehmen, um (dem Körper) die Feuchtigkeit zu entziehen.« Dahinter steht die Überlegung, dass Nahrung immer schon eine Energiequelle war und deshalb als Medizin galt. Speiserezepte galten als Medizin. Im heutigen China gibt es Tausende von Rezepten zur Behandlung unterschiedlicher Krankheiten, angefangen bei einem gewöhnlichen Husten bis hin zu Bluthochdruck, Schlaflosigkeit, Tumoren, Erfrierungen und Diabetes.

Ernährung als Therapie ist daher eines der Fundamente, auf deren Grundlage man seine Gesundheit pflegt und erhält. Unsere Essensgewohnheiten können die Richtung und Qualität unseres Energieflusses beeinflussen. Wie, wann, was wir essen, und die Umgebung, in der wir das tun, können die Stabilität und Schwingungsdichte unseres Körper-Qi beeinflussen.

In der westlichen Welt mag dies vielen Menschen kompliziert oder ungewöhnlich vorkommen, doch wird jeder chinesische Arzt Ihnen sagen, dass Sie, wenn Sie eine ausbalancierte, positive Haltung gegenüber Ihrer Ernährung pflegen, nicht nur gesünder sein werden, sondern Ihr Essen genießen, Ihren Hunger schneller stillen und Gewichtsproblemen vorbeugen werden. Das Xiu Yang der Ernährung für einen gesunden, harmonischen Körper verlangt von uns, dass wir Wert auf die Qualität der Nahrung legen, die wir zu uns nehmen, auf die Mengen, die wir essen, und darauf, wie und wann wir essen. Ein Verständnis für das Potenzial der Heilfähigkeiten von Nahrungsmitteln und für die Art und Weise, wie wir sie zu uns nehmen, versetzt uns in die Lage, einen weiteren Schritt in die Richtung einer natürlich ausbalancierten Gesundheit und eines inneren Gleichgewichts zu gehen.

DIE BEDEUTUNG VON »WANN?«, »WIE?« UND »WIE VIEL?«

Haben Sie sich je gefragt, was eigentlich eine gesunde Menge an Essen ist? In unserer Kultur empfangen wir oft widersprüchliche Botschaften bezüglich dieser Frage: Während uns spindeldürre Models suggerieren, wir sollten unser Essen einschränken, versuchen uns die meisten Lebensmittelreklamen mit köstlichen Leckereien zu locken, von denen wir genau wissen, dass sie den Kalorienzähler ins Unermessliche steigen lassen.

Die Chinesen hatten schon in der Antike eine klare Vorstellung davon, wie viel Essen gesund ist, und warnten vor den Folgen von zu viel oder zu wenig Essen. So heißt es zum Beispiel in der *Neiye* (Kapitel 23):

Über das Dao des Essens:
Völlerei ist schlecht für das Qi und den Körper.
Übermäßige Enthaltsamkeit schädigt die Knochen und lässt das Blut gerinnen.
Die Mitte zwischen Völlerei und übermäßiger Enthaltsamkeit nennt man: harmonische Vollendung.
Hier weilt die Essenz, und Weisheit entsteht.
Wenn Hunger und Sättigung ihr Maß verlieren,
halte dich an folgenden Plan:
Bist du satt, beginne sogleich, dich zu bewegen.
Bist du hungrig, denk nicht daran.

Die Weisheit, die in diesen Worten liegt, wird Sie vielleicht ebenso beeindrucken, wie es bei mir der Fall war, als ich sie das erste Mal las: Niemand möchte seinen Körper in den Verfall treiben oder sein Blut erstarren lassen. Schon die alten Chinesen wussten, dass der Weg zu einem Gleichgewicht in einer Änderung unserer Essgewohnheiten liegt. So können wir uns auf natürliche Weise einer »harmonischen Vollendung« oder gesunden Balance nähern.

Genauer darauf zu achten, *wann* und *wie viel* wir essen, ist der wichtigste und wirkungsmächtigste Punkt, um zu einer ausgewogenen Ernährung zu kommen. Diese beiden Faktoren sind mindestens ebenso wichtig für eine gesunde Verdauung wie das, *was* wir essen. Aus persönlicher Erfahrung weiß ich, dass ich an Tagen, an denen ich abends zuvor noch eine schwere Mahlzeit vor dem Schlafengehen zu mir genommen habe, häufig müde und mit schwerem Kopf aufwache und mich den ganzen Tag so fühle. Wenn ich dagegen mindestens drei Stunden vor dem Schlafengehen nur eine leichte Mahlzeit esse, schlafe ich besser und fühle mich am nächsten Tag meist energiegeladen. Diese Erkenntnis war für mich nicht nur aufschlussreich, sondern auch höchst lohnend: Ich kann meine Energie regulieren, ohne meine Ernährung großartig ändern zu müssen.

Nahrungsmittel werden in engerem Zusammenhang mit den Ursachen für akute und chronische Krankheiten gesehen: Zu viele Würste können Krebs hervorrufen, während bei Menschen, die Milchprodukte nicht vertragen oder an Zöliakie leiden, eine laktose- oder glutenfreie Ernährung das Leben verändert hat. Was Sie essen, kann Ihre Gesundheit direkt beeinflussen. Seit sich ein Bewusstsein für die Auswirkungen der Massentierhaltung auf die Umwelt und über Tierethik bildet, ist die Ernährung zudem zu einem Ausdruck von ethischem Bewusstsein geworden. Auch deshalb liebe ich dieses Zitat aus der *Neiye* – es bleibt neutral und unterlässt es, uns Anweisungen darüber zu geben, was wir essen sollen und was nicht; es sagt einfach nur, dass wir ein Bewusstsein dafür haben sollten, weder zu viel noch zu wenig zu essen. Das ist, wie die antiken Autoren sagen, der Schlüssel zum Gleichgewicht.

Im Folgenden schlage ich Ihnen vier Möglichkeiten vor, die Ihnen helfen können, einen ausgewogeneren Zugang zu Ihrer Ernährungsweise zu pflegen, *ohne* im Einzelnen radikal ändern zu müssen, was Sie essen:

1. *Speisen Sie morgens wie ein Kaiser, mittags wie ein König und abends wie ein Bettler:* Nehmen Sie nach dieser traditionellen Regel die größte Mahlzeit des Tages also am Morgen und die kleinste am Abend zu sich. Jahrelang hielt ich es genau umgekehrt: winziges Frühstück, großes Mittagessen und noch größeres Abendessen. Auch wenn das soziale Umfeld es nicht immer zulässt, versuche ich wenigstens zu Hause, mich an die oben genannte Empfehlung zu halten. Mein Frühstück ist immer riesig: Oft esse ich Sauerteigtoast, veganen Käse, Körner, Porridge und manchmal auch Eier. Auch mein Mittagessen ist reichlich, während ich mir zum Abendessen nur etwas Leichtes zubereite: in der Pfanne gegartes Gemüse oder eine Suppe mit frischem Brot. Diese Mahlzeiten sind erstaunlich befriedigend und sättigend,

und die leichten Abendessen haben sich sowohl auf meinen Schlaf wie auch auf den Stoffwechsel und Appetit positiv ausgewirkt.

2. *Nehmen Sie sich Zeit, Ihre Mahlzeiten zu planen und zuzubereiten:* Nahrungsmittel sind oft verpackt oder schon verzehrfertig. Das Essen selbst zuzubereiten schenkt Ihnen jedoch die Zeit, um zu reflektieren, wie Sie Ihrem Körper die Qi-reichste und ausgewogenste Erfahrung gönnen können. Seien Sie bei Ihrer Planung realistisch: Gute Mahlzeiten benötigen weder riesige Einkaufslisten noch lange Zubereitungszeiten. Kurz angebratener Tofu und grüne Bohnen sind in fünf Minuten fertig. Die Zubereitung einer einfachen Brokkoli-Kartoffel-Suppe benötigt nicht länger als 20, 30 Minuten, gedünstete Süßkartoffeln und schwarze Bohnen vielleicht 15 Minuten. Sind Sie nicht in Eile, kann es natürlich auch schön sein, sich mehr Zeit für die Zubereitung einer Mahlzeit zu nehmen und zuzusehen, wie sie auf dem Herd gart. Nehmen Sie beim Schneiden und Sautieren die Farben, den Duft und Geschmack der Nahrungsmittel auf. So verbinden Sie sich leichter mit der Herkunft Ihrer Speise, und es schenkt Ihnen mehr Kontrolle über die Zutaten, die Sie verwenden.
3. *Essen Sie in aller Ruhe:* Als ich noch im Journalismus in China tätig war, plante ich häufig Termine zum Mittag- oder Abendessen. Wenn ich allein aß, las ich beim Essen oder schaute mir einen Film an. Manchmal (und gelegentlich auch jetzt noch, ich gebe es zu) scrollte ich dabei die Feeds der sozialen Medien auf meinem Smartphone durch. Der fernöstlichen Auffassung zufolge sollten wir uns einen ablenkungsfreien Raum schaffen, um unsere Mahlzeit voll und ganz würdigen zu können. Ablenkungen wie Telefone oder das E-Mail-Checken beim Essen können die reibungslose Verarbeitung und Integration der Nahrungsmittel, die wir zu uns nehmen, beeinträchtigen. Ich stelle immer wieder fest, wie viel weniger befriedigend eine Mahlzeit ist und wie viel schwerfälliger meine Verdauung sich anfühlt, wenn ich beim Essen abgelenkt war. Legen Sie, wann immer möglich, Ihr Smartphone beiseite und genießen Sie Ihre Mahlzeit. Machen Sie, so gut es geht, die Mahlzeiten

zu einer Gelegenheit, mit Freunden, Familie und Menschen zusammen zu sein, die Ihnen nahestehen. Leben Sie allein, können Sie sich beim Essen Zeit für Stille und Ruhe nehmen. Heben Sie sich Geschäftliches und wichtige oder emotionale Gespräche für andere Zeiten auf. Anspannungen und zu viel angestrengtes Nachdenken können Magen und Milz belasten, was unsere Fähigkeit blockiert und schwächt, die Nahrung zu verdauen. Dies kann zu Appetitverlust, Blähungen, Magenschmerzen oder Verdauungsstörungen führen. Wie Sie sich beim Essen fühlen, wird sich auf die Art und Weise auswirken, wie Ihr Körper das Qi aus dem Essen verdaut und befördert. Nehmen Sie daher Ihre Mahlzeiten so geruhsam und entspannt wie möglich zu sich.

4. *Essen Sie langsam und maßvoll:* Der chinesischen Medizin zufolge besitzt jedes Organ einen Qi-Speicher und -Vorrat. Kauen Sie Ihr Essen langsam und sorgfältig, dann unterstützt das dieser Auffassung gemäß das Qi der Milz, macht schneller satt und beugt Übergewicht vor. Kaut man nicht genug und schluckt man das Essen zu schnell herunter, dann isst man nicht nur tendenziell zu viel, sondern fühlt sich nach dem Essen auch schläfriger und aufgeblähter. Das passiert, weil der Körper nach großen Mahlzeiten das Qi und das Blut zur Mitte hinzieht, um den Überschuss zu verdauen. Essen Sie regelmäßig zu viel, kann das die Verdauungsfunktion der Organe schädigen und zu gesundheitlichen Problemen in Verdauung und Ausscheidung, in der Atmung und im Kreislauf führen. Versuchen Sie, jeden Bissen zwanzig- bis dreißigmal zu kauen. Das wird die Tendenz, zu viel zu essen, mildern und die Verdauungsfähigkeit des Körpers weniger strapazieren. Aus westlicher Perspektive schließt Kauen die Nahrung nicht nur auf, sodass sie leichter verdaulich ist, sondern wir setzen dadurch auch Speichel frei. Der American Dental Association zufolge enthält der Speichel Enzyme, die bei der Verdauung behilflich sind, und macht das Schlucken leichter. Er spült außerdem Essen und Ablagerungen von Zähnen und Gaumen weg und setzt Substanzen frei, die gegen Karies und andere Infektionen

vorbeugen und für hohe Mengen an Calcium-, Fluorid- und Phosphat-Ionen sorgen, die die Zahnoberfläche stärken. Langsam essen macht zudem schneller satt, denn das Gehirn braucht etwa 20 Minuten, um Sättigungssignale auszusenden. Das Kauen ist ein mechanischer Teil der Verdauung; wenn Sie gut und sorgfältig kauen, werden Ihre Organe weniger zu tun haben. Wird das Essen vor dem Schlucken besser aufgeschlossen, dann erhöhen wir die Nahrungsoberfläche und ziehen weit mehr Nährwert aus dem, was wir zu uns nehmen. Wenn Sie langsamer essen, entwickeln Sie zugleich Ihre Achtsamkeit. Diese Achtsamkeit hilft Ihnen, sich besser auf den Geschmack und die Struktur der Nahrungsmittel einzustimmen. Sie lädt aber auch zu einer Vertiefung der Wertschätzung und Wahrnehmung dafür ein, wo das Essen herkommt und wie es hergestellt worden ist. Der Zen-Buddhist, Lehrer und Dichter Thich Nhat Hanh bezeichnet achtsames Essen als eine Gelegenheit, sich an das zu erinnern, was er »Intersein« nennt: Wenn wir eine Mandarine essen, erinnern wir uns daran, dass sie dank ihrer Mutter, dem Mandarinenbaum, gewachsen ist. Wir sehen die Blütenblätter fallen und die winzigen grünen Früchte erscheinen. Was wir essen, ist daher nicht einfach nur die Mandarine, sondern auch etwas, was durch Sonnenlicht, Regen und Erde gewachsen ist. Dieses Wissen hilft uns, nicht zu vergessen, woraus wir gemacht und dass wir Teil der Elemente der Natur sind.

NAHRUNG ALS MEDIZIN

Nach traditionellem chinesischen Verständnis ist Nahrung wesentlich für Gleichgewicht und Gesundheit. Diese Auffassung existiert seit der Zhou-Dynastie (1046–256 v. Chr.). Seit damals glaubt man, dass sich die Art der Nahrungsmittel, Geschmacksrichtungen und Farben auf die Organfunktionen und Krankheiten auswirkt. Der *Innere Klassiker des Gelben Kaisers* mahnt: »Scharfer Geschmack wirkt auf den Atemtrakt; gibt es eine Erkrankung im Atemtrakt, sollte man nicht zu viel Scharfes essen.«

Bis heute ist dieses Erbe lebendig. Es werden noch immer spezifische Nahrungsmittel verwendet, um bestimmte Krankheiten beziehungsweise Qi-Mangel, Qi-Stagnation oder »rebellisches Qi« zu behandeln, das in die entgegengesetzte Richtung zu seinem normalen Verlauf fließt. Nahrungsmittel können auch dazu dienen, das Blut anzureichern, den Geist zu behandeln oder die Körpersäfte zu regulieren. Physische und emotionale Störungen waren diesem System zufolge auf Winde, Kälte, Feuchtigkeit, Hitze und Trockenheit zurückzuführen und konnten mit einer Ernährungstherapie behandelt werden. Zudem gibt es Nahrungsmittel, zu deren Verzehr die Chinesen eigenszu bestimmten Jahreszeiten und in spezifischen Lebensphasen raten.

Nahrungsmittel lassen sich in fünf energetische Kategorien einteilen: heiß, warm, neutral, kühl und kalt. Heiße Nahrungsmittel aktivieren und mobilisieren tendenziell Energie. Warme Nahrungsmittel stärken die Yang-Energie und das Qi und wärmen den Körper und die Organe. Neutrale Nahrungsmittel bauen Qi auf und stabilisieren den Körper. Kühle Nahrungsmittel dienen eher dazu, das Qi zu verlangsamen und Hitze zu beseitigen. Kalte Nahrungsmittel kühlen tendenziell innere Hitze und beruhigen den Geist. Diese Klassifizierung basiert auf 3000 Jahren praktischer Anwendung, Beobachtung, Erfahrung und Intuition.

Die Klassifizierung der Nahrungsmittel nach Temperatur spiegelt wider, ob sie unter die Yin- oder Yang-Kategorie fallen. Was wir essen, kann sich auf unsere Gesamtkonstitution auswirken. Die Methodik hinter der Ernährungstherapie ist nuanciert und komplex. Allgemein gilt, dass man alle fünf Nahrungsarten ausgewogen zu sich nehmen sollte, mit unterschiedlichen Schwerpunkten zu den verschiedenen Jahreszeiten. Neigen Sie zu Hitze oder zu viel Yang-Energie, sollten Sie eher kühle oder kalte Nahrungsmittel zu sich nehmen; frieren Sie leicht und tendieren zu Trägheit, beides Anzeichen überschüssiger Yin-Energie, dann sollten Sie eher warme oder heiße Nahrungsmittel zu sich nehmen. Individuelle Ernährungsanpassungen lassen sich auf der Grundlage der Jahreszeit treffen und mithilfe früherer Erkrankungen bestimmen.

In der Tabelle finden Sie Nahrungsmittel nach Temperatureigenschaft geordnet. Sie sind dem Buch *Propädeutik der chinesischen Diätetik* von Jörg Kastner entnommen. Nun können diese Nahrungsmittel zwar heilwirksam sein, doch ist es am besten, einen ausgebildeten TCM-Arzt zu konsultieren, bevor man die Ernährungsgewohnheiten signifikant ändert. Es sind nur Richtlinien, und Sie sollten nicht schlussfolgern, dass Sie bestimmte Nahrungsmittel zu sich nehmen müssen, um sich auf eine bestimmte Weise zu fühlen. Die Kategorisierungen berücksichtigen nicht Ihre persönliche Krankengeschichte, Allergien oder Ihre ethischen Überzeugungen, was zum Beispiel Fleisch oder die Herkunft der Nahrungsmittel angeht, beides angesichts unserer heutigen Essgewohnheiten sicher wichtige Anhaltspunkte für Ihre Wahl.

NEHMEN SIE DIE FÜNF GESCHMACKSRICHTUNGEN ZU SICH (*WU WEI* [五味])

Nun wissen Sie, dass Sie bestimmte Nahrungsmittelgruppen nutzen können, um die Körperkonstitution auszubalancieren und gesund zu bleiben. Zusätzlich könnten Sie diesen Ansatz als Grundlage für die Pflege einer täglichen gesunden Ernährung nutzen. Im *Inneren Klassiker des Gelben Kaisers* gibt es bei den Nahrungsmitteln fünf Geschmacksrichtungen: süß, sauer, bitter, salzig und scharf, zugeordnet bestimmten Organen und deren Farben (siehe die zweite Tabelle).

Auf den fünf Geschmacksrichtungen beruht die älteste Nahrungsmittelklassifizierung überhaupt. Sie dienen als Heilmittel und helfen bei vielen Krankheiten, den Körper wieder ins Gleichgewicht zu bringen. Doch auch ganz allgemein kann ein ausgewogener Genuss dieser fünf Geschmacksrichtungen und Farben im Essen einen gesunden, ausgewogenen Qi-Fluss in den Körperorganen und Meridianen unterstützen.

Nahrungsbeispiele	Wirkung auf den Körper	Wirkung auf den Geist	Gut, wenn …
TEMPERATUR: **heiß, Yang**			
Kornbranntwein (aus Getreide, Hefe, Zucker und Wasser, in geringer Menge), Lamm und Gewürze wie Zimt, Knoblauch, Ingwer, Curry, Paprika und Pfeffer	Energetisiert, fördert die Verdauung, hilft, wenn man friert, kurbelt das Immunsystem an	Energetisiert, baut auf	… Ihnen kalt und die Durchblutung schlecht ist, Sie ständig kalte Hände und Füße haben, sich abgeschlagen oder deprimiert fühlen
TEMPERATUR: **warm, Yang**			
Huhn und Rind, Lachs, Kaffee, Rotwein, Butter, Ziegenkäse, Fenchel, Pfirsich, Porree, Zwiebel und Gewürze wie Rosmarin und Basilikum	Wärmt den Körper, bessert die Verdauungsfunktion, wärmt und stärkt den Dreifachen-Erwärmer-Meridian, gut für die Behandlung von Erkältungssymptomen wie laufende Nase, Bronchitis usw.	Antrieb und Kreativität, belebt das Denken	… Sie müde sind und zu häufigen Erkrankungen neigen
TEMPERATUR: **neutral**			
Honig, Kuhmilch, Käse, Eier, Karotten, Blumenkohl, Feigen, Pflaumen und Kartoffeln, Mais, Linsen, Hirse, Erbsen, Reis, Dinkel und Haselnüsse	Stabilisiert und harmonisiert den Körper	Harmonisiert Geistesverfassung und Gefühlslage	… Sie Probleme damit haben, das Energieniveau zu halten

Nahrungsbeispiele	Wirkung auf den Körper	Wirkung auf den Geist	Gut, wenn …
TEMPERATUR: **kühl, Yin**			
Salz, Sojasoße, Krabben, Bananen, Orangen, Tomaten, Wassermelone und Gewürze wie Löwenzahn	Beruhigt den Körper, stärkt die Körpersäfte und das Blut, verlangsamt überschüssige Energie, klärt Hitze	Reguliert Reizüberflutung und Grübelei	… Sie zu Hitze neigen und trockene Haut haben, sich unruhig, ängstlich fühlen und zu lautem Sprechen neigen
TEMPERATUR: **kalt, Yin**			
Schwarzer Tee, Fruchtsäfte, Pfefferminztee und Sojamilch, Weizenbier, Joghurt, Sellerie, Gurke, Sojasprossen, Spinat, Zucchini, Tofu, Gerste, Weizen und Gewürze wie Estragon	Kühlt allgemein und innere Hitze	Beruhigt den Geist	… Sie unter Nachtschweiß, Schwitzhänden und -füßen, Hitzewallungen leiden, aufbrausend sind, Schlafschwierigkeiten haben

Geschmack	Organ und Element	Farbe	Wirkung im Gleichgewicht	Wirkung im Überfluss
Süß	Milz und Erde	Gelb	Wärmt und nährt den Körper	Führt zu Schleimbildung und Übergewicht
Sauer	Leber und Holz	Grün	Lindert Hitze und emotionalen Stress und Wut	Beschädigt den Muskeltonus und kann sich negativ auf Rheumatismus und Arthritis auswirken
Bitter	Herz und Feuer	Rot	Fördert die Verdauung, beruhigt bei seelischer Belastung	Dehydriert und überhitzt das Herz, blockiert die Seele
Salzig	Nieren und Wasser	Schwarz	Kühlt, befeuchtet und wirkt lösend, regt die Harn- und Stuhlausscheidung an	Trocknet aus, verhärtet die Muskeln und schädigt die Knochen
Scharf	Lungen und Metall	Weiß	Bewegt das Qi, belebt die Energiezirkulation und löst Stagnationen	Trockenheit und Unruhe

Mit freundlicher Genehmigung aus Dr. Jörg Kastner: Propädeutik der chinesischen Diätetik, Stuttgart 2003, S. 23-25

IN ÜBEREINSTIMMUNG MIT DEN JAHRESZEITEN ESSEN

Unser Körper wird durch die Temperaturveränderungen, das Licht und die energetischen Besonderheiten der einzelnen Jahreszeiten beeinflusst. Wenn Sie anfangen, sich in Übereinstimmung mit ihnen zu ernähren, werden Sie eine engere Verbindung zu den Rhythmen und Zyklen eingehen können, die in der Natur am Werk sind:

- Das *Frühjahr* ist die Zeit des Jahrs, in der das Yang aufsteigt. Sie ist durch Wachstum, Ausdehnung und Vision gekennzeichnet. Da das Frühjahr mit den Organen Leber und Gallenblase verbunden ist, können jetzt Nahrungsmittel wohltuend sein, die diese Organfunktionen unterstützen. Dazu gehören eine saure Geschmacksrichtung, grüne Gemüse und sanft wärmende Nahrungsmittel.
- Der *Sommer* ist die Jahreszeit maximalen Yangs. Er ist mit dem Element Feuer verbunden, das Hitze und Aufwärtsbewegung entspricht. Eine bittere Geschmacksrichtung und kühlende Nahrungsmittel sind zu dieser Jahreszeit am besten geeignet. Auch Obst und rohes Gemüse können im Sommer verzehrt werden. Denken Sie nur an Salate und frisches Zitronenwasser!
- Der *Spätsommer* ist zwar offiziell keine Jahreszeit, doch gibt es gemäß der chinesischen Fünf-Elemente-Theorie diese fünfte Jahreszeit, die dem Element Erde zugeordnet wird. Sie folgt auf die Sommerhitze und geht der Kühle des Herbstes voraus. Gewöhnlich beginnt sie zwischen Anfang und Mitte August und endet zwischen Mitte und Ende September. Vermeiden Sie jetzt fette Speisen, zu viele Milchprodukte und Zucker, da diese die gesunde Milzfunktion beeinträchtigen. Halten Sie sich von zu viel rohen, kalten Speisen fern. Neutrale Speisen wie orangefarbene oder gelbe Gemüse und Früchte könnten jetzt gut passen. Nehmen Sie auf alle Fälle viel süßes Getreide wie etwa Reis, Mais, Weizen, Gerste und Roggen zu sich.

- Im *Herbst* kühlt die Erde langsam aus. Es ist die Zeit, in der das Yin aufsteigt. Daher wird jetzt zu scharfen, wärmenden Speisen geraten, die die kühleren Temperaturen kompensieren. Beginnen Sie, Ihre Speisen mit mehr Knoblauch, Chili, Ingwer und Zwiebeln zu würzen. Dies wird Ihnen helfen, Ihr sogenanntes *wei qi* oder auch Abwehr-Qi aufzubauen. Das *wei qi* befindet sich unter der Hautoberfläche und hilft, den Körper vor äußeren Feinden wie Viren und Bakterien zu schützen.
- Der *Winter* ist die Zeit maximalen Yins. Jetzt sind Sie am anfälligsten für Erkältungen und Viruserkrankungen. Um dem entgegenzuwirken, wird empfohlen, salziger und süßer zu essen sowie wärmende oder heiße Nahrungsmittel zu sich zu nehmen. Achten Sie jedoch darauf, nicht zu viel heiße Nahrungsmittel zu essen, da sie die Körpersäfte austrocknen und die Yin-Ressourcen aufbrauchen können.

Teil 3

XIU YANG FÜR EIN AUSGEWOGENES GEISTIGES UND EMOTIONALES LEBEN

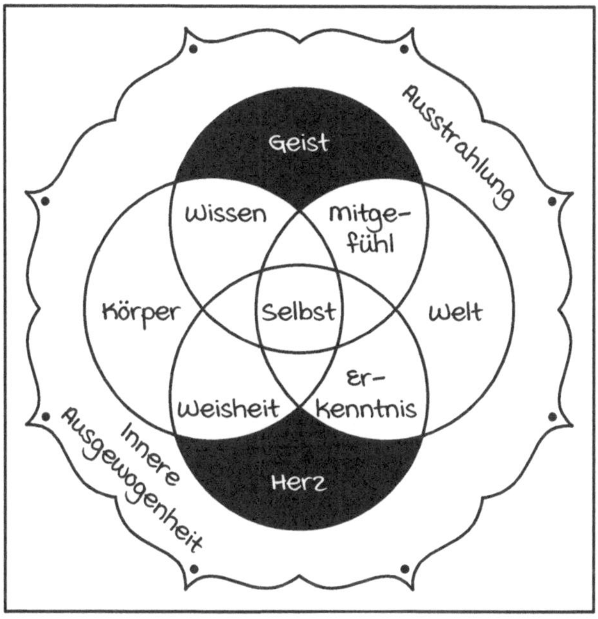

Mandala zur Selbstkultivierung von Xiu Yang

Was ist eigentlich ein ausgewogenes geistiges und emotionales Leben? Wie sieht es aus? Wir könnten es als Zustand des Gleichgewichts verstehen, in dem jede Kraft durch eine entgegengesetzte Kraft aufgehoben ist, in dem nichts stärker oder größer ist als etwas anderes.

Übertragen wir diese Definition auf unser geistiges und emotionales Leben, dann stehen die Chancen gut, dass wir – im Gleichgewicht – extrem langweilige Typen wären! Wir würden nicht lieben, weder genießen noch Erregung oder Wut, etwa über Ungerechtigkeiten, empfinden. Wir würden nie Gedanken zu Ideen, Visionen und Träumen werden lassen. Alles würde am Ende friedlich und oberflächlich bleiben. Ist absolute Balance also etwas, was wir in unserem mentalen und emotionalen Leben pflegen können oder sollten? Wohl eher nicht. Worauf wir jedoch mit Xiu Yang für Geist und Emotionen hinarbeiten können, ist, dass wir mit dem, was sich uns an Erfahrungen bietet, ruhig und ausgeglichen *umgehen.*

Aus dieser Perspektive betrachtet, stimmt das »Im-Gleichgewicht-Sein« eher mit einer Selbstregulierung überein, einem Zustand, der eine *Tendenz* zu mehr Balance und Ausgeglichenheit impliziert und beständige Korrekturen zur Regulierung benötigt. Wenn die Winde des Lebens uns umwerfen, kommen wir schneller wieder auf die Beine. Vielleicht sind wir wütend, bleiben es aber nicht tage-, wochen- oder jahrelang. Möglicherweise bricht uns das Herz angesichts einer Trennung oder eines Verlustes in tausend Teile, doch bleiben wir nicht 30 Jahre untröstlich. Wir werden mit unserem gebrochenen Herzen umgehen und uns in den Jahren danach langsam wieder für die Möglichkeit einer neuen Begegnung und Liebe öffnen.

Auf Ihrer Mandala-Karte fällt der ausgewogene geistige und emotionale Zustand in die Domäne von Xiu Yang für Geist und Herz. Welches sind die besten Werkzeuge, um mit der Komplexität eines denkenden Geistes und eines fühlenden Herzens umzugehen? Setzen Sie sich still hin, nehmen Sie Ihr eigenes Bewusstsein klarer wahr und verbinden Sie sich mit Ihrem tieferen Wissen. Dieser Prozess der Selbstkultivierung ist die Kunst des Meditierens.

8

ÜBER DEN ATEM MEDITIEREN

Der Atem ist etwas so Selbstverständliches, dass wir gewöhnlich gar nicht darüber nachdenken. Sinnesreize und ein aktiver Geist überlagern meist die Wahrnehmung so einfacher und von Moment zu Moment stattfindender Prozesse, wie es die Körperatmung ist. Doch bildet der Atem in vielen spirituellen Traditionen, vom Yoga über den Daoismus bis hin zum Buddhismus, den Ausgangspunkt, wenn es um die Fokussierung des Geistes und die Öffnung des Herzens geht. Das liegt daran, dass – anders als andere unbewusste Prozesse wie der Herzschlag oder die Verdauung – die Atmung die einzige unbewusste Körperaktivität ist, die wir bewusst und willentlich verändern können.

In Kapitel 5 haben wir die Bedeutung unseres Atems für die Gesundheit der Zellen und für unser allgemeines physiologisches Wohlbefinden erkundet. Hier wollen wir uns nun eine weitere, ebenso wichtige Rolle anschauen, die der Atem für unsere Selbstkultivierung spielt, und zwar, in welcher Verbindung er zu unseren Gedanken und Emotionen steht. Mit Atemmeditationsübungen aus dem Xiu Yang können wir uns der einfachen, natürlichen Entfaltung von Sinn und Geheimnis des Lebens anvertrauen, ganz ähnlich der Einfachheit und Natürlichkeit, mit der Pflanzen wachsen und Blumen blühen. Mit dem Atemgewahrsein kultivieren wir so wesentliche Fähigkeiten, wie den Widerständen gegen diese Einfachheit mit mehr Weite, Raum und Leichtigkeit zu begegnen. Mit Geduld und Übung kann uns die meditative Atmung helfen, Kraft für mentale und emotionale Gesundheit, Glück und Ausgeglichenheit zu gewinnen.

DER GEIST IST EIN MUSKEL – ATEMÜBUNGEN FÜR KONZENTRATION UND FOKUSSIERUNG

Meditation bedeutet Training für Geist und Herz. Praktizieren wir Atemmeditation, dann trainieren wir zugleich unseren Geist darin, präsent und fokussiert zu bleiben. Genau wie wir einen Muskel vielleicht durch Gewichtheben oder andere Übungen trainieren und kräftigen, bedeuten die ersten Stadien der Meditation eine Kräftigung des Geistes. Ein kräftigerer, stärkerer Geist ist hier gleichbedeutend mit einem Geist, der sich weniger leicht ablenken lässt und konzentrationsfähiger wie auch ruhiger ist. Konzentration und ein Gefühl der Ruhe ermöglichen uns Zentrierung und Entspannung – beides Ziele, die in unserem geschäftigen, ablenkungsreichen Leben oft nicht einfach zu erreichen sind.

Im Sitzen oder Liegen?

Für die meditative Atmung ist es optimal, mit aufrechtem Oberkörper zu sitzen. Wenn Sie auf dem Boden sitzen möchten, nehmen Sie am besten ein paar Decken, eine Yoga-Rolle oder ein rundes Meditationskissen, ein sogenanntes Zafu, zu Hilfe. Falls Ihnen das Sitzen auf dem Boden wegen der Knie oder des Rückens schwerfällt

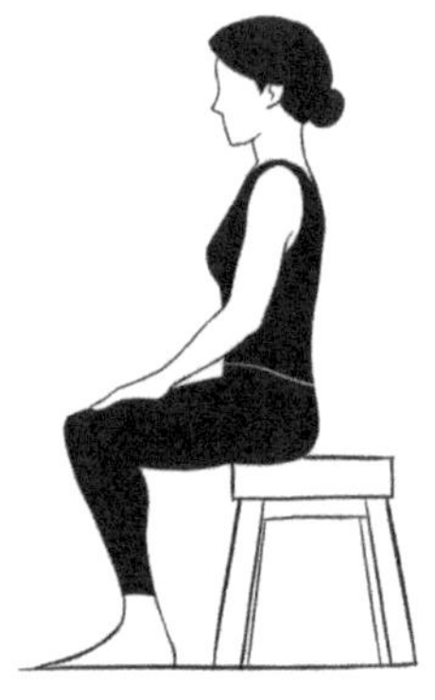

oder Sie anderweitig eingeschränkt oder nicht so beweglich sind, können Sie sich auf die Vorderkante eines Stuhls setzen. Dabei sollten die Knie einen 90-Grad-Winkel einnehmen und der Rücken gerade sein.

Wollen Sie Ihre Atemmeditation im Liegen durchführen, ist das zwar womöglich bequem, kann Sie aber auch schläfrig machen. Falls Sie sich dafür entscheiden, stützen Sie bitte die Knie mit einem Kissen oder einer Yoga-Rolle zur Entlastung des unteren Rückens ab und legen Sie sich ein kleines Kissen unter den Kopf, um den Nacken zu entlasten. Stellen Sie den Ellbogen auf dem Boden auf und halten Sie den Unterarm senkrecht nach oben. Wenn Sie kurz vorm Einschlafen sind, wird der Arm umfallen wollen und Sie wieder wach machen.

Rückwärts zählen

Diese Atemmeditation habe ich von meinem ersten Yoga-Lehrer Erich Schiffmann gelernt. Seine Herangehensweise ermutigte mich in meinen Yoga-Anfängen und brachte mich in den ersten Jahren dazu, regelmäßig zu meditieren und das Stillsitzen zu lernen. Die Übung ist in seinem Buch *Yoga: The Spirit and Practice of Moving Into Stillness* enthalten.

Die Übung enthält eine einfache Konzentrationsaufgabe und stärkt den Muskel des Geistes. Sie benötigen etwa acht Minuten für sie, und zwar werden Sie von 50 an rückwärts zählen, die ungeraden Zahlen beim Einatmen und die geraden beim Ausatmen. Lassen Sie den Atem während der gesamten Übung natürlich und entspannt fließen. Kontrollieren Sie ihn nicht, sondern lassen Sie ihn ganz normal kommen und gehen. Dadurch, dass Sie ihn frei fließen lassen, lernen Sie, sich herauszuhalten und für die Erfahrung zu öffnen, einfach still dazusitzen und ruhig zu sein. Die Übung besteht aus drei Stufen:

1. *Von 50 bis 20:* Atmen Sie aus und sagen Sie innerlich: »50.« Atmen Sie ein und sagen Sie: »49.« Atmen Sie wieder aus und sagen Sie: »48« – und so weiter. Das machen Sie so lange, bis Sie die Zahl 20 erreicht haben.
2. *Von 20 bis 0:* Haben Sie die 20 erreicht, zählen Sie nur noch beim Ausatmen. Einatmen: nichts. Ausatmen: »19.« Einatmen: nichts. Ausatmen: »18« – und so fort, bis Sie die 0 erreicht haben.
3. *Jenseits der 0:* Haben Sie die 0 erreicht, hören Sie auf zu zählen, atmen jedoch ganz natürlich weiter, genau so, wie Sie es während des Zählens getan haben. Beobachten Sie Ihren Atem und nehmen Sie wahr, wie er natürlich kommt und geht. Sitzen Sie so ruhig wie möglich, ohne steif und starr zu werden. Entspannen Sie sich in die Ruhe hinein.

Bei dieser Übung werden vermutlich Gedanken auftauchen, die Sie ablenken wollen. Vielleicht nehmen Sie wahr, wie der Geist beginnt, sich mit anderem zu beschäftigen, und Sie beim Zählen den Faden verlieren. Ist das der Fall, können Sie einfach wieder bei 50 anfangen und abwärts zählen.

Während manche Meditations- und Yoga-Übungen auf das Einstellen aller Gedanken gerichtet sind (Patanjali definiert in seinem *Yogasutra* den Yoga zum Beispiel als Beruhigung oder Anhalten des geschäftigen Geistes), besteht der Sinn dieser Meditation nicht darin, Gedanken am Aufsteigen zu hindern oder sie auszubremsen. Eher wird hier der Atem zu der Kulisse, vor der Sie Ihre Gedanken wahrnehmen. Hiermit bauen Sie Geisteskraft auf. Lassen Sie, sobald Sie Gedanken bemerken, diese einfach mit dem Atem kommen und gehen. Im nächsten Kapitel werden wir einige Techniken erkunden, mithilfe derer es möglich ist, den Gedanken gezielt mit mehr Gewandtheit, Einsicht und Weisheit zu begegnen.

Dies ist keine Atemübung, sondern eine Möglichkeit, den Geist zu fokussieren und zu steuern und uns an die sich wandelnde Natur aller Erfahrungen zu erinnern. Mit jedem Einatmen entsteht Erfahrung; mit jedem Ausatmen löst sich Erfahrung auf und klingt aus. Wenn wir in Harmonie sind mit den wechselnden Gezeiten unseres Atems, können wir anfangen, uns auf das auszurichten, was der antike griechische Philosoph Heraklit (um 520–460 v. Chr.) so beschrieb: »Es gibt nur ewiges Werden und Wandeln.« Schließen wir Frieden mit dem Wandel, dann erkennen wir, dass bei allem, was wir erleben – egal, ob es sich um Genuss und Freude oder Traurigkeit und Schmerz handelt –, Gewahrsein und Ruhe möglich sind. Der bewusste Atem hilft uns dabei, indem wir eine intimere Beziehung zu dem entwickeln, was immer präsent und doch immer wieder anders ist.

Der Buddha lehrte bewusstes, achtsames Atmen als Vorübung für die Konzentration in der Meditation. Darüber sprach er in einer Rede, deren Titel *Ānāpānasati-Sutta* oder »Achtsamkeit der Atmung« lautet. Dasselbe wird in dem Text *Satipaṭṭhāna-Sutta* oder »Grundlagen der Achtsamkeit« hervorgehoben. Die Bedeutung, die er dem Atem schenkte, zeigt seine Überzeugung, dass wir, wenn wir bewusst, sanft und mitfühlend zu atmen lernen, den gegenwärtigen Augenblick erfüllter erleben und aus dem Ansturm an Geschichten, Gedanken und Zwängen erwachen können, die unser Herz und unseren Geist nur allzu gern besetzen.

Der Buddha beschrieb, dass die Entwicklung von und die Beschäftigung mit achtsamem Atmen »von großem Lohn und Nutzen sind«. Und um was genau handelt es sich dabei? Um Erkenntnis, Weisheit, Mitgefühl und letztendlich um die Befreiung von solchen Alltagslasten, wie es Verwirrung, Unzufriedenheit und Schmerz sind. Dank des Atems können wir uns an die uns angeborene Fähigkeit erinnern, wahren Frieden und Ruhe zu finden, wie sie in jedem Augenblick möglich sind. Er erweckt uns in unsere wahre

Natur hinein, die Verbindung und Einssein mit allen Dingen bedeutet.

Die Lehren über die achtsame Atmung bieten uns einen einfachen Weg in dieses Erwachen, indem sie uns in den gegenwärtigen Augenblick zurückführen. Joseph Goldstein definiert die achtsame Atmung als Gegenmittel gegen Zerstreutheit und abschweifende Gedanken. Durch eine achtsame Konzentration auf den Atem beruhigen wir unseren geschäftigen Geist, was wiederum dazu beiträgt, dass wir uns entspannter und friedvoller fühlen können.

Nun kann man zwar umfangreichen Anweisungen folgen (das *Ānāpānasati-Sutta* bietet zum Beispiel sechzehn Praxisstufen an), doch gibt es vier vorbereitende Atemrichtlinien, die Ihnen helfen können, für Ihr tägliches atembasiertes Programm der Selbstkultivierung einen festen Anker zu werfen.

Die vier Stufen achtsamer Atmung, wie sie der Buddha lehrte

1. *Sag dir innerlich beim Einatmen: »Ich weiß, dass ich einatme.« Sag dir beim Ausatmen: »Ich weiß, dass ich ausatme.«*
   Das klingt vielleicht einfach, aber der Geist driftet schnell ab und konzentriert sich lieber auf interessantere Themen wie Erinnerungen, Pläne oder sonstige Geschichten. Zu merken, wenn der Geist abzudriften beginnt, gehört zur Achtsamkeitspraxis dazu. Führen Sie ihn, sobald Sie merken, dass Sie in Gedanken irgendwo anders als beim Atem sind, sanft zurück in das bewusste Wiederholen des Mantras.
2. *Werde dir der Länge deines Atems bewusst. Atmest du lang, dann wisse, dass du lang atmest. Atmest du kurz, dann wisse, dass du kurz atmest.*
   Ich mag diese Haltung, denn sie besagt, dass jede Art von Atmung gut ist; wir brauchen sie nicht in irgendeine Richtung zu beeinflussen. Wir sollen uns einfach nur gewahr werden, ob der Atem lang oder kurz ist, und es zur Kenntnis nehmen. Dies er-

innert uns daran, dass achtsames Atmen keine Atemübung ist, sondern eher eine Übung darin, sich im gegenwärtigen Augenblick der eigenen Erfahrung bewusst zu werden. Sie sensibilisiert uns auf subtile Weise für den ganz gewöhnlichen Atemprozess.

3. *Beim Einatmen übe ich, meinen ganzen Körper zu erfahren. Beim Ausatmen übe ich, meinen ganzen Körper zu erfahren.*
   Bei dieser dritten Stufe verlagern Sie sich langsam vom Wissen über den Atem auf die Erfahrung, Übung und Kultivierung des Atems. Mit einer bewussteren Ausrichtung Ihrer achtsamen Atempraxis können Sie Ihr Gewahrsein über den Atem mehr und mehr vertiefen. Während Sie die Körperempfindungen beim Atmen deutlicher wahrnehmen, beginnen Sie auch, den Atem intimer zu spüren. Außerdem merken Sie, welche Wirkung der Atem auf Ihren Körper hat. Wohin geht der Atem beim Einatmen? Wandert er in Brust und Bauch nach außen, unten, hinten oder zu den Seiten? Welche Körperbereiche werden weich und entspannen sich, wenn Sie ausatmen? Ein Gespür dafür, wie und wo Ihr Atem den Körper beeinflusst, kann hilfreich sein, um die eigene Beziehung zur Atmung zu verfeinern und zu vertiefen. Sie begeben sich tiefer in den Fluss der Empfindungen und »reiten« den Atem, während er Sie durchströmt.
4. *Beim Einatmen übe ich, den Körper zu beruhigen. Beim Ausatmen übe ich, den Körper zu beruhigen.*
   Diese vierte Stufe hilft Ihnen, Atem, Körper und Geist zu beruhigen. Ist die Atmung ruhig, entspannt sich der Körper. Entspannt sich der Körper, beruhigt sich der Geist und wird stiller. Entsprechend entspannt sich der Körper, wenn der Geist still wird, und der Atem wird friedlicher. Daher wird der Atem zu einem Werkzeug, mit dem sich Leichtigkeit üben lässt. Auf dieser Stufe lehrt der Buddha, dass Sie ein Gefühl dafür bekommen können, wie es ist, bewusst und zugleich wacher und feinfühliger zu sein. Dieser Zustand bildete auch die Grundlage und das Sprungbrett für das Erwachen des Buddha. Mit stetiger Praxis könnte er es auch für Sie werden.

Drei hilfreiche Tipps für eine meditative Atmung

1. *Lassen Sie den Atem natürlich und frei fließen:* Denken Sie daran: Bei meditativer Atmung geht es nicht darum, den Atem zu lenken oder zu kontrollieren, sondern darum, die Kontrolle loszulassen. Feiern Sie und umarmen Sie den Wandel, der in jedem Atemzug steckt.
2. *Üben Sie, still zu werden:* Machen Sie sich mit dem Gefühl von echter Stille und Frieden vertraut.
3. *Trainieren Sie, mit Ihrer Aufmerksamkeit dazubleiben:* Einer meiner liebsten Meditations-Cartoons zeigt zwei Hunde, die auf Yoga-Matten mit einer Schale Räucherstäbchen vor sich auf dem Boden sitzen. Der eine sieht den anderen an und sagt zu ihm: »Der Schlüssel zur Meditation besteht darin zu lernen, wie man bleiben kann.« Kommen Sie wieder zurück, wenn Ihre Aufmerksamkeit beginnt herumzustreunen. Kehren Sie sanft und bedächtig zu Ihren Atemempfindungen zurück, sooft es nötig ist.

Gehmeditation mit bewusster Atmung

Eine weitere sehr effektive Übung besteht darin, beim Gehen achtsam zu atmen. Durch die Konzentration auf den Atem und auf die Anzahl der Schritte verlagern Sie unmittelbar den Fokus, weg von allen Tendenzen, sich auf schwierige Erlebnisse zu fixieren und eng zu werden, hin zu etwas unmittelbar Greifbarem wie der Bewegung der Beine und Füße.

Ich erinnere mich, wie ich es einmal in den Bergen mit der Angst bekam, als ich mit Freunden an einem sehr steilen Berg unterwegs war. Ich war müde, nass geschwitzt und außer Atem. Am liebsten hätte ich angehalten und mich etwas ausgeruht, aber ich war schon weit hinter meinen Freunden zurückgeblieben und wollte nicht, dass sich der Abstand noch mehr vergrößerte. Während ich weiter bergauf ächzte, fing ich an, mich böse zu verurteilen: »Ich sollte mehr Ausdauertraining machen. Meine Lungen sind schon immer schwach gewesen. Sie müssen mich doch für eine verwöhnte Prinzessin halten. Ich hätte es besser wissen müssen und heute nicht wandern gehen sollen.« Dann erinnerte ich mich an die Geh- und Atemmeditation. Ich begann, beim Ein- und Ausatmen die Anzahl meiner Schritte zu zählen, beim Einatmen waren es vier, beim Ausatmen sechs. Eh ich michs versah, war ich oben angekommen. Mein Körper fühlte sich leicht und gestärkt an.

Vielleicht haben Sie auch schon einmal erlebt, wie eine zu große Kopflastigkeit Sie in Ihrer Handlungsfähigkeit behinderte. Versuchen Sie es doch einmal mit der Gehmeditation, wenn das nächste Mal Gedanken sich anschicken, Ihnen den Kopf zu besetzen, und schauen Sie, ob Sie in den gegenwärtigen Augenblick zurückfinden und sich aus dem Würgegriff der negativen Gedanken befreien können.

Anleitung zur Gehmeditation

Zählen Sie im Gehen während des Einatmens drei, vier oder fünf Schritte. Tun Sie dasselbe beim Ausatmen: Zählen Sie, wie viele Schritte Sie dabei machen. Gehen Sie stetig und natürlich. Sie brauchen das Tempo nicht zu verlangsamen oder bewusst Ihre Gewichtsverlagerung zu beeinflussen. Ebenso wenig müssen Sie den Atem kontrollieren. Beobachten Sie einfach, wie viele Schritte den jeweiligen Atemteil begleiten.

Qigong-Meditation im Stehen mit Wurzeln bis zur Erdmitte

Bei der Meditation im Stehen können wir unseren ganzen Körper spüren. Er ist in die Erfahrung und Wahrnehmung eingeschlossen. Diese Übung im Stehen brachte mir Sifu Matthew Cohen an einem windigen Tag bei. Verwendet wird das Bild eines Baums, dessen Wurzeln weit und tief in die Erde wachsen. Es vermittelt Beständigkeit, Stabilität und Genährtwerden:

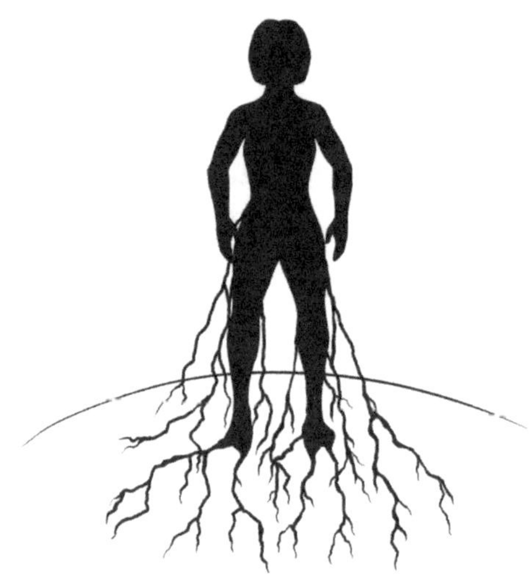

1. Erlauben Sie dem Atem, genau wie bei anderen Meditationen, natürlich und entspannt zu fließen.
2. Stellen Sie sich in den *Wuji*-Stand (oder »Stand der Leere«) aus dem Qigong: Stehen Sie dazu mit den Füßen schulterbreit und gerade nach vorn gerichtet. Halten Sie die Knie leicht gebeugt und die Gelenke entspannt geöffnet.
3. Atmen Sie einige Male tief in Ihr unteres Dantien, ein Energiezentrum, das sich zwei Fingerbreit unterhalb des Nabels im Unterbauch befindet. Hier wird das Qi gespeichert, kultiviert und verfeinert.
4. Visualisieren Sie beim Einatmen, wie sich der Atem vom Dantien nach unten in die Beine und durch die Füße in die Erde ausbreitet, als hätten Sie Wurzeln wie ein großer Baum. Lassen Sie zu, dass sich die Wurzeln weit ausbreiten und tief bis zur Erdmitte

ausdehnen. Beim Ausatmen bleiben die Wurzeln in der Erde und liefern Ihnen zugleich Nahrung ins Dantien.

5. Wiederholen Sie diesen Vorgang und lassen Sie mit jedem Einatmen die Wurzeln noch länger werden. Laden Sie mit jedem Ausatmen die Erde ein, Ihr Dantien mit Energie zu nähren und aufzufüllen. Im Dantien kann die Energie gespeichert werden, damit sich der gesamte Energiekreislauf des Körpers verbessern kann.
6. Fangen Sie mit 3 bis 5 Minuten Visualisierung an. Sobald Sie sich daran gewöhnt haben, auch länger zu stehen, können Sie die Übung bis zu 20 oder 30 Minuten ausdehnen.

Denken Sie daran, dass meditative Atmung nie eine Flucht vor sich selbst sein kann. Es ist ein Pfad zum gegenwärtigen Augenblick der Erfahrung, indem Sie sich etwas bewusst machen, das immer zugänglich ist: den Atem und Ihre Körperempfindungen. Dies schenkt Ihnen ausreichend Raum für die Kultivierung der eigenen Fähigkeit, den Geist zu beruhigen. Es erlaubt Ihnen, die Geschäftigkeit des Alltags zur Ruhe kommen zu lassen. Innerhalb dieses Raumes werden Sie Gewahrsein, Erkenntnis, Mitgefühl und Weisheit finden und erwachen können.

9

ACHTSAMKEIT: DIE KULTIVIERUNG ADÄQUATER REAKTIONEN AUF KONKRETE LEBENSSITUATIONEN

Wenn wir unser Gleichgewicht im Leben verlieren, finden wir nicht immer einen eleganten Umgang damit. Wir fühlen uns schnell herabgesetzt, verwirrt und geben uns selbst oder anderen die Schuld an unserem Pech. Das kann sehr ermüdend sein. Vielleicht lenken wir uns auch schnell mit anderen Dingen ab, die uns vorübergehend Erleichterung bringen mögen, zum Beispiel Essen oder Alkohol, manchmal sogar mit Drogen. Mitunter drücken wir unsere Gefühle weg, weil wir sie nicht akzeptieren können, oder verletzen am Ende unabsichtlich die Menschen, die wir lieben.

All das ist völlig normal. Was uns die Achtsamkeit in solchen Augenblicken bietet, ist die Möglichkeit, uns mit mehr Anstand zu erholen. Sie gibt uns die Widerstandskraft und das Geschenk der Empfänglichkeit, um uns, wenn uns die Stürme des Lebens umgeworfen haben, wieder auf die eigenen Füße stellen zu können. Die Achtsamkeit stellt uns ein Werkzeug zur Verfügung, mit dem es möglich ist, weniger hilfreiche oder schädliche Reaktionen auf schwierige Situationen unter Kontrolle zu halten. Daher ist sie eines der effizientesten, praktischsten und am ehesten transformatorischen Mittel für die Praxis von Xiu Yang für Herz und Geist.

WAS IST ACHTSAMKEIT?

Heute ein modisches Schlagwort, existiert Achtsamkeit als Technik doch schon sehr lange. Der Buddha entwickelte sie vor 2600 Jahren, damit die Menschen sich Herz und Geist erleichtern und von der Last der Illusion und des Schmerzes befreien konnten. Auf Pali, der Sprache des Buddha, lautet der ursprüngliche Begriff für Achtsamkeit *sati*. Das bedeutet, sich zu erinnern, sich zu sammeln oder im Bewusstsein zu haben. Wir werden geführt, uns zu erinnern, dass wir die Fähigkeit haben, Geist und Herz gegen ungesunde, zerstörerische Tendenzen zu schützen und auf eine Weise gegenwärtig zu sein, die nicht schädlich und reaktiv, sondern mitfühlend und empfänglich ist.

Achtsamkeit ist außerdem eine Praxis des Erkennens und Befreiens. Sie lädt uns ein, die subtilen und doch so beharrlichen Filter des Festhaltens und Von-uns-Stoßens wahrzunehmen, die uns leiden lassen. Wenn wir uns ihrer bewusst werden, bekommen wir die Werkzeuge in die Hand, mit denen wir uns von den destruktiven Tendenzen unseres Denkens und Fühlens befreien können. Diese Werkzeuge unterstützen uns in unserer Fähigkeit, zwischen gesunden, klaren, freundlichen, mitfühlenden Gedanken und dem sich in Herz und Geist ausbreitenden »Unkraut« von Sorge, Angst, Zweifel oder Urteil zu unterscheiden. Reißen wir regelmäßig das zerstörerische Unkraut unserer Gedanken und Gefühle heraus, bevor es sich des offenen Feldes unseres mentalen und emotionalen Lebens bemächtigt, dann können wir kontinuierlich das nähren, was unsere anhaltende Zufriedenheit und unser Gleichgewicht stützt. Außerdem werden wir gesündere Geisteszustände erleben, die durch Wissen, Mitgefühl, Einsicht und Weisheit geleitet sind – die Qualitäten also, die uns auf einer tieferen Ebene transformieren. Mit der Zeit schenkt uns die Achtsamkeit Stabilität im Leben. Sie kann uns, wie der Meditationslehrer Jack Kornfield empfiehlt, in die »grenzenlose Freiheit« hinein erwecken, voll und ganz lebendig zu sein.

Die Neuvernetzung des Gehirns mithilfe von Achtsamkeit

In den letzten beiden Jahrzehnten haben Forschungsprojekte in Psychologie und Neurowissenschaft gezeigt, dass auch beim erwachsenen Gehirn die Strukturen nicht festgelegt sind. Im Gegenteil, unsere Denkmuster und Hirnstruktur sind anpassungsfähig, wir können die Art und Weise, wie unser Gehirn funktioniert, verändern und neu vernetzen. Studien haben gezeigt, dass Achtsamkeit in bestimmten Teilen des Gehirns zu einer Neuroplastizität führt und dass die Hirnstruktur und -funktion sich mit der Zeit ändern kann. Der Psychologie bieten diese Veränderungen ein fruchtbares neues Forschungsfeld, einen neuen Zugang zu klinischen psychischen Erkrankungen.

Auch wenn noch sehr viel mehr Forschung nottut, ist es für die Wissenschaftler vor allem interessant, den Weg der Information über unsere Sinnesrezeptoren oder Interozeptoren ins Gehirn zu verfolgen. Hier läuft die Information über Nervenbahnen, die dann zu einem Gedanken und/oder einer Handlung führen. Haben wir wiederholt dieselben Gedanken und vollziehen wir dieselben Handlungen, verstärken sich diese Nervenbahnen, sodass sich Verhaltensmuster bilden. Was die Achtsamkeit bietet, ist ein selbstregulierender Verhaltensprozess, mittels dessen wir den Vorgang unterbrechen, durch den die Interozeptoren feuern und ein und derselben Nervenbahn folgen. Indem wir einen anderen Weg wählen, stellen wir einen neuen Umgang mit Situationen her, in denen wir Schmerz empfinden, emotional gestresst sind oder Angst haben. Wir beeinflussen unsere Reaktionen somit auf positive Weise.

Was heißt es genau, achtsam zu sein, und was macht die Achtsamkeitspraxis aus? Die weitverbreitetste Form ist die Sitzmeditation. Sie können sich auf ein Kissen oder einen Stuhl setzen oder sich, im Falle einer körperlichen Einschränkung, auch hinlegen (vgl. Kapitel 8). Fangen Sie ruhig mit atembasierten Meditationen an, sie sind ein guter Einstieg in die Achtsamkeit. Der Unterschied ist nur, dass Sie jetzt mit Ihren aufsteigenden Gedanken, Gefühlen und Empfindungen arbeiten. Beachten Sie Ihre Reaktionen, während Sie sich ihrer gewahr werden. Spannen Sie sich noch mehr an? Falls ja, nehmen Sie die Anspannung wahr, lassen Sie sie langsam los und kehren Sie mit der Aufmerksamkeit zum Atem zurück. Fühlen Sie sich unruhig und kribbelig? Falls ja, nehmen Sie die Unruhe wahr und begegnen Sie ihr mit der Fürsorge und Zuverlässigkeit, die Sie einem aufgeregten, zappeligen Kind entgegenbringen würden.

Da es bei Achtsamkeit um die Fähigkeit geht, adäquat mit Situationen umzugehen, braucht man nicht unbedingt in stiller Meditation zu sitzen, obgleich dies eine gute Grundlage sein kann, um ein Bewusstsein für die Gewohnheiten unseres Geistes zu entwickeln. Ein wichtiger Aspekt der Achtsamkeit besteht darin, dass man sie im Alltag praktizieren kann. In den folgenden Abschnitten über die »Kultivierung von Achtsamkeit« können Sie verschiedene Übungsbereiche wählen, um Ihre Praxis zu fokussieren und die Werkzeuge zu entwickeln, die es Ihnen ermöglichen, Erlebnissen mit mehr Präsenz, innerem Raum und Sanftheit zu begegnen.

Die Grundidee der Achtsamkeitspraxis lässt sich im Englischen sehr schön mit den »drei Cs« und »drei Rs« zusammenfassen. Die »drei Cs« wurden mir von meinem Lehrer Martin Aylward beigebracht. Sie haben mir zu Beginn einen soliden Rahmen für meine Achtsamkeitspraxis geboten und bleiben auch weiterhin eine Quelle von unschätzbarem Wert für mich. Es handelt sich um Folgendes:

1. *Contact/Kontakt:* Stellen Sie Kontakt zu etwas her, was jetzt gerade in Ihrem Körper passiert, zum Beispiel zu Ihrem Atem, zu einem Geräusch oder einer Empfindung. Das ist der Ankerpunkt Ihrer Praxis, von hier aus können Sie immer wieder neu Präsenz herstellen.
2. *Curiosity/Neugier:* Seien Sie beim Üben neugierig auf die Erfahrung. Was steigt gerade auf? Was ist spürbar? Können Sie Ihre Erfahrungen verfolgen und ihnen mit Interesse und Begeisterung Ihre ganze Aufmerksamkeit widmen? Martin verwendet oft den französischen Ausdruck *à l'écoute,* um zu beschreiben, worum es geht. Das bedeutet so viel wie »dranbleiben und zuhören«. Nehmen Sie immer genauer wahr, was gerade in Ihnen vor sich geht.
3. *Care/Fürsorge:* Begegnen Sie den Empfindungen, Gedanken und Gefühlen, sobald sie auftreten, mit Fürsorge. Das ist wichtig, denn die erste Reaktion ist nur allzu häufig Selbstkritik! Sie könnten leicht das Gefühl bekommen, dass Sie nicht gut sind im Meditieren oder in der Achtsamkeit, da Sie sich unvermeidlich schläfrig, zappelig, gedankenverloren fühlen oder Ihren Erfahrungen womöglich mit Härte begegnen werden. Schenken Sie lieber allem, was in Ihrem Inneren aufsteigen mag, Ihre Fürsorge und Liebe. Seien Sie sanft und freundlich zu sich selbst und verlagern Sie Ihr Gewahrsein von den Gedanken zum Beispiel auf die Körperatmung.

Auch die »drei Rs« sind sehr hilfreich für die Ausrichtung der Achtsamkeitspraxis. Hier sind sie:

1. *Recognise/erkennen:* Beginnen Sie damit, dass Sie erkennen, was momentan passiert. Sind Sie gerade in Gedanken? Machen Sie sich Sorgen? Sind Sie dabei zu planen? Zu fantasieren?
2. *Release/loslassen:* Zu erkennen, was gerade vor sich geht, gibt Ihnen die Gelegenheit, es freizugeben. Lassen Sie es sanft los, lassen Sie frei, was immer Ihr Erleben »eingefangen« und »gekidnappt« haben könnte.

3. *Return/zurückkommen:* Kehren Sie mit der Aufmerksamkeit zurück zu dem, was in diesem Augenblick passiert, etwa zu Ihrem Atem, zu den Geräuschen oder Körperempfindungen.

Setzen Sie sich zu Beginn Ihrer Achtsamkeitspraxis zwei Ziele:

1. *Üben Sie täglich im Sitzen:* Beginnen Sie am besten mit 10 Minuten pro Tag. Folgen Sie einer angeleiteten Meditation, von denen viele online umsonst oder über Apps zugänglich sind. Legen Sie dafür möglichst eine bestimmte Zeit am Tag fest und versuchen Sie, keinen Tag auszulassen. Beachten Sie: Sich – wenn auch nur kurz – hinzusetzen ist besser, als einen Tag ganz auszulassen.
2. *Praktizieren Sie Achtsamkeit im Alltag:* Suchen Sie sich eine Ihrer Aktivitäten aus und machen Sie sie jeden Tag achtsam, wie zum Beispiel Zähne putzen, abwaschen, duschen, eine Tasse Kaffee kochen, Yoga, Qigong oder andere Körper-Geist-Übungen.

Tipps für die Praxis

- Trainieren Sie Ihre Aufmerksamkeit mithilfe von Geduld, Übung und der Bereitschaft, immer wieder von vorn anzufangen.
- Üben Sie Achtsamkeit im Sitzen, Stehen, Liegen, Gehen und bei allem, was Sie dazwischen tun.
- Gehen Sie mit Umsicht und urteilsfreier Aufmerksamkeit für jede Befindlichkeit, die Sie erleben mögen, an Ihre Achtsamkeitspraxis heran.
- Denken Sie daran, dass es bei Achtsamkeit nicht darum geht, einen bestimmten Zustand wie etwa Abwesenheit von Gedanken oder Erleben zu pflegen. Es ist *normal,* Gedanken und Gefühle zu haben.

DIE KULTIVIERUNG VON ACHTSAMKEIT

Wenn wir unsere Achtsamkeit kultivieren, geben wir damit den Feldern unseres Herzens und unseres Geistes Nahrung. Sie versorgt uns mit Werkzeugen, die uns helfen, mehr Widerstandskraft, Gewahrsein und Freiheit zu gewinnen, damit wir erfüllt leben können. Hier einige Zugangsmöglichkeiten.

Körperachtsamkeit

Der erste Aspekt der Achtsamkeit, den der Buddha lehrte, war die Körperachtsamkeit. Der Körper liefert einen verlässlichen Anker, wenn man in Gedanken gefangen ist. Die Körperempfindungen und -eigenschaften bieten uns eine gegenwärtige Erfahrung, die wir nutzen können, um den Geist neu auszurichten, wenn er wandert, nach etwas giert, irgendetwas einfordert oder gestresst ist. Indem wir unsere Aufmerksamkeit liebevoll der körperlichen Erfahrung von etwas zuwenden – wie zum Beispiel dem Atem oder bestimmten Körperteilen –, lernen wir, uns von verführerischen Konzepten des Geistes oder unseren Geschichten ab- und einer direkten, unmittelbaren Erfahrung zuzuwenden.

Praktizieren wir Körperachtsamkeit, dann lernen wir, eine größere Empfänglichkeit für die Vorgänge zu entwickeln, die sich von Augenblick zu Augenblick in unserem Körper ereignen. Alles in unserer Erfahrung entspringt unserem Körper. Viele meinen, bestimmte Vorgänge liefen nur in ihrem Geist oder in ihren Gefühlen ab und hätten keine physische Entsprechung, doch hat *jeder* mentale und emotionale Zustand *immer* auch eine physische Dimension. Sobald Sie dies intensiver wahrnehmen, können Sie sich Werkzeuge aneignen, um mit bestimmten Situationen besser umzugehen: Wenn sich zum Beispiel eine Körperanspannung aufbaut, lernen Sie, wie Sie sich bewusst entspannen können. Dieses Körpergewahrsein kann dazu führen, dass wir eine größere Empfänglichkeit und Reaktionsfähigkeit im Leben spüren.

Die regelmäßige Körperachtsamkeitspraxis fördert tieferen Respekt, Liebe und sogar Staunen und Hochachtung für unseren Körper. Natürlich ist das nicht immer leicht. Viele Menschen bergen im Körper ein Trauma oder erzählen sich Geschichten darüber, wie ihr Körper aussehen oder sich anfühlen sollte. Als Tänzerin und später Yoga-Lehrerin war ich zunächst der Überzeugung, ich müsse einem bestimmten stereotypen Gewicht und Aussehen entsprechen. Das führte dazu, dass ich meinen Körper so verurteilte und hasste, dass es mich unglücklich machte. Erst als ich meine Körperübungen achtsam ausführte, erkannte ich, dass ich meinen Körper zwar nicht immer lieben muss, ihn aber respektieren und mich gut um ihn kümmern kann. Das war ein wichtiger Schritt, der meinen Urteilen die Schärfe nahm. Ich war in der Lage, hinter die Form zu schauen und das Wunder der neurologischen Differenziertheit zu erkennen, die dafür sorgt, dass der Körper lebendig gehalten wird.

Der Buddha beschrieb sechs grundlegende Übungen für die Körperachtsamkeit. Hier eine Zusammenfassung auf der Grundlage seiner Konzepte, übertragen in die heutige Sprache und in ein modernes System:

1. *Der Atem:* In Kapitel 8 haben wir uns angesehen, wie man mittels Fokussierung auf den Atem den Geist beruhigen und ausrichten kann. Die Konzentration auf den Atem ist eine verbreitete und sehr direkte Art, Körperachtsamkeit zu praktizieren.
2. *Die Haltung:* Es ist egal, ob Sie sitzen, stehen oder liegen. Im Stehen und Gehen können Sie sehr schnell im Körper ankommen, wenn Sie auf das zu achten lernen, was eigentlich genau dafür sorgt, dass Sie sich bewegen oder aufrecht stehen.
3. *Aktivitäten wie essen, trinken, sich anziehen und sprechen:* Diese ganz gewöhnlichen Handlungen sind ein weites Feld, um Achtsamkeit zu erkunden. Eine Übung in achtsamem Essen ist weiter unten beschrieben.
4. *Die Körperteile:* Das betrifft alles im Körper, von den Füßen bis zum Scheitel, und alles, was sich dazwischen befindet. Üben Sie,

den Körper zu scannen. Nehmen Sie Scheitel, Kopf, Augen, Mund, Wangen, Kehle, Schultern und so weiter bis zu den Füßen wahr. Dies ist eine hervorragende Methode, um im Hier und Jetzt anzukommen.

5. *Die Elemente:* Gemeint sind die fünf Elemente, die laut indischer Traditionen, wie es der Yoga und der Buddhismus sind, den menschlichen Körper ausmachen. Sie unterscheiden sich ein wenig von den chinesischen fünf Elementen. Im Buddhismus und im Yoga sind die fünf Elemente Erde, Wasser, Feuer, Luft und Äther. Mit der Erde können wir uns in die Stabilität und Dichte unseres Körpers hineinfühlen. Mit dem Wasser in die Gefühle des Fließens oder des Zusammenhangs. Mit dem Feuer in Hitze oder Kühle. Mit der Luft in Ausdehnung und Kontraktion, zum Beispiel mittels des Atems. Mit dem Äther in die Körperräume, beispielsweise die Nasenlöcher, die Ohren und den Mund. Nehmen Sie sie als Empfindungen und Erfahrungen im Körper wahr, die auftauchen und wieder verschwinden.
6. *Die Erfahrung von Veränderung:* Alles im Körper unterliegt einem Prozess von Wachstum, Veränderung und Verfall. Wenn Sie Körperachtsamkeit praktizieren, dann beginnen Sie, sich mit dieser Vorstellung anzufreunden und allmählich zu akzeptieren, dass dieser in Ihrem Körper aktive Prozess auch ständig in Ihrer Umgebung am Werk ist. Das Wissen darum kann Ihnen helfen, Ihr Bedürfnis nach Sicherheit gehen zu lassen und sich für das fließende, unbestimmte Wesen aller Erfahrung zu öffnen.

Übungen zur Körperachtsamkeit

- *Geh- oder Stehmeditation:* Gehen Sie, während Sie sich zur Arbeit oder an irgendeinen anderen Ort begeben oder von dort kommen, wenn Sie auf die U-Bahn oder den Bus warten oder in einer Schlange stehen, mit all Ihren körperlichen Empfindungen ganz und gar in die direkte Erfahrung: Nehmen Sie Ihre Arme,

Beine, Füße, Hände wahr. Nehmen Sie wahr, wenn der »erzählende/denkende Geist« in Aktion tritt, und lenken Sie die Aufmerksamkeit sanft wieder zurück zu Ihren Körperempfindungen.

- *Essmeditation:* Essen Sie mindestens einmal pro Woche einen Teil Ihrer Mahlzeit mit voller Aufmerksamkeit für die Körperempfindungen. Schmecken Sie, schauen Sie und hören Sie Ihr Essen; nehmen Sie die Empfindungen in Ihrem Bauch wahr; das Kauen jedes einzelnen Bissens, die Empfindungen beim Schlucken, den Drang, den nächsten Bissen vorzubereiten, bevor Sie den letzten fertig gekaut haben. Lenken Sie, wenn Sie sich in Gedanken verlieren und »gedankenlos essen«, die Aufmerksamkeit sanft wieder zurück auf die Essempfindungen.

ACHTSAMKEIT FÜR DIE ANGENEHMEN, UNANGENEHMEN UND »NEUTRALEN« EMPFINDUNGEN

Entsprechend der Beschreibung des Buddha fallen alle in unserer Körpererfahrung und in unseren Gedanken aufsteigenden Phänomene in drei Kategorien: angenehm, unangenehm und neutral. Er nannte sie *vedanā*, auf Deutsch etwa »Empfindungen«. Diese Gefühle sind nicht im üblichen Sinne zu verstehen, es geht hier nicht um Traurigkeit, Glück, Wärme oder Kälte. Vielmehr erzeugen *vedanā* in unserer Erfahrung bestimmte Reaktionen. Wenn etwas Unangenehmes passiert – zum Beispiel geht mitten in einer Yoga-Stunde der Feueralarm los –, dann werden die meisten Leute zusammenzucken oder sich die Ohren zuhalten. Wenn etwas Angenehmes passiert – zum Beispiel kommt eine Freundin mit einem Geschenk vorbei –, dann finden wir das schön und schenken ihr ein Lächeln oder eine Umarmung. Ein neutrales Gefühl in diesem Sinne ist da schon etwas verzwickter zu verstehen. Gewöhnlich ist es da, wenn wir gelangweilt sind oder das Interesse an etwas verlieren. Ich rutsche zum Beispiel gern in dieses Neutrale hinein, wenn ich eine Viertelstunde in einer Telefonschleife stecke …!

Martin Aylward beschreibt diese Tendenzen als die »drei Ds« oder die Gewohnheiten, wie wir auf Angenehmes, Unangenehmes und Neutrales reagieren:

1. *Demanding/fordernd:* Wenn wir etwas mögen und es eine angenehme Reaktion in uns auslöst, neigen wir uns ihm zu und fordern mehr davon. Vielleicht mögen Sie den Wein in Ihrem Glas, also trinken Sie noch ein zweites oder drittes Glas davon.
2. *Defending/schützend:* Wenn wir etwas nicht mögen und es eine unangenehme Reaktion in uns hervorruft, werden wir uns abwenden und zu schützen versuchen.
3. *Distracting/abschweifend:* Wenn irgendetwas nicht besonders interessant ist, lassen wir es links liegen und driften weg. Wir schweifen ab.

Diese Bilder sind nützlich, denn sie zeigen eine direkt spürbare Körperbewegung an, sobald eines dieser Gefühle ausgelöst wird.

Zu erkennen, wie man auf angenehme, unangenehme und neutrale Stimulation reagiert, ist eine der fruchtbarsten Achtsamkeitspraktiken. Werden wir uns unserer reaktiven Tendenzen bewusst und geben uns den Raum, innezuhalten und einen Umgang damit zu finden, dann können wir unsere Reaktionsmuster erkennen und brauchen nicht mehr in sie zu verfallen. Wir werden frei.

Es gibt vier Möglichkeiten, mit den Gefühlen von »angenehm«, »unangenehm« und »neutral« zu arbeiten:

1. *Loslassen:* Nehmen Sie, wenn etwas Angenehmes in Ihrem Inneren aufsteigt und Sie daran festhalten wollen, genau das wahr und lassen Sie die Erfahrung zu, ohne mehr zu wollen. Lassen Sie los.
2. *Aufweichen:* Weichen Sie, sobald Ihnen etwas Unangenehmes begegnet, Ihre Abwehr auf. Nehmen Sie die Unannehmlichkeit des Unangenehmen wahr und lassen Sie sie zu. Lenken Sie, falls

das Gefühl zu intensiv sein sollte, die Aufmerksamkeit auf etwas anderes. Ist es nur etwas Kleines, Unbedeutendes wie etwa die Tatsache, dass Ihr Partner nach dem Essen das Geschirr nicht abgeräumt hat, können Sie sich entspannen und sich selbst Raum geben. Arbeiten Sie mit der »Weite im Blick« aus dem Daoismus. Denken Sie daran, dass es noch anderes im Universum gibt. Denken Sie daran, dass das, was gerade bei Ihnen vor sich geht, nicht das Einzige ist, was im Leben passiert.

3. *Benennen:* Fangen Sie an, Ihre Erfahrung zu benennen. Sagen Sie: »Frustrierend«, wenn Sie etwas ärgert, »Traurig«, wenn irgendetwas eine Träne hervorruft, »Zum Ausflippen«, wenn Sie sich extrem überdreht oder über die Maßen erregt fühlen. Damit setzen Sie ein Zeichen und geben sich die Möglichkeit, diesen Gefühlen Raum zu schenken und sie zu befreien. Das ist ein Prozess, der sich »Benennung der Gefühle« nennt, wir fassen die Gefühle in Worte. Studien haben gezeigt, dass dieser Vorgang hilft, negative emotionale Reaktionen zu reduzieren, denn er beruhigt die Amygdala, jenen Teil des Gehirns, in dem Gefühle, Entscheidungen und Angstreaktionen verarbeitet werden.
4. *Untersuchen:* Erkunden Sie, was Ihre Reaktivität ausgelöst hat: Was hat zu der Erfahrung geführt, die Sie als Schmerz benannt haben, oder zu den Erfahrungen, die Sie durcheinanderbringen und aus der Bahn werfen? Achten Sie nicht so sehr auf die oft so verführerische Vorgeschichte, sondern vielmehr auf die gegenwärtige Erfahrung. Entscheiden Sie sich, wie Sie mit diesen Stimuli umgehen wollen, statt automatisch zu reagieren oder in alte Verhaltensmuster zu verfallen.

ACHTSAMKEIT IM DENKEN

Warum würden wir mit unserem Denken arbeiten wollen? Können wir es überhaupt verändern? Der französische Philosoph René Descartes (1596–1650) proklamierte bekanntlich: »Ich denke, also bin ich.« (»Cogito, ergo sum.«) Bestimmt also nicht unser Denken, wer wir sind? Die Antwort auf die erste Frage lautet: Ja, wir können unser Denken, das ja tatsächlich nur ein Aspekt unserer selbst ist, verändern. Wir sind schließlich auch fühlende, verkörperte Organismen.

Die Arbeit mit der Achtsamkeit schenkt uns die Gelegenheit, eine weisere Beziehung zu unseren Gedanken zu pflegen und die Tendenz zu der die eigene Person untergrabenden Selbstkritik zu verringern. In Kapitel 11 werden wir uns dem Thema »Selbstkritik« genauer zuwenden. Fürs Erste wollen wir uns anschauen, welche Möglichkeiten es gibt, unsere Gedanken zu verstehen, und welche Werkzeuge uns die Achtsamkeit für die Begegnung mit unseren Gedanken an die Hand gibt.

Wir sind sehr häufig gedankenverloren, was dazu führt, dass wir uns abgetrennt fühlen von dem, was gerade im Hier und Jetzt geschieht. Vielleicht befinden Sie sich an einem sonnigen, klaren Tag auf dem Gipfel eines Berges und können doch an nichts anderes denken als: »Warum hat er nicht zurückgeschrieben, hätte ich ihm etwas anderes schreiben sollen, hätte ich anders reagieren können?« Wenn Sie gedankenverloren sind, ist es, als würde Ihr Leben im Automatikbetrieb laufen. Sie haben weniger Kontrolle über die Richtung und die Orientierung in dem, was Sie zu tun entscheiden, oder über das, worauf Sie Ihre Energie und Aufmerksamkeit lenken wollen.

Schätzungsweise haben wir täglich zwischen 15 000 und 90 000 Gedanken. Das bedeutet, dass wir womöglich alle 48 Sekunden einen Gedanken haben! Wie viele dieser Gedanken werden wohl klar, mitfühlend, weise und aufschlussreich sein? Wie viele davon sind zufällig oder führen zu Wirrwarr im Kopf? Wie viele sind eher nachteilig, verletzend, schädlich oder zerstörerisch? Auf wie viele von ihnen reagieren wir in der Regel, ohne uns dessen überhaupt bewusst zu sein? Die Achtsamkeit gegenüber unseren Gedanken erlaubt uns mehr Klarheit darüber. Sobald wir anfangen, unsere Denkmuster zu beleuchten, werden wir auch lernen zu unterscheiden, welche Gedanken zufällig und schädlich und welche dagegen klar, logisch und hilfreich sind. Mit der Achtsamkeit im Denken können wir ermitteln, welche Gedanken nicht hilfreich sind, und sie fallen lassen oder daran arbeiten, sie langsam und stetig in Erkenntnisse zu verwandeln. Diese Übung nennt sich »weises Urteilsvermögen«.

Eine achtsame Denkübung: Die Banane loslassen

Ich habe einmal gelesen, dass die Thailänder zum Einfangen von Affen eine ganz einfache Methode verwenden. Sie nehmen eine Kokosnuss, schneiden ein Loch hinein, in das sie eine Banane stecken, und binden die Kokosnuss dann mit einem Seil an einen Fels oder einen Baum. Um die Banane zu bekommen, wird der Affe in die Kokosnuss hineingreifen und mit der Hand stecken bleiben. Er weigert sich loszulassen und ist gefangen, während er die Banane noch festhält.

Genau wie der Affe sind auch wir häufig gefangen in unseren Gedanken und Geschichten im Kopf. Wir weigern uns, »die Banane loszulassen«, und bleiben in unserem unbeholfenen Denken stecken. Wenn wir uns daran erinnern können, dass wir die Wahl haben, die Gedanken und Geschichten, die uns gefangen halten, jederzeit fallen zu lassen, werden wir frei. Üben Sie, wann immer Sie können, »die Banane loszulassen«.

ACHTSAMKEIT IM FÜHLEN

Wenn wir ein starkes Gefühl haben, identifizieren wir uns meist gleich damit oder drücken es weg. Die Identifikation mit einem Gefühl ist in unsere Sprache eingebaut: »Ich *bin* wütend.« Oder: »Ich *bin* traurig.« Achtsamkeit im Fühlen lehrt uns, dass wir noch eine andere Möglichkeit haben, mit Gefühlen umzugehen und so damit zu arbeiten, dass sich ihr Griff mit der Zeit lockert. Damit fördern wir vier wichtige Eigenschaften:

1. *Widerstandskraft (Resilienz):* Wir erweitern unsere Fähigkeit, uns an stressige Situationen anzupassen und eine größere emotionale Standfestigkeit zu entwickeln.
2. *Nichtanhaftung/Unterscheidung:* Wir lernen, die Geschichte, die wir uns erzählen, von der direkten Erfahrung oder dem akuten Zustand zu unterscheiden.
3. *Empfänglichkeit:* Wir nehmen die Gefühle im Entstehen wahr, wir erkennen sie früher und klarer. Dies schenkt uns die Freiheit, auf eine Weise mit ihnen umzugehen, dass sie uns nicht in der Reaktivität gefangen halten und kein nachhaltiges Leid verursachen.
4. *Mitgefühl:* Wir entwickeln Wertschätzung für mehr Mitgefühl und Güte und lernen, beidem Ausdruck zu verleihen. Je mehr sich unser Gewahrsein und die Achtsamkeit für unsere Gefühle entwickelt, umso mehr Mitgefühl werden wir für andere haben.

Hier eine persönliche Geschichte über den zwar schwierigen, aber lohnenswerten Prozess der Arbeit mit der Achtsamkeit der Gefühle: Vor mehreren Jahren machte ich einmal während meiner Achtsamkeitsschulung draußen im Freien eine Naturmeditation. Eine kleine Brise wehte mir die Haare ins Gesicht. Da sie mich kitzelten, hätte ich sie mir am liebsten hinters Ohr gestrichen oder mich gekratzt, doch ich blieb still stehen und dachte: »Ich kann doch auch einfach nachgeben und zulassen, dass das jetzt unangenehm ist.« Da erfasste mich plötzlich die Erinnerung daran, wie mein Vater schwer krank im Krankenhaus lag. Er war immer wieder in der Intensivstation gewesen und hatte nur mithilfe lebenserhaltender Maßnahmen überlebt. Das war in Taiwan gewesen, wo die Ärzte die Patienten meist nach mehreren Tagen an der Herz-Lungen-Maschine bei Bewusstsein halten. Mein Vater war intubiert, er hing an dieser Maschine, ihm war oft sichtlich unwohl. Er konnte nicht sprechen, versuchte aber manchmal, mit den Händen ans Gesicht zu gelangen. Mir schien, er wollte sich kratzen, die Schwestern aber meinten, er wollte sich den Schlauch herausziehen. Daher beschloss die Belegschaft, ihm immer dann, wenn die Familie nicht anwesend war, die Arme festzubinden.

Diese Erinnerung erfüllte mich mit Wut, Scham und Schuldgefühlen, und schnell tauchten auch Traurigkeit und Trauer um meinen Vater auf, der erst ein Jahr davor gestorben war. Ich spürte, wie mich die Traurigkeit überwältigen wollte. Sie stieg als Hitze auf, und mir kamen drei Impulse: erstens zu weinen und die Stehmeditation auf der Stelle abzubrechen, zweitens diese Gefühle und Gedanken so schnell wie möglich loszuwerden oder drittens noch tiefer in die Geschichte einzutauchen und mich auch noch in all das andere zu versenken, was damals außerdem schiefgegangen war. Ich hätte mich nur allzu leicht von vielen weiteren Erinnerungen und Gedanken verführen lassen können, die mich in eine Abwärtsspirale von noch mehr Traurigkeit und Trauer geführt hätten, vielleicht sogar in noch mehr Schuldgefühle und Wut – auf mich, auf die Ärzte oder sonstige Leute, wer immer mir noch einfallen konnte.

Stattdessen bediente ich mich eines Werkzeugs, das ich für die Achtsamkeit der Gefühle gelernt hatte. Es nennt sich R.A.I.N. und ist von Michele McDonald entwickelt worden. Das Akronym R.A.I.N. (engl. *rain* [Regen]) steht für:

- *recognise/erkennen:* benennen,
- *allow/zulassen:* akzeptieren und nicht versuchen, das Problem zu lösen,

- *investigate/untersuchen:* liebevoll aufmerksam und neugierig sein (»Wie fühlt sich das Gefühl im *Körper* an? Befindet es sich in der Brust? Im Solarplexus? Im Bauch?«), und
- *not personal – non-identification/nicht persönlich – Nichtidentifikation:* Das Gefühl definiert uns nicht, wir erinnern uns, dass »auch dies vorübergeht«.

Während ich so dastand, ließ ich meine Empfindungen zu. Ich übte zunächst das Erkennen. Ich sah die Traurigkeit, die Wut, das Schuldgefühl und die Trauer, wie sie in mir kochten. Ich gab ihnen etwas Raum, ließ sie zu und begann dann, sie zu untersuchen. Wo im Körper nahm ich sie wahr? So konnte ich meine Aufmerksamkeit von der Erinnerung und den Gedanken hin auf die Frage verlagern, welche direkte Erfahrung dies für mich in eben jenem Augenblick war. Langsam nahmen die Körperempfindungen in Herz und Brust zu, ein schreckliches Gefühl, zugleich leer und schwer und wie eine eiskalte Verbrennung. Während ich diese Körperempfindungen wahrnahm, fuhr ich fort mit meiner Untersuchung: Wie erlebe ich sie jetzt? Dann ließ ich zu, dass sie da waren, und erkannte ihre Vergänglichkeit – sie kamen, wie vom Wind angeweht, und genau so, wie sie gekommen waren, würden sie auch wieder vergehen. Die Traurigkeit und Trauer waren da, sie hatten ihr Gewicht, doch konnte ich zuschauen, wie diese Gefühle und Gedanken aufkamen, und ebenso zusehen, wie sie wieder nachließen und verschwanden.

Innerhalb weniger Minuten fühlte ich mich leichter, weicher und weiter im Innern, ich konnte wieder atmen. Die eisig brennende Schwere war fort. Ich stand wieder da in der Natur, nahm Wind und Sonne wahr. Und mich selbst stehend. Kein Juckreiz mehr. Wie ein Tornado, der aus dem Nichts auftaucht und ebenso prompt weiterzieht. Ich stand da, in wacher, offener Ruhe, frei. Die Geschichte vom Leiden meines Vaters war vergangen, ich hing nicht mehr in der Schuld, Scham und Wut fest, die sein Leid umgeben hatten. Er fehlte mir immer noch sehr, doch war mir jetzt klar, dass dies mit meiner großen Liebe zu ihm zu tun hatte. Neue Möglichkeiten, neues Wachstum und ein Erblühen – das ist das Ergebnis von R.A.I.N.

Ebenso wichtig ist es aber auch zu wissen, dass manche Gefühle zu stark sein könnten, um ihnen mithilfe von R.A.I.N. zu begegnen. In diesem Fall könnten Sie mit kleineren Schritten beginnen. Praktizieren Sie R.A.I.N. nur dann, wenn Sie eine kleine Irritation verspüren oder sich geringfügig angegriffen fühlen, nicht aber im Fall von lähmender Wut oder Trauer. Heben Sie die Schwelle langsam und vorsichtig an und begegnen Sie Ihren Gefühlen mit Sanftheit. Lernen Sie, sorgsam mit ihnen umzugehen. Mit der Zeit lassen sich die Gedanken und Gefühle in Lerngelegenheiten verwandeln, in Orte des Mitgefühls und der Weisheit.

ACHTSAME BEWEGUNG

Achtsamkeit lässt sich auch durch Bewegungsdisziplinen wie Yoga, Qigong, Tai-Chi oder Spaziergänge in der Natur entwickeln. Diese Übungen sind tendenziell langsamer und körperfokussiert, sie benötigen ein tiefes Bewusstsein darüber, wie und warum wir uns bewegen. Das ist etwas anderes als das Gehen oder Laufen auf einem Laufband, während man gleichzeitig die Abendnachrichten schaut und versucht, die körperliche Anstrengung und Müdigkeit des Tages zu vergessen. Neurowissenschaftler wie Catherine Kerr befürworten Körper-Geist-zentrierte Bewegung als nützliche Übung für das Gehirn und zeigen die umfassenden positiven Auswirkungen dieser Bewegungskünste auf: Sie reduzieren Entzündungsfaktoren (die einer der Hauptgründe für Herzkrankheiten, Diabetes und Demenz sind) und fördern die Fähigkeit, Emotionen zu regulieren.

Qigong und Tai-Chi sind einzigartige auf Bewegung basierende Disziplinen, da sie zur Ausrichtung des Energieflusses die Intention mit einbinden. In der chinesischen Medizin und im Qigong gibt es das Sprichwort: *»Yi dao qi dao«* (意道氣道), was so viel heißt wie: »Energie fließt dort, wo die Intention hingeht.« Da wird man zum Beispiel angewiesen, die Hände wie Wolken zu bewegen, was unmittelbar Weichheit und Leichtigkeit in der Bewegung suggeriert, oder mit den Händen Berge zu schieben, sodass man mit den Händen und dem Körper mehr Kraft und Stärke einsetzt. Aus diesem Grund sind diese Disziplinen tendenziell langsamer ausgerichtet, um den Übenden die Zeit zu geben, ihr Tun zu visualisieren, und ausreichend Zeit, um Geist und Körper in ihren Bemühungen zu koordinieren. Die Beziehung zwischen Körper und Gehirn ist etwas, das Forscher im Bereich der kognitiven Wissenschaften und des verkörperten Gewahrseins inzwischen näher untersuchen.

Im Yoga gibt es viele Praxisansätze verschiedener Schulen mit unterschiedlicher Geschwindigkeit in der Ausübung und verschiedenen Zielsetzungen. Wenn ich Yoga lehre und übe, dann integriere ich Ideen aus dem Achtsamkeitstraining, um meinen Schülern die Möglichkeit zu geben, eine mitfühlende Beziehung zu ihrem Üben aufzubauen. Das heißt, dass es beim Üben nicht nur um die Yoga-Positionen und die Konzentration auf den Atem geht (was durchaus wertvoll ist), sondern auch darum, wie wir uns unserer geistigen und emotionalen Gewohnheiten im Moment ihres Entstehens bewusster werden können. Dafür unterrichte ich häufig etwas, was ich »3E-Yoga« nenne. Dieser Ansatz hilft den Schülern, mit ihrer Erfahrung zu arbeiten, und ermöglicht es ihnen, Yoga-Haltungen mit mehr Klarheit, Gewahrsein und Erkenntnis auszuüben.

ACHTSAMKEIT IM YOGA: 3E-YOGA

Falls Sie Yoga praktizieren, wissen Sie vielleicht, dass einer seiner Vorzüge darin besteht, durch eine Kombination von Körperhaltungen, Atmung und Meditation Spannungen loszulassen und den Geist zu beruhigen. Yoga ist in seiner Intention, in seinem Prozess und Ergebnis eine Hilfe, wenn wir uns bewusst ins Leben hinein entspannen möchten. Er erlaubt uns, hinter all das Durcheinander, das Nichtwissen, die Missverständnisse und Täuschungen zu blicken. Fangen wir an, über diese Hindernisse hinwegzusehen, dann sehen wir die Wahrheit dessen, was tatsächlich da ist: das Leben, wie es sich gerade ereignet. Es hilft uns, die Dinge klarerzusehen.

Zur Unterstützung dieses Prozesses und damit das Üben der Yoga-Haltungen mehr wird als einfach nur Bewegung, Dehnung und Körperstärkung, habe ich den »3E-Yoga« (entschleunigen, »entschweren«, entwirren) entwickelt:

1. *Entschleunigen* Sie, wenn Sie das Gefühl haben, zu schnell zu machen. Werden Sie langsamer, wenn Sie merken, dass Sie durch die Übung hetzen.
2. *»Entschweren«* Sie, wenn Sie anfangen, sich zu ärgern, aufzuregen oder eine Situation nur noch zu verschlimmern. Bewegen Sie sich vorsichtig aus der Verärgerung heraus, wenn Sie sich frustriert fühlen oder merken, dass Sie sich unnötig unter Druck setzen oder beim Üben zu aggressiv sind.
3. *Entwirren* Sie alles, was unnötig kompliziert erscheint. Die Dinge sind meist einfacher, als man denkt, entwirren Sie daher Ihre Gedanken: Wenn Sie in Gedanken vom »Herabschauenden Hund« wegdriften, kehren Sie einfach zurück zum Atem und zu den Körperempfindungen.

3E-Yoga auf der Matte kann Ihnen außerdem dabei behilflich sein, die Achtsamkeitspraxis auf die alltäglichen Aktivitäten zu verlagern. Hier können Sie wirklich miterleben, wie die Früchte der Übungspraxis reifen und Ihnen Gleichgewicht im Leben verschaffen.

Obgleich ich regelmäßig seit 2002 meditiere und seit 1995 Yoga praktiziere, habe ich mich diesen Disziplinen doch nicht immer schon achtsam gewidmet. Jahrelang glaubte ich, mit dem spezifischen Ziel üben zu müssen, die Schwankungen meines Geistes zu beruhigen. Zumindest hatte ich gelernt, das wäre das Ziel des Yoga. Es hat ja auch Vorteile: Es lehrte mich, meinen Geist auszurichten und zum Schweigen zu bringen. Als ich meine Aufmerksamkeit dann darauf zu verlagern begann, meine Gedanken achtsam wahrzunehmen, war das, wie wenn man einem Pferd die Scheuklappen nimmt. Plötzlich lag alles offen zutage. Achtzugeben und zu lernen, mit meiner Gedankenlawine umzugehen, war eine Offenbarung. Das hatte mir in der Schule nie jemand beigebracht.

Es war die Erkenntnis, dass ich tatsächlich etwas mit meinen Gedanken machen kann und sie weder wüten zu lassen noch auszuschalten brauche. Das war faszinierend, demütigend und aufschlussreich. Die Achtsamkeit half mir zu sehen, wie schrecklich ich mich mitunter selbst kritisierte oder beschimpfte, aber auch, wie ich mich für Mitgefühl öffnen konnte. Sie zeigte mir, wie unaufmerksam ich gewöhnlich war, aber auch, wie ich wieder ganz da und präsent sein konnte, zum Beispiel bei meinem Atem. Auch wenn ich noch immer manchmal hart mit mir und häufig unachtsam bin, fühle ich mich inzwischen besser ausgestattet, um mit diesen in mir vorhandenen Neigungen umzugehen. Ich kann üben, weniger negativ und kritisch zu sein, und meinen Gedanken und emotionalen Befindlichkeiten gegenüber mehr Güte und fürsorgliche Aufmerksamkeit aufbringen. Ich kann erkennen, welche Samen Unkraut und welche Blumen bergen. Ich lerne stetig, in der Erfahrung präsent zu bleiben, und das hilft mir, mich weniger fragmentiert und mehr mit dem verbunden und auf das eingestimmt zu fühlen, was mich umgibt.

Was ich entdeckt habe – und was auch Sie hoffentlich als Teil Ihrer Praxis im Xiu Yang erfahren werden –, ist, dass Achtsamkeit hilfreich sein kann, um eine weisere Beziehung zu den eigenen Gedanken und Emotionen einzugehen. Dadurch können wir uns für mehr Erkenntnis, Mitgefühl und Freiheit öffnen – gegenüber uns selbst und gegenüber der Welt, die uns umgibt.

10

EIN HARMONISCHES HERZ

Die alten Chinesen glaubten, die natürliche Kapazität des Herzens sei wie die Mittagssonne: strahlend, wärmend, weit und ausladend. Sie glaubten, dass das Herz unser Leben fördert und mit Eigenschaften durchdringt, die uns als Menschen vervollkommnen. Diesem Prozess stehen starke Emotionen wie Wut, Trauer, Begehren und auch übermäßige Freude entgegen. Darum ist Xiu Yang von solcher Bedeutung, denn es lädt uns ein, uns der Fähigkeit des Herzens zu entsinnen, frei zu sein. Sanft glätten wir, was das Herz aus der Balance bringen kann. Wenn unsere Herzensenergien dann gestärkt, wiederhergestellt und neu ausgerichtet sind, können wir sehen, wie unsere Fähigkeit, gesund, glücklich und im Gleichgewicht zu sein, auf ganz natürliche Weise entsteht.

DAS HERZ HÄLT PARADOXIEN

Im Westen weisen wir dem Herzen und dem Geist gern verschiedene Rollen und Verantwortungsbereiche zu. Im Geist findet das logische, klare Denken statt, im Herzen das Gefühlsleben. Gefühle sind im Unterschied zum Denken oder Wissen instinktiv und intuitiv. Beim Treffen von Entscheidungen stecken wir häufig in einem Entweder-oder-Dilemma: Kopf oder Herz zu folgen, nie jedoch beidem. Bei diesem Tauziehen gewinnt gewöhnlich der Kopf.

Das Problem aber ist, dass es der Geist nicht leiden kann, um düstere, mehrdeutige oder ungewisse Ecken zu denken. Er mag logische, klare Antworten. Trennt sich jemand von uns, dann wollen wir wissen, warum und was wir womöglich falsch gemacht haben. Stirbt jemand, der uns nahesteht, wollen wir wissen, warum, wie und was man dagegen hätte tun können. Unsere Bemühungen zu verstehen sind wichtig und sollten nicht übergangen werden. Doch manchmal lässt unser Bedürfnis nach Antworten den Geist klein werden. Außerdem hindert es uns daran, uns für die Komplexität der Umstände zu öffnen oder mit schwierigen Gefühlen wie Herzweh, Trauer und Schmerz zu arbeiten. Trennungen sind chaotisch. Der plötzliche Tod eines geliebten Menschen fühlt sich nie fair an und ist nie leicht erklärbar. Das Herz aber ist in der Lage, solchen Situationen zu begegnen und sie zu halten. Denn das Herz ist darauf ausgerichtet, Paradoxien zu halten.

Im Chinesischen ergibt diese Fähigkeit des Herzens, Paradoxien zu bergen, einen Sinn. Das Herz ist als das *xin* (心) bekannt, das sowohl eine emotionale wie auch eine kognitive Funktion hat. Ist jemand traurig, dann, weil sein Herz *xin suan* (心酸) ist, was so viel heißt wie »bitter«. Hat jemand eine besondere Fähigkeit, klar zu denken, dann, weil er sehr *xin qiao* (心竅) ist, das heißt, sein Herz ist gut darin, Lösungen zu finden. Dasselbe gilt im Yoga und im Buddhismus. In beiden Traditionen ist *citta* das Bewusstsein, bedeutet aber auch »Herz«, »Geist« oder »Herz-Geist«. Auch *xin* wird mitunter als »Herz-Geist« übersetzt, so zum Beispiel in den Kapiteln der *Inneren Übung,* aus denen ich mehrfach zitiert habe.

Machen wir Erfahrungen, die wir nicht einordnen können, oder haben wir Schwierigkeiten mit dem Herzen, dann brauchen wir emotional und mental nicht zu hadern; im Gegenteil, wir können beides miteinander verbinden und uns stärken. Das verschafft uns eine viel größere Handlungsfähigkeit gegenüber den Herausforderungen und Schwierigkeiten des Lebens. Wir können an dem leiden, was wir in den Nachrichten sehen, und uns zugleich am Lachen eines Kindes erfreuen. Wenn wir im Gleichgewicht sind, können wir die Paradoxien des Lebens behutsam ertragen, weil wir das Wissen des Herzens mit Zärtlichkeit und Fürsorge verbinden. Wenn wir lernen, uns den Möglichkeiten zu öffnen, die unser menschliches Herz in sich birgt, können wir einen stärkeren, mitfühlenderen und zarten Zugang zu den Herausforderungen des Lebens pflegen.

Im Lauf der Jahre habe ich in meinem Unterricht diese Fähigkeit unseres Herzens, Paradoxien zu halten, vermittelt. Vielen meiner Schüler hat es geholfen, schwierige Situationen, wie zum Beispiel eine Scheidung oder Trennung, mit neuen Augen zu sehen. Eine Schülerin, Kim, erzählte mir kürzlich, der Gedanke an ihren Ex-Mann hätte Wut, Frustration und Ungeduld in ihr hochkommen lassen. Doch als sie sich darauf konzentriert hätte, mit dem Herzen zu fühlen, sei ein Raum für Mitgefühl für ihn entstanden. Plötzlich sei es in Ordnung gewesen, den Schmerz, das ganze Durcheinander und die Traurigkeit über ihre gemeinsame Situation zu spüren.

Eine andere Schülerin, Charli, steckte mitten in einer Trennung, als ich von der Fähigkeit des Herzens erzählte, eine Vielzahl an unterschiedlich gearteten Erfahrungen zu halten. Hinterher postete sie folgende Einsicht aus unserem Gespräch in den sozialen Medien:

> Ich hatte gestern nach dem Yoga ein sehr erhellendes Gespräch mit meiner Lehrerin. Sie sagte: »Der Geist will Antworten, logische Erklärungen und Gründe. Er sieht alles nur in Schwarz und Weiß. Von ihm kommen das ›Warum ich?‹ oder ›Das ist unfair‹ und die ganzen Gefühle, die einen bei einer Trennung überfallen. Das Herz dagegen ist stärker; es akzeptiert auch Zweischneidigkeiten …«
> Ich erinnere mich, wie ich vor sechs Jahren in Indien Tränen der

> Trauer erlebte und zugleich mit wunderbaren Freunden lachen konnte. Damals begriff ich überhaupt nicht, was ich da fühlte. Wie konnte ich in einem Atemzug weinen und lachen? Jetzt verstehe ich, wie das möglich war. Ich nutze diese neue Erkenntnis, und sie funktioniert. Immer wenn mein Geist anfängt zu grübeln und Antworten haben will, wende ich mich einfach an mein Herz, nehme die Trauer und das Glück wahr und weiß, dass alles in Ordnung ist.

Charlis Fähigkeit, ihre Konzentration vom Geist auf das Herz zu verlagern, war ein wunderbares Beispiel dafür, wie sie ihrer Erfahrung mit dem Mut und der Belastbarkeit des Herzens begegnete. Ihre Bereitschaft zu erkennen, dass sie den Schmerz im Herzen und die Schönheit, die sie umgab, zugleich erleben konnte, ermöglichte es ihr, schneller zu heilen.

DAS HERZ KULTIVIEREN

Meditation und Achtsamkeit sind Übungen, die das Herz mit seinem enormen Leid und seiner unvorstellbaren Schönheit in die volle menschliche Inkarnation hinein erwecken. Denn diese Übungen helfen uns, ein Herz zu kultivieren, das zu Mitgefühl, Liebe und Freundlichkeit neigt und sich nicht so leicht von Zwängen, Ängsten und Sorgen einfangen lässt. Bei einer Feier öffnen wir uns ganz und gar für die Freude. Angesichts von Trauer und Verlust bringen wir die Kraft, das Mitgefühl und die Fürsorge auf, um mit so wenig Schaden wie möglich für uns selbst und andere durch diese Trauer und diesen Verlust zu gehen, und können zudem denen, die leiden, Liebe und Unterstützung geben. Mit der Zeit lernen wir, mit Werkzeug umzugehen, das uns hilft, ein Herz zu kultivieren, das frei ist und leuchtet wie die Sonne. So richten wir das Herz aus, das auf Chinesisch *zheng xin* heißt, und kommen einem integrierten Gefühl des Ganzseins näher, das als *cheng yi* bekannt ist. Der *Inneren*

Übung (Kapitel 5) nach erlaubt uns dieser Prozess außerdem, das Dao selbst zu erfassen:

Das Dao hat keinen festen Platz,
aber im edlen Herzen lässt es sich nieder.
Ist das Herz ruhig und das Qi geregelt,
kann das Dao verweilen.

Das Dao ist nicht weit von uns entfernt.
Menschen erhalten es bei der Geburt.
Das Dao ist nicht von uns getrennt.
Menschen in Übereinstimmung mit ihm sind ausgeglichen.

Vor allem die folgenden Meditations- und Achtsamkeitsübungen sind hilfreiche Werkzeuge für die Kultivierung eines harmonischen Herzens. Es handelt sich dabei um eine Kombination von Körperbewegungen, Visualisierungen und Meditationen.

Xiu Yang für sanfte Hände

Die Hände gelten als Botschafter des Herzens. In der chinesischen Medizin verlaufen die Meridianlinien für das Herz und seine Helfer von den Fingern durch die Hände und Arme bis in den Oberkörper. Der Psychologie zufolge kommuniziert der Händedruck eine bestimmte Neigung: Ist er schlaff, kann das als mangelndes Interesse an der Person, die man begrüßt, verstanden werden, während ein fester, schmerzhafter Händedruck Dominanz vermittelt.

Zugleich sind die Hände eng mit unserem Gehirn verdrahtet. Damit unsere Hände gestikulieren, greifen und gestalten können, sind zahlreiche motorische Fertigkeiten vonnöten, was für eine beachtliche Menge neurologischen Verkehrs zwischen Händen und Gehirn sorgt. Zudem haben wir in den Fingern eine große Dichte an Nervenenden, die sie empfindlich und taktil machen. Vielleicht ist das einer der Gründe, aus denen am Ende des 19. Jahrhunderts

Frauen zur Beruhigung von Ängsten das Stricken verschrieben wurde. Neue Studien, die Kelly Lampert, eine Neurowissenschaftlerin an der University of Richmond, durchgeführt hat, legen nahe, dass wir zugleich das Gehirn beruhigen und seine Neurochemie verändern, wenn wir mit den Händen arbeiten. Etwas mit den Händen zu tun, wie zu kochen, zu malen oder Gegenstände zusammenzubauen, kann das Gehirn beruhigen und auf positive Weise beschäftigen.

Die folgenden beiden Übungen sollen Ihnen helfen, die Hände geschmeidig werden zu lassen und Geist und Herz zu beruhigen. Sie können sie einzeln ausüben oder in einer zehnminütigen Meditation zu einer Entspannung der Hände kombinieren.

Wolkenhände

Diese Übung kommt aus dem Qigong und aus dem Tai-Chi. Dabei visualisieren Sie, wie die Hände zu sanften und zugleich starken Akteuren werden, die feine, zarte Federwolken bewegen können. Machen Sie diese Übung so natürlich und mühelos wie möglich. Atmen Sie dabei natürlich, fließend und entspannt.

1. Stellen Sie die Füße schulterbreit auf. Beugen Sie leicht die Knie. Entspannen Sie die Gelenke. Führen Sie jetzt die Hände vor Ihre Mitte, die rechte über die linke, die Handflächen einander zugewandt. Halten Sie die Hände 30 bis 40 Zentimeter auseinander. Stellen Sie sich vor, dass die Hände eine Wolke halten.
2. Bewegen Sie nun die Wolke zwischen den Händen nach rechts, indem Sie sich in Ihrer Mitte sanft nach rechts drehen. Halten Sie, während Sie die imaginäre Wolke bewegen, die untere Hand auf der Höhe Ihres Unterbauchs und die obere Hand direkt unterhalb der Rippen auf mittlerer Brusthöhe.
3. Haben Sie einen angenehmen Grad an Drehung erreicht, wechseln Sie die Position der Hände, indem Sie mit den einander zugewandten Händen die rechte nach unten und die linke nach

oben bewegen. Führen Sie nun die Hände fließend nach links, während Sie sich in Ihrer Mitte sanft nach links drehen.

4. Fahren Sie mit der Hin-und-Herbewegung fort und bewegen Sie die Hände langsam und ruhig von Seite zu Seite. Stellen Sie sich vor, Ihre Hände bewegen sich wie das Wasser eines Flusses – ununterbrochen, fließend und gleichmäßig.
5. Bringen Sie am Ende die Hände wieder zurück vor Ihre Mitte, während die Handflächen weiter zueinander gerichtet sind und die Daumen zum Himmel zeigen. Lassen Sie dann die Hände und die Wolke, die Sie darin gehalten hatten, langsam los, die Handflächen zeigen jetzt nach unten.

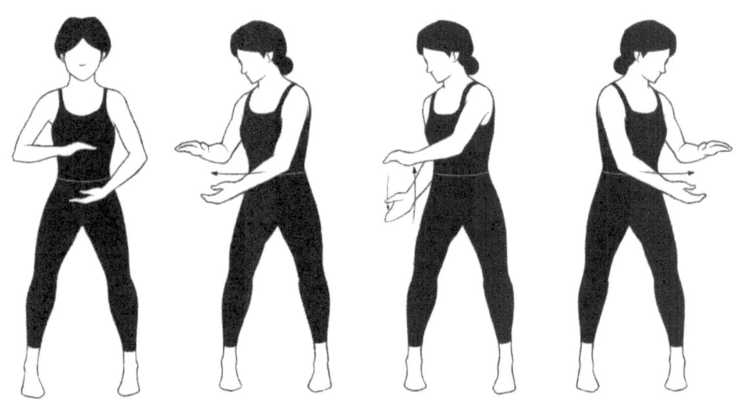

Der liegende Buddha

Diese Meditation hat einen ganz einfachen Fokus: die Hände so weit wie möglich zu entspannen, während Sie auf der Seite liegen. In meiner Yoga-Ausbildung gab unser Lehrer Erich Schiffmann uns diese Aufgabe eines Tages nach Hause mit. Er nannte sie den »Liegenden Buddha« – nach der Position, die der Buddha wählte, als er ins Nirvana einkehrte und alle seine Reinkarnationen beendete:

1. Legen Sie sich auf die rechte Seite, beugen Sie die Knie an und strecken Sie den rechten Arm über den Kopf.
2. Legen Sie den Kopf auf den Arm.
3. Legen Sie sich die linke Hand auf die obere Hüfte. Entspannen Sie sie, so weit Sie können. Entspannen Sie sie noch ein wenig mehr. Fahren Sie damit fort, bis sich die Hand wie geschmolzene Butter anfühlt.
4. Bleiben Sie einige Minuten in diesem Gefühl, bevor Sie die Seite wechseln und die Übung auf der anderen Seite wiederholen.
5. Beenden Sie die Übung, indem Sie sich auf den Rücken rollen und eine Hand auf dem Bauch, die andere auf dem Herzen ruhen lassen. Welche Hand wo liegt, hat keine Bedeutung. Nehmen Sie einfach wahr, wie sich die Hände entspannen, und atmen Sie tief ein und aus.

METTĀ: DIE ÜBUNG DER FÜRSORGE

Diese Übung ist eine Meditation über *mettā.* Dabei kultivieren wir aus dem Herzen Fürsorge und Glück uns selbst und anderen gegenüber. *Mettā* wird häufig als »Liebende Güte« übersetzt. Würde ich meinem Vater sagen, er solle mehr liebende Güte praktizieren, begegnete er meinem Ansinnen womöglich mit Skepsis, vielleicht würde er sogar nicht einmal mehr zuhören. Das hat damit zu tun, dass er alles, was nach New Age klingt, nicht leiden konnte. Würde ich ihm dagegen vorschlagen, mehr Fürsorge zu praktizieren, sähe er sich vielleicht veranlasst, es auszuprobieren. Daher ziehe ich die Übersetzung »Fürsorge« für *mettā* vor, denn genau das ist es, was unser Herz am meisten braucht, wenn es wehtut.

Die *Mettā*-Übung wird manch einem durchaus schwerfallen. Besonders, wenn wir niedergeschlagen sind, mag Fürsorge für sich oder andere nicht das Erste sein, was uns einfällt. Doch allein schon diese Erkenntnis ist Teil des Achtsamkeitstrainings: Seien Sie gegenwärtig und nehmen Sie Ihre Gewohnheit wahr, dass Sie sich keine Fürsorge angedeihen lassen wollen, nehmen Sie wahr, was der Gedanke daran in Ihnen auslöst. Entscheiden Sie sich, Ihren Gefühlen mit Sanftheit zu begegnen. Begegnen Sie Ihrer Abwehr mit Freundlichkeit und schenken Sie ihr Raum, vielleicht wird das den Widerstand aufweichen. Durch das Besänftigen dieser Schwierigkeiten erleben Sie womöglich eine Öffnung und können es sich nun erlauben, sich selbst mit ein wenig Fürsorge zu begegnen. Deshalb ist *mettā* eine Übung in Achtsamkeit: Es erinnert Sie daran, dass Sie sich für einen weisen, verständnisvollen Umgang mit Hindernissen und Mühen entscheiden können.

Doch ist es allgemein so, dass uns die regelmäßige *Mettā*-Praxis zwar ein reiches, lohnendes Terrain bereitet, es fällt aber vielen von uns schwer, uns selbst Fürsorge angedeihen zu lassen. Etliche unserer antrainierten Gewohnheiten sind schwer zu ändern. Es ist wesentlich leichter, anderen – dem Partner, Freunden, Haustieren oder Pflanzen – Fürsorge und Liebe angedeihen zu lassen als sich selbst. Die Bereitschaft, sanft und freundlich mit dem Herzen zu arbeiten und Übungen zu machen, die seine optimale Funktion unterstützen, kann jedoch die dem Herzen innewohnende Kraft hervorbringen, Liebe zu geben und zu empfangen. Ein ungeheuer heilsamer Vorgang.

Innerhalb der Achtsamkeitstradition gibt es spezifische *Mettā*-Meditationen. Auch wenn die meisten damit beginnen, dass man sich selbst *mettā* entgegenbringt, ist es mir lieber, den Fokus zunächst auf jemand anders zu lenken, auf jemanden, den zu lieben mir leichtfällt. Teils, weil es sich für mich natürlicher anfühlt, jemand anderem Liebe entgegenzubringen, teils aber auch, weil es mir eine wirksame Strategie für die Arbeit mit heiklen Gefühlen bietet, die bei Übungen zur Selbstliebe auftreten können. Wenn wir jemand anderem Liebe entgegenbringen, öffnet sich unser Herz. Dies wiederum erleichtert es uns, auch uns selbst mit Fürsorge zu begegnen:

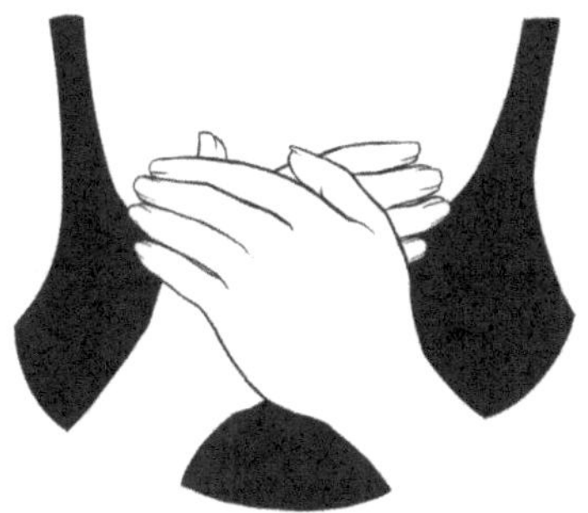

1. Setzen Sie sich still auf ein Kissen oder einen Stuhl und beginnen Sie, in Ihr Herz hineinzuspüren. Nehmen Sie sich einen Augenblick Zeit, um sanft in den Herzbereich zu atmen. Legen Sie sich die Hände in die Mitte der Brust, auf Ihr energetisches Herzzentrum.
2. Denken Sie an jemanden, zu dem Sie eine unkomplizierte Beziehung haben und den zu lieben Ihnen leichtfällt. Dabei kann es sich um ein eigenes Kind, einen Neffen oder eine Nichte, auch um ein Haustier handeln. Lassen Sie sich Zeit, bis Sie das Bild dieser Person (oder dieses Tiers) vor Ihrem inneren Auge haben und ihre (seine) Präsenz spüren. Wiederholen Sie dann im Stillen folgende Worte:
   »Mögen sie glücklich sein. Mögen sie gesund und wohlauf sein. Mögen sie in Sicherheit und geschützt sein. Mögen sie gelassen und in Frieden sein.«
3. Wiederholen Sie diese Sätze drei- bis fünfmal.
4. Richten Sie die Aufmerksamkeit auf sich und Ihr Herz. Nehmen Sie einige Atemzüge, bis diese Aufmerksamkeit sich ehrlich, großzügig und liebevoll anfühlt. Wenn Sie so weit sind, wiederholen Sie diese Worte für sich selbst:
   »Möge ich glücklich sein. Möge ich gesund und wohlauf sein. Möge ich in Sicherheit und geschützt sein. Möge ich gelassen und in Frieden sein.«
5. Wiederholen Sie diese Sätze drei- bis fünfmal.
6. Weiten Sie die Übung auf andere Menschen in Ihrem Leben aus.

Beginnen Sie mit einer »neutralen« Person, zum Beispiel dem Briefträger. Weiten Sie *mettā* nun auf eine für Sie schwierige Person aus. Und weiten Sie *mettā* zum Schluss auf alle Lebewesen aus. Wiederholen Sie die Worte:
»Mögen sie glücklich sein. Mögen sie gesund und wohlauf sein. Mögen sie in Sicherheit und geschützt sein. Mögen sie gelassen und in Frieden sein.«
7. Wiederholen Sie diese Sätze drei- bis fünfmal.
8. Beenden Sie die Übung damit, dass Sie in Ihr Herz hineinspüren. Welche Qualität ist dort für Sie präsent?

SICH AN DAS GANZSEIN DES HERZENS ERINNERN

Denken Sie daran, dass die wahre Natur des Herzens, genau wie die der aufsteigenden, strahlenden Sonne, darin besteht, strahlenden Glanz, Wärme, Beständigkeit und Liebe zu schenken. Gehen Sie, wenn Sie an dieser Grundeigenschaft des Herzens zweifeln, hinaus und wenden Sie das Gesicht der Sonne zu. Selbst wenn sie sich hinter den Wolken verbirgt, ist sie doch immer da und bringt das Licht hervor, das uns tagtäglich geschenkt wird. Wie T. S. Eliot schrieb: »Die Sonne zieht in den Wolkenverschlag. (...) ist Licht noch immer/Am stillen Mittelpunkt der bewegten Welt.«

An das Licht der Sonne zu denken ist eine unmittelbare Möglichkeit, Xiu Yang zu praktizieren: Indem wir uns mit der Sonne in unserem Himmel verbinden, der Quelle allen Lichts, kultivieren wir ein harmonischeres Herz.

11

DEN INNEREN KRITIKER BEFREIEN: VON DER SELBSTBEZOGENHEIT ZUR SELBSTPFLEGE

Nun gibt es zwar Möglichkeiten, das Herz zu kultivieren, um sich besser ausgerichtet und in der Lage zu fühlen, die Paradoxien und Unklarheiten des Lebens zu halten, doch können die Gedanken mitunter so schädlich und grausam sein, dass es nicht ausreicht, ihnen freundlich und bewusst zu begegnen. Manche Gedanken können, wenn sie nicht eingedämmt werden, das geistige und emotionale Gleichgewicht schwächen, am Selbstwertgefühl nagen und zutiefst die Fähigkeit beeinträchtigen, Wohlbefinden und Freude zu erlangen. Derart destruktive Gedanken erscheinen meist in Form des inneren Kritikers. Kritische, verdammende, verurteilende Gedanken sind wie parasitäre Pflanzen, die sich an einen Wirt hängen, ihm allmählich die Nährstoffe aussaugen und jegliche Kraft nehmen. Die Praxis von Xiu Yang kann uns helfen, das Vorhandensein dieser Klammerpflanzen zu erkennen und sie zurückzuschneiden, bevor sie unser Glück nachhaltig gefährden.

Was ist der innere Kritiker? Es ist die Stimme des Richters, Tyrannen, Vorgesetzten, Spielverderbers, Feldwebels, Superegos und des Fieslings. Es ist die Stimme, die uns sagt, dass wir Anerkennung benötigen, dass wir es brauchen, »gesehen« zu werden, oder einen unmöglichen Perfektionsstandard erreichen müssen. Wenn sie die Führung übernimmt, wird sie wie ein Teufelszwirn, der uns schwächt und krank macht, uns beschämt und uns wertlos fühlen lässt. Mark Coleman, Autor von *Schließe Frieden mit dir selbst,* beschreibt, wie sehr der innere Kritiker heute zu einer der Hauptursachen für Depression, Angstzustände und Selbsttötung geworden ist. Bleibt er sich selbst überlassen, wird er zu einer hartnäckigen Bedrohung unseres Seins. In seinen extremen Formen sagt er uns, dass es nicht in Ordnung ist zu sein, wer wir sind, Mensch zu sein, in Sicherheit zu sein.

Ich habe dieses Kapitel aufgenommen, um einige Möglichkeiten aufzuzeigen, wie wir den inneren Kritiker daran hindern können, zu einer lähmenden Kraft zu werden. In dem Maße, wie wir erkennen, auf welche Weise er unseren Geist sabotiert, werden wir frei von der Tyrannei seines destruktiven Denkens. Und zwar tun wir dies durch einen bewussten Schwenk von den unerbittlichen Geschichten über »Was stimmt nicht mit mir?« hin zu der Frage: »Wie kann ich eine großzügigere Haltung und mehr Akzeptanz mir selbst gegenüber entwickeln?« Man könnte es auch als Verlagerung von der Selbstbezogenheit hin zur Selbstpflege bezeichnen. Wir lernen, zwischen gesundem Urteilsvermögen, das heißt einem konstruktiven Bedürfnis nach Veränderung, und einem zersetzenden, wenig hilfreichen Denkmuster zu unterscheiden.

Wichtig dabei ist zu wissen, dass Sie zu Beginn Ihrer Arbeit damit nicht unmittelbar geheilt sein werden von der Grausamkeit der Stimme Ihres inneren Kritikers. Xiu Yang ist ein anhaltender Prozess: eine geduldige Pflege des inneren Feldes von Herz und Geist, die Ihnen hilft, äußeres Glück, Harmonie und Gleichgewicht zu entwickeln.

DER NEGATIVITÄTSEFFEKT

Unter den Herausforderungen, denen wir begegnen, wenn wir unser geistiges und emotionales Gleichgewicht zu kultivieren versuchen, befindet sich auch unser Hang zu negativem Denken. Negatives zu sehen fällt uns viel leichter als Positives! Das hat teilweise mit unserer Hirnchemie zu tun. Wenn etwas passiert, reagiert unser Gehirn weitaus stärker auf Reize, die es als negativ einstuft. Die Forschung hat gezeigt, dass die elektrische Aktivität unseres Gehirns bei negativen Bildern und Geschichten stärker ansteigt als bei positiven. In der Psychologie wird diese Tendenz als der »Negativitätseffekt« bezeichnet. Sie zeigt, dass unser Gehirn tatsächlich so »verdrahtet« ist, dass es stärker auf Unheil und Verhängnis als auf gute Nachrichten reagiert.

Das ist nützlich, wenn es um die Aufmerksamkeit gegenüber potenziellen Bedrohungen geht. Als Gattung haben wir vor allem gelernt zu überleben, weil wir Gefahren aus dem Weg gingen. Das Gehirn des Homo sapiens ist 315 000 Jahre alt. Die Landwirtschaft existiert erst seit etwa 12 000 Jahren, 96 Prozent unserer Lebenszeit als Gattung haben wir also als Jäger und Sammler verbracht. Bei häufig ungesicherter Ernährung und Unterkunft und Bedrohungen durch Säbelzahntiger oder andere Raubtiere wurden unsere Ängste verständlicherweise angefacht. Doch diese Arten von Bedrohung gibt es nicht mehr, in der heutigen Welt benötigen wir ganz andere Maßnahmen zum Überleben. Die Lebenserwartung ist gestiegen, Innovationen haben unsere Lebensstandards verbessert, und die Mehrheit der Menschen in der sogenannten Ersten Welt hat eine gesicherte Unterkunft und ausreichend (oder gar mehr als genug) Nahrungsmittel zum Verzehr. Doch unser Gehirn bleibt weiterhin überwachsam in seiner Reaktion auf vermeintliche Bedrohungen und Ängste, die heute mehr und mehr auf Stress, Druck oder Sorgen in Arbeit, Familie und Beziehungen zurückzuführen sind.

Denken Sie einmal zurück an eine Zeit, in der Ihr Negativitätseffekt seine hässliche Fratze zeigte. Vielleicht war es bei einer Trennung, einem schwierigen Vorstellungsgespräch, einem unangenehmen ersten Date oder einem öffentlichen Auftritt. Wie war das? Haben nach dieser Erfahrung die negativen Gedanken überwogen? Wie lange haben Sie darauf herumgekaut? Wie schwer ist es Ihnen gefallen, beißende Selbstkommentare oder harte Selbstbeurteilungen zum Schweigen zu bringen? Ein ungebremstes Gehirn kann uns leicht in Zweifeln, Ängsten und Sorgen versinken lassen.

Versuchen Sie, wenn Sie sich das nächste Mal von Ihrem Negativitätseffekt getriggert fühlen, doch einmal Folgendes: Benennen Sie das, was in Ihrem Kopf vor sich geht, als Negativitätseffekt und ziehen Sie in Betracht, ob ein Teil Ihres Stresses und Ihrer Ängste nicht etwa ein Überbleibsel Ihres 315 000 Jahre alten Gehirns sein könnte. In dem Augenblick, in dem Sie Ihre Neigungen zu erkennen beginnen, setzen Sie eine positive Verlagerung von der Selbstbezogenheit zur Selbstpflege in Gang – ein wirksames Hilfsmittel, um den parasitären inneren Kritiker langsam, aber sicher abzuschütteln.

WOHER KOMMT UNSER INNERER KRITIKER EIGENTLICH?

Für eine solche Verlagerung brauchen wir ein Verständnis dafür, woher es kommt, dass der Kritiker außer Kontrolle gerät. Wenn Sie sich fragen, wo die schädliche Auswirkung der Selbstkritik angefangen hat und ob sie wirklich stimmt, können Sie zugleich den Perspektivwechsel üben und Ihr Selbstgefühl neu formen. Dies kann in vieler Hinsicht zu einer der am meisten unterschätzten Praktiken des Xiu Yang werden: dem demütigen Prozess der Selbstbefragung.

Die meisten von uns haben irgendwann im Leben einmal das Gefühl gehabt, hinter den Erwartungen von jemandem zurückzubleiben. Unser Lehrer, die Eltern oder Geschwister haben vielleicht einmal zu uns gesagt: »Sei nicht doof«, »Das ist doch so einfach« oder »Wenn du das nicht kannst, dann mach ich es« – solche sorglosen Feststellungen oder Vorwürfe können sich leicht in unsere bewusste oder unterbewusste Identität einschleichen und unser Selbstbild beeinflussen. Als jüngstes von vier Kindern und einziges Mädchen bin ich mit einigen Versionen dieser Geschichte aufgewachsen. Ich hatte stets das Gefühl, meinen Brüdern hinterherzuhinken, die ich immer schlauer, wortgewandter und fähiger fand als mich selbst.

Wenn jemand etwas Verletzendes zu uns sagt, ist das meist unbeabsichtigt. Menschen sagen häufig etwas, was sie nicht durchdacht haben. Und doch nehmen wir diese Worte womöglich mit ihrem vollen Gewicht auf. Um dagegen ankämpfen zu können, müssen wir erkennen, dass es sich dabei nur um Meinungen und Ansichten handelt. Es sind *keine* Wahrheiten. Wenn wir dies verstehen, können wir die Richtigkeit dieser Ideen anfechten. Wir können darauf vertrauen, dass wir nicht mehr dieses kleine Kind sind, und uns daher von der Überzeugung frei machen, einem fremden Ideal nicht zu entsprechen.

Als Kinder und Erwachsene spüren wir das Bedürfnis nach Anerkennung von Autoritätsfiguren und den Menschen, die wir lieben. Von ihnen »gesehen« zu werden schenkt uns Bestätigung. Derlei Bedürfnisse werden in jungen Jahren bestärkt. Kinder zeigen ihren Eltern gern ihre Bilder oder Erfolge: »Schau, was ich gemacht habe.« Gewöhnlich sind wir glücklich, wenn wir dann eine – ehrlich gemeinte – Antwort wie »Oh, ist das schön!« oder »Ich bin ja so stolz auf dich« bekommen. Erhalten wir von den Eltern nicht das erwünschte Lob, fühlen wir uns schnell erniedrigt oder so, als hätten wir den Erwartungen nicht entsprochen. Übertriebenes

Lob, mithin also übertriebene Anerkennung, kann wiederum zu gegenteiligen Problemen führen, nämlich zu einem übersteigerten Selbstgefühl.

Aus diesen Erfahrungen bildet sich oft der innere Kritiker unseres Erwachsenendaseins heraus, doch mithilfe von Xiu Yang lässt er sich auch wieder beschwichtigen und zum Schweigen bringen.

Kulturelle und familiäre Konditionierung

Persönliche Meinungen werden zudem durch die Kultur und familiäre Konditionierung geformt, die wir, wenn wir aufwachsen, meist nicht hinterfragen. Denn kulturelle Normen sind für unsere Zugehörigkeit und unser Überleben notwendig. Wenn wir den gesellschaftlichen Erwartungen entsprechen, fügen wir uns ein und folgen dem Credo, das unserer Überzeugung nach Garant für den Erfolg ist.

In Amerika herrscht zum Beispiel die allgemeine Erwartung, dass die Menschen sich am eigenen Schopf aus dem Sumpf ziehen. Das fördert einen glühenden Individualismus und das Bedürfnis nach Unabhängigkeit. Arbeiten und fürs erste Auto sparen, Gleichberechtigung und das Recht, die eigene Meinung frei zu äußern, sind einige der amerikanischen Kernwerte. In China dagegen gilt das Gegenteil: Der Einsatz von Beziehungen ist der beste Weg zum Erfolg, und im Allgemeinen ist die individuelle Meinung und Identität nie so wichtig wie das kollektive Familienwohl. Chinesische Eltern versuchen gewöhnlich, ihren Kindern Demut beizubringen, indem sie ihre Fehler betonen: Du bist dumm, du bist zu dick, zu dünn, hast nicht genug Respekt gegenüber deinen Eltern, bist nicht reich genug. Wenn man das sein ganzes Leben zu hören bekommt, liegt es nahe, so was zu glauben. Eine weitere Möglichkeit besteht darin, Kindern Schuldgefühle einzuflößen darüber, wie sie ihre Eltern behandeln. Viele Eltern erwarten von ihren Kindern, dass sie nach ihrer Verrentung bei ihnen leben können, und beschweren sich, die Kinder seien egoistisch, wenn sie ihr Haus nicht groß genug bauen.

Zum Glück haben meine Eltern uns nie so negativ oder mit Schuldgefühlen belastet, auch wenn sie genug Druck auf uns ausübten. Sie forderten von uns Bestleistungen in der Schule, harte Arbeit und Respekt vor Älteren. In diesem Sinne waren sie typisch konfuzianisch. Mein Vater machte es uns auch nicht gerade leicht; im Alter von 32 Jahren hatte er bereits zwei Masterabschlüsse und einen Doktor in Ingenieurswissenschaften von einer der amerikanischen Top-Universitäten in der Tasche. Folglich taten mein Bruder und ich alles, um bestimmte Standards zu erfüllen, an denen wir unweigerlich scheitern mussten.

Über ein Jahrzehnt argwöhnte ich, meine Eltern schämten sich, weil ich Yoga-Lehrerin wurde, statt meine Karriere als Fotojournalistin weiterzuverfolgen. Das wurde noch verstärkt durch die Tatsache, dass meine Eltern, auch als ich die Fotografie schon eine Weile an den Nagel gehängt hatte, mich ihren Freunden immer noch als Journalistin vorstellten und verschwiegen, dass ich Yoga unterrichtete.

Das Gefühl, meine Eltern enttäuscht zu haben, hielt bis zu der letzten Reise meines Vaters nach London an. Damals war er aufgrund einer Herzkrankheit bereits geschwächt, sodass wir die meiste Zeit gemütlich bei mir zu Hause verbrachten. Gegen Ende seines Besuchs sagte er zu mir: »Mimi, ich wusste gar nicht, dass dich deine Entscheidung, Yoga zu unterrichten, so verändern würde.«

Sofort begann mein Gehirn, alle Alarmsignale des Negativitätseffekts zu feuern. Wollte er mich kritisieren? Würde er seinem Missfallen Ausdruck verleihen? Doch er lächelte sanft, streichelte mir die Wange und sagte: »Ich kann sehen, dass du glücklich bist, richtig glücklich.« Unverzüglich entspannte sich mein Gehirn, mein Herz öffnete sich, und ich spürte die unendliche Liebe meines Vaters. Er wollte nichts weiter, als dass ich glücklich war; ob ich die weltreisende Fotografin war oder nicht, war ihm völlig egal. Durch seine Bestätigung löste sich die laute Stimme, die mir eingeredet hatte, ich wäre des Respekts meiner Eltern nicht würdig, in Luft auf.

Ich hatte Glück, dass mein Vater mir dies sagte, doch selbst seine Liebe und die gütigen Worte brachten die Attacken meines inneren Kritikers, die mein Bedürfnis nach Anerkennung und Zuwendung durch andere nährten, nicht vollständig zum Schweigen. Immerhin aber ermöglichte mir diese Begegnung zu erkennen, dass die kulturellen und familiären Ursprünge unserer Überzeugungen nicht unbedingt der Wahrheit entsprechen. Und das war durchaus befreiend. Auffassungen sind Teil unserer Konditionierung, oft tief verwurzelt und sehr ausgefeilt, lassen sich aber überprüfen und auch mit Neugier infrage stellen. Sobald wir die Gültigkeit der Stimme unseres inneren Kritikers anfechten können und ihre Herkunft verstehen, können wir auch Wege finden, den Listen etwas entgegenzusetzen, mit denen sie unser Glück untergräbt.

DIE STIMME DES INNEREN KRITIKERS HÖREN

Wissen wir erst einmal über die Herkunft unseres Kritikers Bescheid, können wir auch darauf achten, wann er sich meldet. Manchmal ist es durchaus schwierig, zwischen einem gesunden Urteil, das uns auf eine positive Veränderung hinweist, und der unterminierenden, bösartigen Stimme des Kritikers zu unterscheiden. Ein positives Urteil wäre vielleicht, in gewisser Weise anzuerkennen, dass wir im Urlaub etwas zugenommen haben, und nun zu beschließen, weniger Süßes zu essen und dafür mehr Sport zu treiben. Reißt der innere Kritiker diesen wohlgemeinten Vorgang an sich, dann hören wir plötzlich immer wieder Sätze wie »Das machst du immer«, »Du hättest dich ein bisschen mehr beherrschen sollen«, »Jetzt sieh nur, wie fett du bist; das Gewicht wieder loszuwerden wird richtige Arbeit«, »Das wirst du nie wieder los« – und so weiter: lauter Vorwürfe, die wir Freunden nie machen würden!

Der innere Kritiker ist ebenfalls schnell dabei, andere zu verurteilen. Die Gründe für so vernichtende Kritik können variieren, doch meist ist das, was wir sehen, nur ein Spiegel unserer eigenen Erfahrung. Irgendetwas an den anderen, das wir an uns selber nicht mögen, triggert uns. Manches Urteil ist hilfreich und lässt uns erkennen, dass wir jemanden aus gutem Grund nicht mögen. Stellt er oder sie eine physische oder emotionale Bedrohung für uns dar, dann sollten wir den Kontakt zu diesem Menschen auf ein Minimum beschränken. Andere Male wieder richten sich unsere Urteile gegen die Menschen, die wir lieben, und wir riskieren damit den Bruch einer Beziehung.

Wenn Sie bemerken, dass Sie andere verurteilen, beobachten Sie bitte unvoreingenommen, um wen es sich handelt und warum Sie diese Person verurteilen. Analysieren Sie das Urteil und schauen Sie tiefer. Was hat es herbeigeführt? Geht es dabei um die andere Person oder um Sie? Wie fühlt sich das Urteil an? Fühlen Sie sich offener oder enger, wenn Sie jemanden verurteilen? Wenig hilfreiche Urteile fühlen sich gewöhnlich eng an, egal, ob sie gegen uns oder andere gerichtet sind, während hilfreiche Urteile uns Klarheit schenken und Entscheidungen ermöglichen, die uns freier und leichter machen.

Zu lernen, achtsam zu sein und die tagtäglich auftretenden Urteile zu untersuchen, kann zu einer lebenslangen Übung der Selbstpflege werden. Klarheit über die eigenen Urteile entwickelt unser Urteilsvermögen und führt zu Weisheit, Einsicht und tieferem Mitgefühl für die Art und Weise, wie wir Schwierigkeiten sehen, egal, ob es sich um die eigene oder um die Erfahrung anderer handelt. Es kann auch die Negativität eindämmen und das Gehirn so umschulen, dass es sich nicht mehr immer auf seinen eingebauten Negativitätseffekt einschießt.

STRATEGIEN, UM DEN INNEREN KRITIKER ZU VERSCHEUCHEN

Hier nenne ich Ihnen nun drei Strategien, die ich als sehr wirksam empfinde, um die hinterlistige Stimme des inneren Kritikers auszuhebeln:

1. *Halten Sie inne und rufen Sie Ihren Beschützer an:* Innezuhalten ist so leicht und schwer zugleich, wie es klingt! Selbsturteil ist eine heimtückische Ausdrucksform des inneren Kritikers, die nur schwer auszuhebeln ist. Was nie funktioniert, ist, gegen die strenge, unerbittliche Stimme des Urteils zu argumentieren oder anzukämpfen, denn erstens fühlt sie sich immer im Recht und zweitens hat sie die Argumente immer auf ihrer Seite. Die effizienteste Methode besteht darin, standhaft und stark zu bleiben und einen Beschützer anzurufen!
   Ein Beschützer ist eine starke Persönlichkeit, wie etwa der Zauberer Gandalf aus dem *Herrn der Ringe,* der das Ungeheuer Balrog mit seinen Genossen mit den Worten abwehrt: »Du kannst nicht vorbei!« Mein Beschützer ist mein Vater. Tibetische Buddhisten nutzen Beschützer, die sie vor den schädlichen Angriffen Maras abschirmen, des Dämons der Gier, des Hasses, der Enttäuschung, des Begehrens und des Zweifels. Um Mara abzuwehren, invozieren sie die Präsenz von wilden Halbgöttern, wie etwa Mahakala, der mit seinen Zähnen und seinem scharfen Schwert Urteile und andere negative Gewohnheiten des Geistes durchschneidet und am Ende in Mitgefühl verwandelt.
   Wenn Sie Ihren Beschützer anrufen, vergegenwärtigen Sie ihn sich so, dass er förmlich vor Ihnen steht und den inneren Kritiker mit aller Kraft und Macht abwehrt. Lassen Sie ihn dann in vielfacher Ausführung einen engen Kreis um Sie bilden. Setzen Sie sich in diesen Kreis, sicher und behütet vor der Bedrohung Ihres inneren Kritikers.

2. *Setzen Sie Ihren Humor ein:* Wenn Sie einen Schritt Abstand nähmen und sich jetzt vorstellten, wie jemand zu einer anderen Person etwas sagt wie: »Das ist deine Schuld«, »Das hast du dir selbst zu verdanken« oder »Das hast du verdient«, dann würden Sie vielleicht sehen, wie lächerlich und dumm solche Anschuldigungen und verletzenden Vorstellungen klingen. Oder stellen Sie sich vor, Sie brächten solche Beschuldigungen gegen jemanden vor, den Sie lieben, also gegen eine gute Freundin oder ein Kind, oder diese sagten sich selbst so etwas.

3. *Berühren Sie die Erde und sagen Sie dabei: »Ich bin zugehörig.«* Dem Buddha zeigte sich der innere Kritiker in Form von Mara. Mara näherte sich ihm vor seinem endgültigen Erwachen und behauptete, nur er habe ein Recht auf dieses Erwachen, die Bemühungen des Buddha seien also irreführend und falsch.
Obwohl der Buddha fortgeschritten war in Meditation und Praxis, ließ ihn dies nicht vollkommen gleichgültig, denn Zweifel sind hartnäckig. Dennoch gelang es ihm, Maras Anfechtung zu überwinden und schließlich zu erwachen. Dem Zweifel zum Trotz berührte der Buddha mit der rechten Hand die Erde und bat sie, Zeugnis abzulegen. Und das tat sie. Dann sagte der Buddha: »Hier bin ich zugehörig.« Mit dieser Geste bot der Buddha zwei mächtige Vorstellungen an:
   - So unwürdig oder unsicher wir uns auch fühlen mögen, was das Recht anbelangt, hier zu sein: Wir sind Teil dieser Erde und gehören ihr ebenso an wie die Bäume, Flüsse und Berge.
   - Mitunter müssen wir uns Rückendeckung verschaffen, uns auf Quellen berufen und mit Kräften verbinden, die stärker sind als wir. Dies ist eine der direktesten Möglichkeiten, uns ganz und als Teil der Natur zu fühlen – und sehr machtvoll.

Das Kritikertagebuch

Eine sehr wirksame Möglichkeit, dem Kritiker etwas entgegenzusetzen, besteht darin, ein Tagebuch über alle Gelegenheiten zu führen, bei denen Sie sich oder andere verurteilt haben. Sie könnten überrascht sein, wie häufig das Urteilen sich einschleicht. Vielleicht kritisieren Sie vor dem Spiegel Ihr Gesicht, Ihren Körper oder Gesundheitszustand, vielleicht verurteilen Sie jemanden wegen der Langsamkeit, mit der er sich in der Schlange für den Kaffee vorwärtsbewegt. Stellen Sie sich in solchen Fällen einfach folgende Fragen:

1. Sind diese Urteile meiner Praxis und meinem Glück insgesamt förderlich?
2. Fühle ich mich durch sie enger mit der Natur verbunden, oder trennen sie mich von ihr?
3. Fragen Sie sich, falls es sich um eine Kritik an Ihnen selbst handelt, wie Sie sich angesichts der Kritik seitens eines Freundes fühlen würden. Und würden Freunde es überhaupt wagen, Ihnen so etwas zu sagen oder Ähnliches über Sie zu denken?
4. Und falls es sich um eine Kritik gegenüber anderen handelt: Wie mag es sich wohl anfühlen, Gegenstand dieser Kritik zu sein?

Mit der Zeit werden Sie feststellen, dass derlei Urteile nur Gedanken sind und dass Sie entscheiden können, ob Sie ihnen Aufmerksamkeit und Gewicht schenken. Wäre es die Stimme einer Freundin, nähmen Sie es vermutlich nicht länger als ein paar Minuten hin, wenn sie so an Ihnen herumnörgeln und sich so negativ über Sie äußern würde.

DENKEN SIE AN IHRE WESENSNATUR

Wenn Sie sich nur noch zurückziehen, am liebsten erschöpft in sich zusammenfallen wollen oder sich »wie der letzte Dreck fühlen«, dann denken Sie daran, dass die Natur eine unmittelbare, immer zugängliche Quelle ist, die Sie im Leben zu festigen und stützen vermag. Das Singen der Vögel, der Wind im Gesicht oder die Erde unter den Füßen können Sie daran erinnern, welches Wunder es ist, einfach da und zugehörig zu sein. Es gibt keine Frucht, die nicht reif würde, keinen Samen, der nicht aufginge, wenn die richtigen Voraussetzungen gegeben sind. Doch weil den Menschen das Bewusstsein und ein Ego zu eigen sind, kann es passieren, dass wir uns vom Dao getrennt fühlen. Ein unkontrolliertes Ego kann unsere Prozesse des Seins und des Werdens stören und uns dabei im Weg stehen, in Harmonie und mit Leichtigkeit zu leben. Deshalb ist es so wichtig, Achtsamkeit zu üben und den inneren Kritiker zu kontern: Beides weist uns auf die Möglichkeit hin, die Wucht des Egos zu bremsen und im Wissen um unsere wahre Natur einmal mehr Leichtigkeit zu finden, unsere wahre Natur, der das Recht innewohnt, als glücklicher, gesunder und strahlender Mensch zu dieser Welt zu gehören.

Teil 4

XIU YANG FÜR EINEN GLÜCKLICHEREN PLATZ IN DER WELT

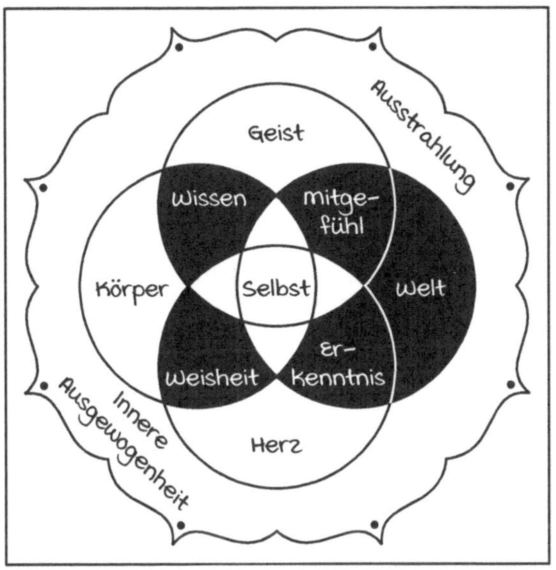

Mandala zur Selbstkultivierung von Xiu Yang

Glück ist ein universelles menschliches Bedürfnis. Die Unabhängigkeitserklärung der Vereinigten Staaten besagt, dass jeder Mensch ein unabdingbares Recht auf »Leben, Freiheit und das Streben nach Glück« hat. Der 14. Dalai Lama ist der Meinung, dass »der eigentliche Sinn unseres Lebens im Streben nach Glück besteht«. Ein langes, glückliches Leben ist auch in China schon immer eines der wichtigsten Ziele im Leben gewesen; und Xiu Yang war das Mittel der Wahl.

Was bedeutet Glück? Vieles im modernen Leben – egal, ob in Shanghai, Seattle oder Südfrankreich – sagt uns, Glück sei es, wenn wir erfolgreich und begeistert sind oder eine plötzliche Euphorie verspüren. Wir sind glücklich, wenn wir in den Urlaub gehen, nachdem wir Tag und Nacht gearbeitet haben, um einen Abgabetermin einzuhalten. Unser Hochzeitstag ist angeblich der glücklichste Tag in unserem Leben. Wenn wir sehr glücklich sind, sagen wir Sätze wie »Ich schwebe auf Wolke sieben«, »Ich fühle mich wie im Himmel«, »Ich bin völlig aus dem Häuschen« und Ähnliches. Das liegt daran, dass »glücklich sein« häufig mit »Glück haben« verwechselt wird. Im Lateinischen gibt es hierfür zwei verschiedene Begriffe (*fortuna* und *felicitas*), ebenso im Französischen (*bonne chance* und *bonheur*). Glück verstehen wir eher als etwas Vorübergehendes und nicht unbedingt als dauerhaften Zustand. Es ist etwas, was wir uns verdienen oder zufällig bekommen, nicht aber einfach sind.

Im Gegensatz dazu sahen die Menschen, die Xiu Yang praktizierten, das Glück als natürlichen Zustand, der sich manifestierte, wenn man in Harmonie mit dem Dao war. Glück ergab sich aus der inneren Qualität einer tiefen, friedvollen Ruhe mit der Bezeichnung *jing* (靜). Ebendiese Vorstellung von Glück findet sich auch in den alten indischen und buddhistischen Lehren, hier definiert als *sukha.* Dies ist das Gegenteil von *dukkha,* das »Leid« bedeutet. Ursprünglich bezog *dukkha* sich auf eine nicht rund laufende Radachse eines Ochsenkarrens und mithin auf eine holprige Fahrt. Leiden ist daher alles im Leben, was uns Unbehagen bereitet und was wir anders haben wollen. *Sukha* dagegen ist durch ein sanftes, beruhigendes Gefühl des Wohlseins gekennzeichnet, das aus der Kultivierung meditativer Bewusstseinszustände resultiert. *Sukha* hat nichts mit Euphorie zu tun und nichts mit Verzückung. Keinerlei materielle Anhaftungen oder äußere Erfolgsmaßstäbe sind damit verbunden. Mit *sukha* und *jing* wird uns gezeigt, dass Glück mehr ist als ein flüchtiges Aufflackern in unserem Leben; es ist ein beständiger Punkt in einem Ortungssystem, das uns sagt, wo und wie wir uns an einen klaren, sicheren und freundlichen Ort zurücksteuern können, wenn die Wogen des Lebens uns zu weit aufs offene Meer zu treiben drohen. Dazu fällt mir eine passende Frage ein, die ich in einem Buch von Ram Dass gelesen habe: ob wir schon bemerkt hätten, wie viele von den Leuten, die an Friedensdemos teilnähmen, wütend seien.

Xiu Yang hilft uns, Ungerechtigkeit nicht mit Wut zu begegnen, sondern unsere Energie und inneren Ressourcen auf eine Harmonie und einen Frieden in uns zu lenken, die mit *sukha* in der äußeren Welt erblühen können – auch dann, wenn die Welt voll von Trauer und Schmerz ist. Wir sind im Innen so wie im Außen. Um es mit den Worten des Dichters David Whyte zu sagen: »Sind deine Augen müde, ist müde auch die Welt.« Umgekehrt zeigt sich uns, wenn wir gesund und innerlich im Frieden und im Gleichgewicht sind, auch die Welt auf eine viel leichtere und entspanntere Weise.

Gut zu wissen ist, dass uns Xiu Yang einen geeigneten Weg dahin bereitet. Indem wir uns der Selbstpflege zuwenden, bauen wir uns ein solides Fundament, um der Welt auf eine Weise begegnen zu können, die weniger belastet ist von Widersprüchen und Spannungen und mehr Möglichkeiten für einen positiven Wandel bietet. Ohne die beständige, bewusste Ermutigung, das zu entwickeln, was gesund ist für uns und uns nährt, können uns die Qualitäten von Mitgefühl, Einsicht und Weisheit leicht durch die Finger rinnen. Der Trick besteht darin, nicht zu vergessen, dass wir nichts weiter zu tun brauchen, als den richtigen Boden zu nähren. Dies kann zwar Jahre in Anspruch nehmen, doch ist ein guter Boden erst einmal ins Gleichgewicht gebracht, dann wächst auf ihm alles, was wir säen – auch die Fähigkeit, der Welt glücklicher, offener und vertrauensvoller zu begegnen. Der Buddha wusste dies, und die aktuelle psychologische Forschung stimmt dem zu: Unser Glück ist nichts Feststehendes, es muss bewusst kultiviert werden. Auf unserer Reise durch das Mandala von Xiu Yang in die Welt werden wir sehen, wie sich die Kultivierung von Glück am besten betreiben lässt.

12

TUGENDEN KULTIVIEREN, DIE DAUERHAFTEM GLÜCK DIENEN

In der chinesischen Philosophie ist »Tugend« (*de* [德]) der Schlüsselbegriff. In klassischen chinesischen Glaubensvorstellungen war Tugend ein positives Agens im Leben. Mit ihrer Hilfe erlangte ein Mensch die Fähigkeit und die Kraft, der eigenen Natur (Dao) getreu zu leben und seine Lebensaufgabe zu finden. Tugend meinte so ziemlich alles: von Mitmenschlichkeit über eine gute Ausbildung bis zur Fürsorge für die Eltern und zur Ehrung der Vorfahren. Zu einem Großteil sind diese Vorstellungen in der heutigen chinesischen Kultur noch immer von Bedeutung, doch will ich im Folgenden drei Haupttugenden fokussieren, die sich besonders direkt und über unterschiedliche Zeiten, Traditionen und Kulturen hinweg übertragen haben und noch immer zugänglich sind.

REN (仁): MITMENSCHLICHKEIT

Der Begriff *ren* bedeutet im Chinesischen in etwa »mitmenschlich«. In der westlichen Welt heißt das, jemand ist liebevoll, fair und freundlich. Für viele ist das etwas Positives, doch mitunter gilt auch das Gegenteil: Jemand Liebevolles kann auch als Schwächling oder als zu emotional betrachtet werden. Kürzlich erzählten mir einige Freunde, die Professoren für Wirtschaftswissenschaften sind, man hätte ihnen häufig zu verstehen gegeben, sie müssten sich, wenn sie in ihrem Bereich erfolgreich sein wollten, ein dickes Fell zulegen, um der in ihrer Forschung und Arbeit üblichen scharfen Kritik standzuhalten. Sie sagten außerdem, sie dürften sich weder für ihre Studenten allzu engagiert noch Studenten und Kollegen gegenüber zu einfühlsam zeigen, ganz zu schweigen von einer Weichheit oder Freundlichkeit im Umgang. Ich selbst erinnere mich an ähnliche Ratschläge, als ich in China vergeblich versuchte, ein Start-up-Magazin auf die Beine zu stellen. Abgesehen von meinem Mangel an Erfahrung mit Geschäften in China allgemein, scheiterte ich, weil ich zu entgegenkommend und fair war. In dem Klima des erbarmungslosen Wettrennens hin zum Kapitalismus, bei dem faire Geschäftspraxis und Ethik leider oftmals beiseitegeschoben wurden, war meine Haltung in China ein Reinfall.

Im klassischen chinesischen Denken bezieht sich *ren* heute auf mehr als nur Mitmenschlichkeit. Es beschreibt die grundlegende Fähigkeit zum Menschsein, zur Nächstenliebe und dazu, positive Wechselwirkungen zu erzeugen. Und die Tugend bildet die Grundlage der Selbstpflege. Diese Idee stammt von Konfuzius, denn er war der Auffassung, Herrscher sollten wie die Weisen sein: weise, kompetent und menschlich mitfühlend. Ist *ren* in einer führenden Persönlichkeit kultiviert, dann strahlen diese Tugenden auf natürliche Weise nach außen und bringen allen Menschen in ihrem Reich universellen Nutzen. Laut Konfuzius hängt die Praxis des Regierens von den Menschen ab. Man wählt Menschen auf der Grundlage von sich selbst aus; man kultiviert sich selbst entsprechend dem Dao; und man kultiviert das Dao entsprechend der Mitmenschlichkeit.

Um eine starke, mutige Führungspersönlichkeit sein zu können, die faires und von Weisheit getragenes Handeln fördert, muss man *ren* besitzen. Die Tugenden sollten aus authentischem Handeln erwachsen und in Harmonie mit dem Dao stehen, einer inhärent gütigen Macht und Kraft. Oder, wie die *Innere Übung* es empfahl (Kapitel 10):

Reguliere das Herz in deiner Mitte.
Achte auf die Worte, die deinen Mund verlassen.
Regele die Angelegenheiten, die du anderen auferlegst.
So ist alles in der Welt geordnet.
Verstehst du diese Worte, wird die ganze Welt dir folgen.
Festigst du diese Worte,
wird die ganze Welt auf dich hören.
So wird es gesagt.

Die Bedeutung des Zuhörens

Und wie kultiviert man nun die Qualität der Mitmenschlichkeit in sich selbst? In mancher Hinsicht erwächst sie ganz von selbst durch die Übungen, die den Körper harmonisieren und stärken und Herz und Geist ausbalancieren. Doch kann man noch einiges mehr tun, um die eigene Fähigkeit zu *ren* zu stärken. Ein guter Ausgangspunkt wäre zu lernen, anderen wirklich zuzuhören. Das ist viel schwieriger, als Sie vielleicht denken. Doch mit der Zeit wird echtes Zuhören zu einer unglaublich dankbaren und kostbaren Praxis.

Zuhören war für mich immer etwas Heikles. Ich bin in einer sehr lauten Familie aufgewachsen, in der jeder eine Meinung hatte und diese lautstark verteidigte. Vor allem unter meinen drei großen Brüdern herrschte die Auffassung, dass man ausgeschlossen und übergangen würde, wenn man sich nicht schnell durchsetzte. Das hatte zur Folge, dass man die anderen meist schon mitten im Satz mit einem logischen, wasserdichten Argument unterbrach und kaum je zuhörte, was sie gerade zu sagen hatten.

Über viele Jahre behielt ich in Gesprächen diese schlechte Angewohnheit bei. Mit der Zeit habe ich gelernt, dass, wenn ich wirklich zuhöre, was andere zu sagen haben, auch sie weicher werden und mir ehrlicher zuhören. Wenn wir erst einmal zuhören und versuchen zu verstehen, was der andere sagen will, bleiben wir unvoreingenommener und offener. Das hilft uns, fairer in unseren Urteilen zu sein und uns mehr auf die Erfahrungen anderer einzustimmen. In den Yoga-Lehrertrainings und *Immersions*, die ich geleitet habe, biete ich den Schülern Zweierübungen zur Kunst achtsamen Zuhörens an, bei denen eine Person fünf bis zehn Minuten spricht, während die andere ohne jeden Kommentar einfach nur zuhört. Nach diesen Übungen berichten Leute häufig, wie befreiend es sei, den Raum zum Sprechen zu haben, ohne dass jemand anders einen unterbricht und gleich mit Ratschlägen oder einer eigenen Meinung daherkommt.

Am wertvollsten für mich ist die Kultivierung achtsamen Zuhörens in meiner Ehe. Es passiert so leicht, dass wir zu wissen meinen, was der andere denkt oder glaubt, vor allem, wenn diese Person der eigene Partner ist oder wir sie anderweitig gut zu kennen meinen. Sobald wir uns die Zeit nehmen, richtig zuhören und die eigene Meinung und Auffassung außen vor lassen, erkennen wir, dass hinter jedem Urteil, aller Schuldzuweisung oder Verletzung der Wunsch des Partners steht, geliebt und wertgeschätzt zu werden. Wenn wir die Fähigkeit kultivieren, das Gegenüber ausreden zu lassen, ohne es zu unterbrechen oder gar einen Streit anzufangen, ist das eine Möglichkeit, seine Meinung und Ansichten zu ehren und zu respektieren. Das lässt positive Kommunikation entstehen und vertieft den Respekt für die andere Person. Und das wiederum bildet ein solides Fundament für die Liebe, die grundlegend ist für die Tugend von *ren.*

Hören Sie wirklich zu, dann schauen Sie hinter die Oberfläche Ihrer Erfahrung. Im Chinesischen legt das Zeichen für Zuhören, *ting,* nahe, dass es um mehr geht, als nur die Worte zu hören, die jemand sagt.

Im Zeichen von *ting* sind die Wortstämme oder Zeichnungen für »Ohr«, aber auch »Herz«, »Auge« und »ungeteilte Aufmerksamkeit« enthalten. Wenn wir zuhören, tun wir daher weit mehr, als nur zu entziffern, was jemand sagt. Wir werden präsent und öffnen unser Herz, um den tieferen Sinn zu verstehen. Wenn wir aufrichtig zuhören, schalten wir das permanente Geschnatter im Kopf und auch die Tendenz aus, Radio, Fernsehen oder Gespräche zu nutzen, um eine innere Leere zu füllen. Zuhören erfordert Stille.

Ren mithilfe des Zuhörens kultivieren

- *In der Natur:* Um zuhören zu können, müssen Sie zunächst die Macht der Stille erfahren. Am einfachsten geht das in der Natur. Machen Sie einen Spaziergang. Gehen Sie allein los und lassen Sie Ihre Kopfhörer zu Hause. Nehmen Sie am besten auch Ihr Handy nicht mit. Begrüßen Sie Ihr Alleinsein. Schauen Sie auf den Boden und beobachten Sie, wie Gras, Büsche und Bäume still in der Erde wurzeln. Schauen Sie in den Himmel und beobachten Sie, wie die Wolken still vorüberziehen. Nehmen Sie sich Zeit, um der Fähigkeit der Natur zu lauschen, sich selbst in aller Stille auszudrücken.
- *Im Gespräch:* Spüren Sie bei Ihrem nächsten Gespräch mit jemandem in Ihren Körper hinein und nehmen Sie die Empfindungen in Brust und Bauch wahr. Hören Sie nicht nur mit den Ohren und dem Kopf, sondern auch mit Augen, Herz und Ihrer ungeteilten Aufmerksamkeit zu. Atmen Sie dabei tief ein und aus. Widerstehen Sie der Versuchung, sofort zu antworten, sich eine Meinung über das zu bilden, was Ihr Gegenüber sagt, oder darüber nachzudenken, was Sie antworten werden. Warten Sie, bis die andere Person fertig gesprochen hat, und erkennen Sie, was sie gesagt hat, mit einer Bemerkung an wie: »Das klingt, als wolltest du sagen …« Setzen Sie das Gespräch genauso fort, schenken Sie dem anderen den Raum zum Sprechen und Ihre Absicht, ihn zu verstehen. Hören Sie mit offenem Herzen zu, auch dann, wenn

Sie anstrengt, was der andere sagt. Antworten Sie erst, wenn er fertig gesprochen hat. Lassen Sie Ihre Antwort nicht so sehr aus Ihrem analytischen, rationalen Verstand kommen, sondern aus Ihrem Herzen.

HUI (惠): GROSSZÜGIGKEIT UND HERZENSWÄRME

Großzügigkeit ist eine weitere Tugend, die über Jahrhunderte in China kultiviert wurde. Das klassische chinesische Verständnis davon lautet *hui.* Es kombiniert die Qualitäten des Gebens und der Herzenswärme. Der Buddha betonte in seinen Lehren die Bedeutung der Großzügigkeit, bekannt unter dem Begriff *dāna.* Dies ist der Akt, generös etwas anzubieten, wie etwa Zeit, Geld oder andere Ressourcen. Es gilt als erster Schritt auf dem Weg zum Erwachen, weil es die Grundlage herstellt für die Pflege eines offenen, freigebigen Herzens. Wenn wir etwas weggeben, ohne im Gegenzug etwas dafür zu verlangen – also zum Beispiel in Notzeiten an Wohltätigkeitsorganisationen zu spenden, ehrenamtlich in einer Schule oder Notunterkunft zu arbeiten oder in einer Andachtsstätte Almosen zu geben –, dann lösen wir die Knoten unserer Anhaftungen, die uns daran hindern, in unsere wahre Buddha-Natur zu erwachen, die von Freiheit und Güte geprägt ist.

Im Chinesischen ist der Begriff der Großzügigkeit elementar mit der Qualität des Herzens oder auch *xin* (心; vgl. Kapitel 10) verbunden. Einer der Gründe, aus denen ich es liebe, die Struktur der chinesischen Schriftzeichen zu studieren, ist der, dass sie in wunderschönen Bildern oft unterschiedliche Ideen miteinander verbinden. Das Schriftzeichen für *hui* hat als Fuß das Zeichen *xin.* Das Dach des Schriftzeichens bedeutete ursprünglich »Streitwagen«, während es heute auch für »Auto« (車) steht.

Daher können wir *hui* so verstehen, dass wir den Streitwagen unseres Herzens nehmen, um mit ihm Großzügigkeit und Herzenswärme als Geschenke in die Welt zu fahren.

Der Akt freizügigen Gebens schenkt uns immer natürliche Freude. Wenn wir einem Menschen, der uns viel bedeutet, etwas schenken wollen, dann denken wir an ihn, überlegen, was ihm gefallen, Freude bereiten und das Gefühl geben könnte, sich wertgeschätzt und geliebt zu fühlen.

Eine meiner besten Freundinnen war Mayling, die unglücklicherweise im Alter von 44 Jahren ganz plötzlich verstorben ist. Sie war eine der besten »Geschenkemacherinnen«, die ich je kennengelernt habe. Ihre Präsente waren immer wohlüberlegt und passend, und nie erwartete sie etwas dafür. Ihr besonderes Geschick im Schenken zeigte sich auch in ihrer Großherzigkeit: Sie nahm sich immer Zeit für die Menschen und tat alles, um Kollegen und Studierenden (sie war Universitätsprofessorin) sowie ihren Freunden zu helfen. Die Lehren des Buddha sagen uns, dass Menschen geliebt werden, wenn sie großzügig sind. Für Mayling traf das sicherlich zu. Eine Freundin beschrieb sie als »das Gegengift gegen Zynismus«. Sie war ein auf natürliche Weise fröhlicher, zufriedener Mensch, der von vielen geliebt und verehrt wurde.

Während Freigebigkeit gegenüber anderen ein Gefühl innerer Freude weckt, müssen wir doch andererseits uns selbst gegenüber ebenso großzügig und warmherzig sein. Wenn wir uns selbst Wärme und Zuwendung schenken, zeugt das weder von Narzissmus noch von Egoismus. Im Gegenteil, es hilft uns, auch anderen zu geben. Aus biologischer Perspektive ist unser Herz genau so angelegt: Zuallererst versorgt es sich selbst mit dem sauerstoffreichsten Blut, und erst dann lässt es dieses weiter in die anderen Körperorgane fließen.

In all den Jahren, seit ich Yoga, Qigong und Meditation unterrichte, habe ich mir dieses Beispiel sozusagen selbst zu Herzen genommen. Meine eigene tägliche Praxis ist nicht verhandelbar. Jeden Morgen nehme ich mir Zeit, um Körper, Geist und Herz zu pflegen – idealerweise zwei Stunden, an manchen Tagen aber auch nur einige Minuten, in denen ich sitze, atme und mich dem zuwende, was da ist. Hätte ich diese tägliche Zeit für mich nicht, könnte ich nicht für meine Schüler da sein, ohne dass es mir an die Substanz ginge. Bei meiner lieben Freundin Mayling frage ich mich oft, ob sie womöglich anderen so viel gab, dass für sie selbst zu wenig übrig blieb. Auch wenn sie friedlich im Schlaf gestorben ist, war ihr Tod eine Folge von Herzkomplikationen, von deren Schwere selbst engste Freunde und ihre Familie nichts gewusst hatten. Wir hätten uns gewünscht, dass sie sich an uns gewandt hätte, auf dass wir ihr einiges von ihrer Last – darunter mächtiger Druck auf der Arbeit und Krankheit in ihrer Familie – hätten abnehmen und ihr unsere Liebe, Unterstützung und Fürsorge hätten geben können.

Großzügigkeit lässt Fülle entstehen und schenkt ihr Nahrung. Es ist das Gefühl, dass wir genügend in uns haben, um es mit anderen teilen zu können. Dieses Gefühl der Fülle hat nichts mit dem Einkommen oder mit Wohlstand zu tun. Manchen unter den Reichsten dieser Welt fällt es womöglich schwer, etwas von ihrem Besitz abzugeben, während einige der Bedürftigsten unglaublich großzügig sind. Ich erinnere mich noch an viele Gelegenheiten in meiner Zeit als Fotografin. Damals bereiste ich auch die ärmsten Regionen der Welt, zum Beispiel Teile von Zentralasien, Bhutan, Indien, China und Tibet, wo die Menschen mir gegenüber unglaublich großzügig waren. Häufig wurde ich zum Tee in ihre Häuser eingeladen. Wann immer ich in Usbekistan jemanden auf einem Markt fotografierte, bekam ich als Dankeschön etwas geschenkt. Ich erhielt Plastikgürtel, Messer, Beutel voll mit Paprika, Zitronenküchlein oder gar eine Mahlzeit umsonst! Diese kleinen Geschenke und warmherzigen Gesten gaben mir ein Gefühl der Sicherheit und Freude am Reisen in einem fremden Land, in dem nur wenige Menschen Englisch sprachen.

Ganz anders ging es einmal in einem vornehmen Yoga-Zentrum in Mexiko zu, das ich für ein Retreat gebucht hatte. Nachdem wir dort angekommen waren, stellten sie uns lauter kleine Extras in Rechnung, die im Gesamtpaket nicht enthalten waren: Das Internet kostete für die Woche 20 US-Dollar pro Person extra. Ein zweiter Schlüssel für ein Zimmer: fünf Dollar zusätzlich. Mein Mann, der Akupunkteur ist, fragte, ob ihm einer der Therapeuten im Zentrum ein paar Nadeln zur Verfügung stellen könne. Noch am selben Tag wurde ein Umschlag mit fünf Nadeln unter unserer Tür durchgeschoben, die Rechnung betrug 20 Dollar; in London hätten sie ihn 50 Penny gekostet. Mit jeder neuen Rechnung zog sich mir das Herz zusammen. Ich war traurig, dass die Betreiber nicht genug Fülle in ihrem Leben zu empfinden schienen, um einfach zu helfen oder einen ohnehin vorhandenen Service anzubieten. Am Ende führte dieser Mangel an Großzügigkeit dazu, dass ich meine Wertschätzung für den Ort verlor. Obwohl es ein wunderschönes, an einem idyllischen Strand gelegenes Zentrum war, wollte ich nie mehr dorthin zurück.

Mein Vater hat immer gesagt, es gebe viele Gelegenheiten am Tag, bei denen wir wählen könnten, ob wir kleinkariert oder großzügig sein wollten in unserem Handeln. Sein gesunder Rat war, dass wir uns immer für die Großzügigkeit entscheiden sollten. Mit der Zeit würden wir auf natürliche Weise lernen, Kleinherzigkeit zu vermeiden. Versuchen Sie doch mal, dieses Prinzip über den Tag anzuwenden. Dabei kann es um Geschenke, Geld, Aufmerksamkeit, Zeit oder auch Vergebung gehen. Stellen Sie sich vor, Sie stehen an einer Kreuzung. Jemand hat zum Beispiel einen Fehler begangen, und Sie sind frustriert und wütend – die Sache kommt Ihnen höchst ungelegen. Der andere entschuldigt sich, aber Sie wollen, dass er weiß, wie aufgebracht Sie sind. Mit einer potenziell kleinherzigen Antwort würden Sie den anderen seinen Fehler noch stärker spüren lassen und alles aufzählen, womit er Sie verärgert hat. Eine großherzige Antwort könnte in etwa so lauten: »Ich akzeptiere deine Entschuldigung, aber bitte verstehe, dass du mir heute wirklich Schwierigkeiten bereitet hast.«

CI BEI (慈悲): MITGEFÜHL

Die Pflege von Mitgefühl nach der chinesischen, buddhistischen und yogischen Vorstellung ist eine wunderbare Grundlage dafür, wie wir in der Welt stehen. In den Worten meines Meditationslehrers Martin Aylward bedeutet, *mitfühlend zu sein,* »in Solidarität zu stehen« mit dem Leid eines anderen Lebewesens. Es bedeutet, dass wir eine schwierige Situation wahrnehmen und spüren, wie unser Herz mit einer klaren, freundlichen und fürsorglichen Antwort lebendig wird.

In Wahrheit ist Mitgefühl nicht immer intuitiv vorhanden und auch nicht sofort zur Stelle, zum Beispiel, wenn wir zur Arbeit kommen und dort einen unserer Kollegen grantig vorfinden. Sicher ist es leicht, die Person zu verurteilen und nicht mitfühlend, sondern frustriert über sie zu sein, weil sie einen schlechten Tag hat. Mitgefühl wird auch schnell als Mitleid missverstanden oder als Zeichen von Schwäche und einer zu großen Beeinflussbarkeit durch die Gefühle anderer. Wenn wir eine traurige oder schwere Geschichte hören, fühlt es sich manchmal so an, als würden wir in eine Depression mit hineingezogen. Oder wir sehen uns veranlasst, unser eigenes Pech zu schildern oder ungefragt Ratschläge zu geben, um das Dilemma des Gegenübers zu lösen. Solcherlei Reaktionen sind nicht wirklich mitfühlend.

Bei Mitgefühl geht es darum, uns nicht von dem Leid anderer herunterziehen zu lassen, sondern deren Schwierigkeiten als etwas zu erkennen, was wir selbst schon erlebt haben oder jedenfalls nachvollziehen können. Die Erkenntnis, dass Leid eine universelle Wahrheit ist, wird zu einer Quelle des Mitgefühls und tiefer Einsicht. Wir lernen zu sehen, dass niemand bis zum Ende seines Lebens ohne Leid und Verlust davonkommt. Sobald wir erkennen, dass unser Schmerz nicht nur eine individuelle Last, sondern eine universelle menschliche Eigenschaft ist, finden wir Wege, die Würde in uns und in anderen Menschen zu sehen. Es braucht Zeit und Geduld, den eigenen und den Schmerz anderer anzuerkennen. Noch mehr Mut und Rückhalt braucht es, sich für diesen Schmerz zu öffnen. Genau aus diesem Grund ist Mitgefühl eine Übung, die wir allmählich und ganz behutsam pflegen sollten.

Der chinesische Begriff für »Mitgefühl« ist das Kompositum *ci bei*. Die Zusammensetzung dieser beiden Wörter enthält Bedeutungsschichten, die uns die Nuancen und die Tiefe dieses Konzepts verstehen helfen. Das erste Wort, *ci* (慈), bedeutet »Freundlichkeit«. Es besteht aus dem Symbol für das Herz (*xin* [心]), das unter dem Schriftzeichen für »hier« angeordnet ist (*zi* [兹]). Freundlich zu sein würde demnach heißen, mit dem Herzen präsent zu sein. Das zweite Wort (*bei* [悲]) bedeutet »Traurigkeit«. *Bei* trägt auf seiner Spitze den Wortstamm »非« *(fei)*, was so viel bedeutet wie »unrecht«, und die Basis besteht ebenfalls aus dem Herzzeichen (*xin* [心]). Mitgefühl heißt mithin, vollständig und mit Freundlichkeit präsent zu sein, wenn dem Herzen unrecht getan wurde.

Wie wir in Kapitel 10 untersucht haben, heißt das Herz im Chinesischen *xin*, was mehr bedeutet, als nur Mittelpunkt unserer Gefühle zu sein: Es spielt auch eine psychologische Rolle. Anders als der Geist allein hat *xin* die Fähigkeit, eine große Bandbreite an komplexen, ungewissen Erfahrungen zu tragen. Daher ist es der perfekte Ort, um Leid mit Mitgefühl zu begegnen.

Xiu Yang für ein Leben voller Mitgefühl

Der Buddha lehrte, dass wir für die Entwicklung von Mitgefühl oder *karuṇā* unsere Fähigkeit erkunden können, unser Mitgefühl auf die persönliche, politische und soziale Ebene des Menschseins auszuweiten. Es müssen keine großartigen Gesten des Mitgefühls sein. Sie können einfach und klein sein – wie ein Hallo zu einem problembeladenen Nachbarn oder die Bereitschaft zu einem Gespräch, wenn eine Freundin für eine schwierige Situation einen Resonanzboden braucht. Es gibt eine für die Pflege von Mitgefühl sehr hilfreiche Meditation. Sie ähnelt der *Mettā*-Meditation, die ich in Kapitel 10 vorgestellt habe. Statt jedoch, wie dort, Glück, Gesundheit, Sicherheit und Frieden zu wünschen, wünschen wir uns und anderen hier Freiheit von Schmerz und Leid. Anders als bei *mettā* öffnen wir uns hier für die Tatsache, dass Schwierigkeiten zum Leben dazugehören, und erkennen sie bewusst an.

Die Übung in Mitgefühl

1. Visualisieren Sie zunächst jemanden, von dem Sie wissen, dass er es gerade schwer hat. Vielleicht hat er einen geliebten Menschen verloren, eine Krankheit diagnostiziert bekommen, Probleme bei der Arbeit, oder er steckt in einer schmerzhaften Trennung. Achten Sie darauf, dass es sich um eine reale Person handelt, um jemanden, zu dem Sie eine Verbindung haben.
2. Schicken Sie ihm nun Mitgefühl. Sagen Sie im Stillen einige Minuten immer wieder zu sich selbst: »Mögest du frei sein von deinem Leid, deiner Trauer und deinem Schmerz.«
3. Weiten Sie von dort aus diesen Wunsch auf sich selbst und dann auf eine Person aus, die Sie nicht besonders mögen oder als schwierig empfinden, und am Ende auf alle Lebewesen. Bleiben Sie jeweils mehrere Minuten bei jedem Adressaten, so lange, wie es für Sie stimmig ist. Vielleicht brauchen Sie bei einigen

Menschen länger als bei anderen, um echtes Mitgefühl zu verspüren. Bleiben Sie in diesem Fall trotzdem sanft bei der Sache und begegnen Sie Ihrem Widerstand mit Mitgefühl für sich und Ihre Schwierigkeit.

4. Machen Sie sich keine Sorgen, falls sich Ihr Herz schwer anfühlt oder zu beben oder schmerzen beginnt: Das ist ganz normal und natürlich und gehört zu dieser Übung dazu. Lassen Sie das Gefühl zu und entspannen Sie sich in Ihren Atem hinein. Denken Sie daran, dass Schmerz allen Lebewesen gemein ist. Docken Sie an diese gemeinsame Erfahrung an – an die Verbindungen, das Einssein und die Totalität, die allem Leben zugrunde liegt. Wenn wir uns dafür öffnen und die gegenseitige Verbindung von allem und die Ganzheit wahrnehmen, entdecken wir eine tiefe, nie versiegende Quelle des Glücks und der Freude.

Die verkrüppelten Hände eines tibetischen Mädchens: Eine Geschichte zum Mitgefühl

Im Frühjahr 2008 war Dolma Wangmo elf Jahre alt und reiste zum ersten Mal von den abgelegenen Bergen der westlichen Provinz Chinas Qinghai ans Meer. Zusammen mit ihrem Adoptivgroßvater und acht weiteren tibetischen Kindern sowie deren Eltern kam Dolma in Yantai an der Küste im Nordosten Chinas an. Sie alle kamen in Zusammenhang mit einer ärztlichen Mission namens »Glow Fund«, die mein Mann und ich sponsern. Der Glow Fund ermöglicht Kindern, die unter schweren körperlichen Behinderungen leiden, eine Operation seitens führender Orthopäden aus dem Kinderkrankenhaus Lucile Packard Children's Hospital der Universität Stanford. Die Chirurgen kommen eigens angereist, prüfen, ob eine Operation machbar ist, und operieren die Kinder innerhalb einer Woche.

Dolmas Hände waren unbrauchbar. Im Alter von zwei Jahren war sie an einer Virusinfektion erkrankt, die ihren Körper ein Jahr lähmte. Danach hatte sie zwar für den größten Teil ihres Körpers die Beweglichkeit zurückerlangt, doch die Hände blieben stark beschädigt. Eine Hand war vollständig schlaff, die andere war deformiert und kaum zu verwenden. In China haben es Menschen mit Behinderung viel schwerer, eine reguläre Arbeit zu finden. Eine Operation würde Dolma nicht nur ermöglichen, die Hände zu verwenden, sondern ihr auch für die Zukunft bessere Berufschancen eröffnen.

Am Tag von Dolmas Konsultation herrschte Chaos im Krankenhaus: Es waren noch Hunderte weitere Kinder da, die von den Ärzten untersucht werden sollten. Ich sah, wie sie mitten in der Menge mit einem der Ärzte sprach. Dann stand sie auf und ging. Daran, wie sie Schultern und Kopf hängen ließ, konnte ich sehen, dass sie keine gute Nachricht erhalten hatte. Ich fragte sie, was ihr der Arzt gesagt hätte. Kaum hatte sie den Blick zu mir gehoben, fing sie jämmerlich an zu schluchzen. Man würde sie nicht operieren.

Ihr Schluchzen zog die Aufmerksamkeit aller Wartenden auf sich, und mein Mann riet, sie wieder zu ihrem Krankenbett zu bringen. Schützend legte ich ihr meinen Arm um die Schultern und bahnte uns den Weg durch die Menge. Dort trafen wir ihren Adoptivgroßvater an. Er hatte Tränen in den Augen. Als sie ihn sah, weinte sie noch lauter und durchdringender.

Und dann brach sie mir schier das Herz: Sie begann, sich selbst auf die Hände zu schlagen. Sie hasste sie. Als das Zuschlagen nicht half, versuchte sie, sie gewaltsam von den Armen abzuschütteln. Die chinesische Krankenschwester kam herbeigelaufen, um zu helfen. Sie wirkte tief bestürzt und weinte. Und sie reagierte, wie wohl viele es tun würden, wenn sie jemanden leiden sehen. Sie sagte Dolma, sie solle aufhören zu weinen. *»Bu yao ku! Bu yao ku!«* – »Hör auf zu weinen! Hör auf zu weinen!« Doch Dolma weinte nur umso lauter. Ich schloss sie noch fester in die Arme. Ich wollte sie beschützen. Ich sagte ihr, dass ich sie verstünde, dass es in Ordnung wäre zu weinen und dass ich ebenso verzweifelt weinen würde, wenn ich sie wäre.

In den Tagen vor dem Arztgespräch hatte ich sie als kluges, quirliges und verschmitztes Mädchen erlebt, und das trotz ihres schweren Lebens. Sie war Vollwaise, nachdem sie im Alter von drei Jahren beide Eltern bei einem Autounfall verloren hatte. Der Mann, den sie »Großvater« nannte, nahm sie auf und kümmerte sich um sie. Ich stellte mir vor, wie viele Fantasien sie gesponnen haben mochte, wie eine Operation ihr die Verwachsungen nehmen und ein normales Leben schenken könnte. Angesichts ihrer Lage waren ihre Scham, ihr Selbsthass und die Gewalt gegen sich selbst nur noch herzzerbrechender.

Der Bann der Verzweiflung brach erst, als ihr Adoptivgroßvater, der auf der anderen Seite von Dolma stand, seine Hände nach ihren kleinen Händen ausstreckte, sie mit den seinen umschloss und zu küssen begann. Tränen mischten sich in seine zärtlich ergreifende Liebe. In diesem Augenblick wurde er zu einem Heiligen; angesichts ihres Leids gab er ihr das unmessbare Geschenk des Mitgefühls.

Glücklicherweise war es schließlich doch möglich, ihre eine Hand erfolgreich zu operieren. Dank regelmäßiger Physiotherapie hat Dolma nun sogar über beide Hände mehr Bewegungskontrolle. Dennoch dient ihre Geschichte als Mahnung dafür, wie wichtig Mitgefühl anderen, aber auch uns selbst gegenüber ist.

Wir alle haben schon Situationen erlebt wie Dolma Wangmo, haben uns unseres Körpers oder unseres Handelns geschämt, uns selbst gehasst und uns gewünscht, wir wären anders, als wir sind. Wie wäre es nun, wenn wir diese Scham nicht gegen uns richteten und nicht um uns schlügen, sondern uns der Schwierigkeit, mit der wir es zu tun haben, mit Mitgefühl widmeten? Daran erinnere ich meine Schüler gern, wenn ich Yoga unterrichte. Gelegentlich erzähle ich diese Geschichte und bitte die Schüler, sich eine Entsprechung für diesen Großvater vorzustellen, die ihnen die Hände küsst, wenn sie über ihren Körper, ihre Fähigkeiten oder Praxis frustriert sind. Indem wir lernen zu erkennen, wie wir Schwierigkeiten erleben, und unserer Erfahrung mit Mitgefühl begegnen, können wir auch erkennen, wie Leid sich bei anderen Menschen auswirkt, und vielleicht lernen, das Geschenk des Mitgefühls auf die Welt auszuweiten.

DIE AUFRECHTERHALTUNG DER TUGENDEN

Vergessen Sie nicht: Xiu Yang ist ein beständiger Prozess. Es ist eher unwahrscheinlich, dass Sie eines Tages aufwachen und sich, ohne zurückzuschauen, nur noch als mitmenschlich, großherzig und mitfühlend empfinden. Genau wie ein Garten beständiger Pflege, des Beschneidens der Pflanzen und der Düngung des Bodens bedarf, gilt es, die Tugenden Tag für Tag und Jahr für Jahr zu pflegen und gesund und lebendig zu halten. Auf diese Weise können Sie Ihr Fundament für das Glück in der Welt stärken und ausbauen.

13

FLEXIBILITÄT UND DEMUT

Unsere Lebensmuster sind wie ein Spiegel der Muster des Universums, die nie unveränderlich sind und sich ständig bewegen. Diese Muster klingen ab und nehmen zu, genau wie das Dao, das sich am ehesten mit Wasser assoziieren lässt: demütig in seiner Fähigkeit, alles Leben zu nähren, ohne je etwas dafür zu fordern. Ebenso glaubte man, dass Wasser am Anfang und Ende aller Dinge vorhanden war, und auch hier entspricht es wieder dem Dao. Auf diese Beziehung haben wir bereits in Kapitel 1 hingewiesen; hier soll es nun ausführlicher darum gehen, auf welchen Wegen unsere Beziehung zu Natur und Dao zugleich ein reicher Quell für unser Leben in der Welt sein kann.

MIT DEM FLUSS GEHEN

Wie können wir mithilfe von Xiu Yang die Flexibilität des Wassers in unser Leben bringen? Zunächst müssen wir uns daran erinnern, dass Xiu Yang nie mutwillig oder durch Zwang erreicht werden kann. Sagen wir zum Beispiel, wir haben über Jahre Rosen im Garten gezogen, doch nun ist eine Pinie so groß geworden, dass sie den Rosen die Sonne nimmt. Würden wir die Rosen im Schatten weiter zu ziehen versuchen, dann würde man damit Unmögliches forcieren wollen, denn ohne Sonne werden die Rosen um ihr Überleben kämpfen und schließlich vergehen. Besser ist es, hier eine andere Pflanze zu ziehen, etwa Geranien, die auch im Schatten gedeihen, und einen schönen neuen sonnigen Fleck für die Rosen zu suchen, an dem sie in ihrer ganzen Schönheit erblühen können.

Mit Xiu Yang und Flexibilität können wir dort starten, wo wir gerade stehen, und mit dem arbeiten, was wir haben. Die Chinesen verwenden dafür den Ausdruck *sui he* (随河). *Sui he* bedeutet »mit dem Fluss gehen«. Statt flussaufwärts zu schwimmen und schlechte Laune und Frust zu riskieren, gehen wir im Fluss mit dem Leben, das in ständigem Wandel begriffen ist.

Im Fluss sein kann in manchen Situationen etwas ganz Natürliches sein, wie etwa, wenn wir uns darauf freuen, mit einer Freundin Sushi essen zu gehen, und sie kurzfristig anruft und lieber Pizza mit uns essen gehen will. In anderen Situationen kann *sui he* schon schwieriger sein. Wenn wir krank sind, wehren wir uns gewöhnlich gegen das Kranksein. Statt nun aber das Bedürfnis des Körpers nach Erholung zu bekämpfen, indem wir unseren Aktivitäten weiter so nachgehen, als wären wir gesund, können wir Xiu Yang anwenden und die Eigenschaften von *sui he* kultivieren: flexibel sein und uns ins Kranksein hineinfließen lassen! Wir nehmen uns also die Zeit, Selbstfürsorge zu betreiben und unseren Körper damit so zu nähren, dass wir wieder gesund werden. Vielleicht müssen wir uns dafür einen Tag freinehmen, doch bewahrt es uns vor fünf Tagen Qual mit Kopfschmerzen, Husten und Schniefen am Arbeitsplatz – von der Ansteckungsgefahr für die Kollegen gar nicht erst zu reden … Sind wir todunglücklich, wenden wir uns sanft dem Schmerz zu, statt zu meinen, wir dürften uns nicht unterkriegen lassen und müssten glücklich sein. Anfangs mag sich das schwierig anfühlen, doch langfristig ist es besser, als sich vom Schmerz abzuwenden und ihm damit potenziell zu ermöglichen, zu gären oder tiefere Ebenen eines physischen oder emotionalen Traumas und der Trauer auszulösen. Wenn wir unseren Emotionen Raum geben, können sie sich eher im Ganzen und insgesamt schneller durch uns hindurchbewegen und vergehen. Eine Kultivierung dieser Flexibilität beginnt daher mit der Bereitschaft, allem, was da ist, zu begegnen und mit dem Fluss zu gehen – egal, wie leicht oder schwer das sein mag.

IM FLUSS ZU SEIN ENTSPRICHT UNSEREM WESEN

Die frühen Daoisten glaubten, der Körper – samt Blut, Knochen, Energie, Gedanken und Geisteskraft – sei Teil der fließenden, wasserähnlichen Matrix, die das Dao ist. Wir sind ein System von Flüssen, Nebenflüssen, stillen Wassern und Strömungen, die ständig in Bewegung sind, abklingen und wieder zunehmen. Von einer Sekunde zur nächsten bleiben wir nie ein und derselbe Mensch.

Die Strömungen, die unseren Körper durchfließen, helfen uns, flexibel zu bleiben, aber auch unsere grundlegende Funktionskraft als Organismus beizubehalten. Nahezu 70 Prozent des Körpers bestehen aus Flüssigkeit. Sie fließt zum Beispiel als Synovialflüssigkeit durch unsere Gelenke und trägt zur Stoßdämpfung bei, ebenso wie die Flüssigkeit, die die Organe umgibt. Dann sind da das Blut, die Lymphe und die interzelluläre (interstitielle) Flüssigkeit. Sogar in den Knochen haben wir Flüssigkeit; sie sind nicht etwa trocken und spröde, sondern bestehen zu 50 Prozent aus einem stoßdämpfenden Gel, das sich aus einer Mischung von Wasser und dem chemischen Zitrat zusammensetzt. Trotz dieser erstaunlichen Flüssigkeiten, die unsere Körperstruktur und -funktion stützen und erhalten, fühlen wir uns meist alles andere als flexibel und im Fluss. Das kann sowohl für unseren Körper gelten als auch für die Art und Weise, wie wir Ereignissen mental und emotional begegnen. Wenn etwas schiefgeht, erstarren wir nur allzu häufig – wir werden eng und wehren uns mit aller Kraft.

Was können wir tun, um den Herausforderungen des Lebens – den Gelegenheiten, bei denen wir das Gefühl haben, blockiert zu sein, zu stagnieren oder Widerstand zu leisten – anders, flexibler zu begegnen? Für den Anfang können wir auf unseren zu großen Teilen aus Wasser bestehenden Körper zurückgreifen. Nur allzu oft bewegen wir unseren Körper abgehackt, plötzlich oder ruckartig. Stellen Sie sich nur Hampelmänner oder einen militärisch abgehackten Liegestütz vor. Wenn wir nun unseren Körper stattdessen als Heimstatt vor allem von Flüssigkeiten betrachten, dann hat unser ganzes Sein das Potenzial, nachzugeben und angespannte oder auch gereizte mentale und emotionale Zustände aufzulösen. In die flüssige Matrix des Körpers hinein nachzugeben kann ein erster Schritt sein, um die harten und inflexiblen Anwandlungen des Geistes aufzulösen.

Denken Sie ebenfalls daran, dass das Wasser im Körper eines der stärksten und zugleich weichsten Elemente der Natur ist. Das *Dao De Jing* besagt: »Auf der ganzen Welt gibt es nichts Weicheres und Schwächeres als das Wasser. Und doch in der Art, wie es dem Harten zusetzt, kommt nichts ihm gleich.« Wasser höhlt Schluchten ins Land, in denen Flüsse fließen, und kann den rauesten Fels in einen glatten Stein verwandeln. Stimmen wir uns auf diese Eigenschaft ein, dann nehmen wir wahr, mit welcher Kraft das Wasser geduldig die scharfen Kanten eines Steins abschleift, und erkennen, dass es dasselbe mit den Widerständen in unserem Körper, Geist, Herzen oder gar Leben vermag. Diese Kraft, vereint mit der Weichheit, können wir kultivieren, um allem, was in unserer Welt auftauchen mag, mit sanfter und zugleich fortdauernder Würde zu begegnen.

Xiu-Yang-Übung für Flexibilität im täglichen Leben

Nehmen Sie das nächste Mal, wenn Sie Widerstand von einem Freund, einer Partnerin oder einem Kollegen wahrnehmen, Kontakt zu Ihrem »Wasser-Selbst« auf. Beachten Sie, wie sich der Widerstand physisch in Ihnen anfühlt. Vielleicht als zusammengepresster Kiefer? Als Enge in der Brust? Oder im Bauch? Stellen Sie sich die Flüsse Ihres Körpers vor, wie sie fließen und die Flüsse Ihrer Emotionen und Geistesverfassung halten und mit sich fort-tragen können. Auf welche Weise kann Ihnen die weiche Kraft des Wassers helfen, diesem Widerstand zu begegnen, damit Sie sich mehr im Fluss, flexibler und frei fühlen können?

FLIESSENDE BEWEGUNG

»Fließende« Yoga-Übungen, wie zum Beispiel der Vinyasa-Flow-Yoga, unterstützen auch die natürlichen Körperbewegungen. Die Betonung auf einem gleichmäßigen Atem im Vinyasa-Yoga ermöglicht ein Gefühl von Kreislauf, wie die natürlichen, nie endenden Rhythmen der Mondphasen, des Sonnenauf- und -untergangs, von Ebbe und Flut oder der Wechsel der Jahreszeiten. Städter verlieren leicht den Kontakt zu diesen natürlichen Rhythmen, was vielleicht erklärt, warum der Vinyasa-Yoga heute so verbreitet und einflussreich ist. Er schenkt Raum, sodass man sich wieder mit einem inneren Rhythmus verbinden kann, der sich auch in der äußeren Welt widerspiegelt.

Vom daoistischen Standpunkt aus ermöglicht uns die Harmonisierung der Flüssigkeiten und Energien von Geist und Körper, eins zu werden mit den fließenden Energien der Natur und des Universums. Mit der Zeit machten die Daoisten die Erfahrung, dass die effektivste Möglichkeit in fließenden, sanften Bewegungen und weicher, tiefer Atmung bestand. Diese Übungen wurden zu dem, was heute unter dem Namen »Qigong« bekannt ist. Beim Qigong liegt die Betonung darauf, sich durch die Formen zu bewegen, als wäre man von unsichtbaren Wasserströmen getragen. Unsere Arme und Hände werden häufig so dargestellt, als tanzten sie an den Enden von Regenbögen, Wellen vor sich herschiebend oder Wolken zerteilend. Im Qigong geht es auch darum, die Körperbereiche, die sich eng und verkrampft anfühlen, eher zu lockern, als sich dagegen anzuspannen. All das trägt dazu bei, das fließende Element auch in unseren Alltag zu bringen. In der Psychologie wird dies auch als »Flow« bezeichnet: Wenn wir vollkommen mit der gerade zu bewältigenden Aufgabe verschmelzen, dann ist es keine harte Arbeit mehr, und wir sind weder frustriert noch erschöpft, sondern fokussiert – wir tauchen ein und gehen völlig auf in dem, was wir gerade tun. In dieser Verfassung löst sich das Ich-Gefühl auf, und wir sind fließender und freier in der Erfahrung, wir sind im Fluss und viel glücklicher. Der Zustand ähnelt dem daoistischen Konzept von *wu wei* oder dem mühelosen Handeln, wie es in Kapitel 1 beschrieben wurde.

Drama als Unterbrechung des Flusses

Unsere Fähigkeit, natürlich und im Fluss zu sein, wird häufig von Sorge, Anspannung und Angst verdeckt, sodass wir uns weit entfernt fühlen von unserer eigentlichen Art zu sein. Menschen scheinen dazu veranlagt zu sein, aus einem sich natürlich entfaltenden Prozess mehr zu machen, als notwendig wäre. Das Wetter ändert sich unweigerlich, mal scheint die Sonne, mal regnet es. Doch reagieren wir – vor allem in Großbritannien – auf diese natürlichen Wechsel mit Begeisterung, wenn die Sonne scheint, und mit Traurigkeit und Enttäuschung, wenn es regnet. Entsprechend sind auch Erfolg und Scheitern natürliche Prozesse, doch wir überbewerten gern unseren Erfolg und geißeln uns für ein Scheitern. Wären wir im Fluss mit diesen Erfahrungen und blieben wir flexibel, würden wir die Sonne genießen, solange sie da ist, ohne auf ewigen Sonnenschein zu hoffen, und den Regen schätzen, wenn es regnet, statt uns die Sonne herbeizuwünschen.

Entsprechend können wir unsere Erfolge im Leben wertschätzen, ohne sie zu einem immer zu erreichenden Standard zu machen, und auch unser Scheitern als gute Lerngelegenheiten sehen, statt gleich in tiefste Selbstzweifel zu stürzen oder uns selbst nicht mehr wertzuschätzen. Wenn wir lernen, aller Erfahrung flexibel zu begegnen und im Fluss zu bleiben, können wir auch lernen, nicht der Tyrannei zusätzlichen Dramas zu verfallen, sondern in Harmonie mit dem natürlichen Kommen und Gehen der Erfahrungen zu leben.

DIE EIGENSCHAFTEN DER DEMUT PFLEGEN

Im Zentrum des chinesischen Denkens steht das Lob der Demut mit ihren Verdiensten und Stärken. Zum Teil spiegelt sie, wenn sie ausgewogen ist, eine weitere Eigenschaft des Wassers wider: Es wird immer zu den am niedrigsten gelegenen Orten fließen und möglichst den sanftesten Weg wählen. Die Wurzel des englischen Begriffs für »Demut« *humility* steckt in dem lateinischen *humilis,* das »niedrig« bedeutet. Da Xiu Yang danach strebt, uns mit dem Dao zu harmonisieren und an ihm auszurichten, bedeutete dies im alten China, dass sich die Regierenden, die Gelehrten, Beamten und Weisen bemühten, die Eigenschaften des Wassers und des Dao nachzuahmen, indem sie feinsinnig, einfach und bescheiden waren. In der Tat wurden die Menschen, die nach Größe, Ruhm und Reichtum trachteten, nicht geachtet. Der wahre Weise, so sagt es uns das *Dao De Jing,* »meidet (…) das Zusehr, das Zuviel, das Zugroß« und »rühmt sich selber nicht, darum vollbringt er Werke. Er tut sich nicht selber hervor, darum wird er erhoben«.

Auch in der westlichen Welt wird die Demut im Allgemeinen als positiver Charakterzug verstanden. Der heilige Augustinus definierte die Demut als die Wurzel aller Tugenden, und Christus wird in der Bibel häufig als sanftmütig und von Herzen demütig dargestellt *(Mt 11, 29).* Doch in der heutigen kompetitiven und individualistischen Welt ist die Demut keine so leicht zu entwickelnde Eigenschaft. Wir leben in einem Umfeld, das persönliche Errungenschaften, Status, Erfolg und das Sichhervorheben aus der Menge stark betont. Häufig müssen wir uns beweisen und unsere Leistungen zur Schau stellen. Um eine Arbeit zu bekommen, müssen wir zeigen, was wir in der Vergangenheit alles geleistet haben. Um uns erfolgreich zu vermarkten, stehen wir unter Druck, denn wir sollen gebildet, klug, extravertiert oder gar lustig sein. In der Yoga-Welt haben viele Lehrer das Gefühl, auf sozialen Plattformen ihre körperlichen Fähigkeiten zeigen zu müssen, um Schüler und Anhänger gewinnen zu können. Wenn wir uns des Bedürfnisses, eine Bestätigung unserer Identität zu finden, nicht bewusst sind, können wir uns leicht zu einem wahren Brombeergestrüpp an Hybris oder Narzissmus verwachsen.

Oder aber wir entwickeln genau das Gegenteil und haben eine derartige Abneigung gegen Prahlerei, dass wir uns kleiner machen, als wir sind, und geradezu in uns zusammenfallen. Dann werden wir vielleicht missgünstig gegenüber denen, die mit ihren Leistungen auf natürliche Weise nicht hinterm Berg halten, oder frustriert, weil keiner sieht, was wir können.

Beide Tendenzen sind nicht förderlich für eine Befreiung von Herz und Geist und für ein zufriedenes Leben. Demut dient, wenn sie richtig verstanden und geübt wird, als Ermahnung, wie wichtig es ist, natürlich und einfach zu leben, genau wie die Sonne, wenn sie aufgeht und ihr Licht klar und selbstverständlich über das Land ausstrahlt. Die Demut betont, dass wir unsere Leistungen, egal, was wir denken mögen, nicht etwa vollbracht haben, weil wir ein hervorragender oder ganz besonderer Mensch wären. Oft haben sie eher mit Zufall, Glück, Erziehung, Zugangsmöglichkeiten, glücklichen Umständen, Privilegien oder der Güte anderer zu tun, die uns geholfen haben auf unserem Weg zu dem, was wir in unserem Leben erreicht haben. Wenn wir etwas gut können, ist das häufig das Nebenprodukt vieler Umstände, die außerhalb unserer Kontrolle lagen. Welches Glück hatten zum Beispiel meine Eltern, als sie China 1949 verließen und nach Taiwan zogen, von wo aus sie dann die Möglichkeit hatten, in Übersee zu studieren und in die

Vereinigten Staaten zu emigrieren. Meine Cousins und Cousinen, die in China zurückblieben, wo sie Jahrzehnten kommunistischer Herrschaft und dem Chaos der Kulturrevolution ausgesetzt waren, hatten dieses Glück nicht. Infolgedessen war ihr Leben sehr viel härter als unseres in Amerika. Wenn wir anerkennen können, dass wir in Wahrheit höchst selten etwas nur aus uns selbst heraus zustande bringen, fördert das unsere Demut ungemein.

Zudem fordert sie uns ab, anderen zu dienen und sie dort zu unterstützen, wo wir können, mehr aus Liebe und Fürsorge als aus Notwendigkeit oder aus blankem Willen. Andere glücklich zu sehen ist genug Belohnung für unser Handeln. Wir tun unsere Arbeit nicht, um Größe zu erlangen, sondern weil wir in unserer Familie, am Arbeitsplatz oder in der Gemeinschaft etwas Positives bewirken wollen. Die guten Ergebnisse unserer Arbeit zu sehen sollte uns so nähren, dass wir keine äußere Anerkennung und kein Lob brauchen. Wir tun, was wir können, um andere zu erreichen und sie wissen zu lassen, wer wir sind oder was wir tun, weil wir glauben, dass das, was wir ihnen mitteilen, sie aufrichten, ermutigen oder inspirieren kann, ihre eigene Perspektive, ihre Stimmung oder gar ihre Lebensweise zu ändern. Wir stellen unsere Erfahrung zur Verfügung, ohne etwas dafür zu verlangen. Das ist die beste Übung in echter Demut.

Wenn wir unsere Arbeit darauf konzentrieren, die Welt in irgendeiner Weise zu einem besseren Ort zu machen – egal, ob es ein Lächeln ist, ein lustiger Post in den Social Media, ehrenamtliche Arbeit für eine Wohltätigkeitsorganisation oder der Einsatz unseres Lebens, um über einen politischen Aufstand berichten zu können –, dann bremsen wir jedoch zugleich unser Bedürfnis nach Bestätigung, Aufmerksamkeit und Lob. Mit dieser Demut können wir eine viel positivere Beziehung zur Welt aufbauen und glücklicher darin leben.

Im Yoga versteht sich dies als Gleichgewicht zwischen beharrlicher Übung und dem Nichtanhaften, der Losgelöstheit. Das heißt nicht, dass wir keine Anstrengungen unternähmen, um im Leben

Erfolg zu haben, und nicht nach positiven Leistungen strebten. Eher geht es darum, zu tun, was wir tun müssen, und den Wunsch nach einem bestimmten Ergebnis loszulassen. Oder, um es mit den Worten des *Dao De Jing* zu sagen: »Sich zurückzuziehen, nachdem die Aufgaben erledigt sind, ist das Dao des Himmels.«

WAS WIR VON DER DEMUT LERNEN KÖNNEN

Aus der Kultivierung von Demut in unserem Handeln lässt sich viel Weisheit lernen. Aus der Perspektive der Praxis von Xiu Yang für einen glücklicheren Platz in der Welt können uns folgende vier Vorstellungen Orientierung für ein Leben in mehr Demut schenken.

1. *Die Demut vertieft unsere Ehrfurcht und unseren Respekt vor der Natur:* Statt zu glauben, wir Menschen hätten eine besondere Stellung in der Welt oder gar das Recht, sie zu beherrschen, ermahnt uns die Demut, dass wir Teil der Natur sind und dass die Natur Teil von uns ist. Dank dieses Wissens entwickeln wir Respekt und tiefere Wertschätzung für die Natur und ihr Mysterium, ihre Schönheit und Kraft. Außerdem erlaubt es uns, die Vorstellung von der Vergänglichkeit und dem beständigen Wandel zu verinnerlichen: Die Dinge entstehen und lösen sich wieder auf, bevor sie erneut in Erscheinung treten, und dieser Wechsel ist vollkommen natürlich.
2. *Die Demut hilft uns, Arbeit zu leisten, die anderen dient:* Alle großen Heiligen fordern uns auf, anderen zu dienen. Die verschiedenen spirituellen Praktiken enthalten eine gemeinsame Botschaft: Denk nicht an dich, denk an die anderen. Und doch dürfen wir nie vergessen, dass wir, wenn wir anderen dienen wollen, zunächst dafür sorgen müssen, das eigene Herz aufzufüllen, damit wir großzügig und freigebig zu schenken vermögen. Deshalb ist Xiu Yang für den eigenen Körper und Geist, das eigene

Herz und die eigene Welt genauso wichtig. Wenn wir an allen Aspekten unserer selbst arbeiten, nähren wir das Lebensgefährt (unseren Körper), die Lebenswurzel (unsere Energie), den Lebensgeist (unser Herz und unseren Geist) und den Lebensbereich (die Welt), bis alle Aspekte energetisiert, gesund und in der Lage sind, positiven Wandel zu erzeugen.

3. *Die Demut zähmt das Bedürfnis und die Gier nach mehr:* Einmal interviewte ich eine bhutanesische Nonne. Sie sagte mir: »Zufriedenheit ist das höchste aller Güter.« In unserer heutigen, von der Wirtschaft getriebenen Welt können wir leicht in die Falle tappen, unser Glück in materiellem Gewinn suchen zu wollen oder in dem Wunsch nach mehr Anerkennung und Lob. Die Demut hilft uns zu erkennen, dass wir genug haben und genug sind. Solange wir satt werden, ein Dach über dem Kopf haben, gesund sind und in einer guten Gemeinschaft leben, können wir uns glücklich schätzen. Und wenn es sich auch mitunter gut anfühlt, etwas Neues zu kaufen, oder wir stolz über eine Beförderung sind, ist es doch wichtig zu erkennen, dass solche kleinen Annehmlichkeiten nichts weiter sind als flüchtige Glücksmomente. Die Demut führt uns dahin, die Chance zu bleibender Freude und Leichtigkeit zu sehen, frei von der Falle, immer noch mehr zu wollen und zu fordern.
4. *Mithilfe der Demut können wir eher davon absehen, immer recht haben zu wollen:* Wenn wir das Bedürfnis aufgeben, stets recht haben zu wollen, öffnen wir uns für die Sichtweisen und Meinungen anderer. Sobald wir den Schutz der Selbstgerechtigkeit ablegen, werden unsere Abwehrmechanismen schwächer, und wir können anderen genauer zuhören. Und selbst dann, wenn wir nicht einverstanden sind mit dem, was sie sagen, können wir zumindest Herz und Geist für die Art und Weise öffnen, wie sie die Dinge sehen. Mit einer solchen Offenheit kultivieren wir eine großherzigere Seinsweise, die Raum lässt für Neues. Wir werden neugierig, offen und frei.

Unser Platz in der Natur

Im klassischen chinesischen Denken ist auch der Glaube enthalten, dass Menschen nur eine relativ kleine, unwichtige Rolle in der Beziehung zu den großen, mysteriösen Kräften des Universums und seiner Natur spielen. Demütig zu sein heißt, diese Beziehung und Stellung im Universum im Blick zu haben. In chinesischen Rollbildern lässt sich diese innere Einstellung häufig beobachten. Einer der berühmtesten Maler der Song-Dynastie, Fan Kuan (960–1030), stellte die Vorstellung dar, dass die Natur im Vergleich zum Menschen groß und beherrschend ist. In seinem Bild »Reisende zwischen Bergen und Flüssen«, das zu seinen bekanntesten Werken gehört, sind die Menschen als winzige Figuren dargestellt, die sich zwischen den gewaltigen Bergen, riesigen Bäumen und dem sie umfließenden Strom fast verlieren.
Entsprechend dem klassischen chinesischen Verständnis von Demut gebührt den Menschen kein besonderer Platz auf der Erde. Wir sind einfach eine der Manifestationen des Qi oder der Energie, das oder die Teil alles Lebens ist. In gewisser Weise eröffnet uns diese Sichtweise die Freiheit, unser Leben mit Respekt für die Natur und mit Vertrauen in die Kreisläufe von Entstehen und Vergehen zu leben. Wir kommen ganz einfach aus dem Dao und kehren dorthin zurück, nicht anders als alle anderen Lebewesen in der Erfahrungswelt.

DEMUT KULTIVIEREN

Demut wurde als Prozess betrachtet, als Praxis und Ergebnis von Meditation ebenso wie als Mittel zum Erfahren des Einsseins mit dem Dao. Wenn Sie mit den Meditations- und Achtsamkeitsübungen in Teil 1 und Teil 2 dieses Buches arbeiten, wird Demut ganz natürlich entstehen. Um Demut als Übung zu kultivieren und sie als Prozess zu verinnerlichen, können Sie zusätzlich folgende drei Übungen und Ideen in Ihre Praxis miteinbeziehen:

1. *Saugen Sie Ihre Erfolge in die Knochen ein:* Lassen Sie sich, wenn Sie das nächste Mal etwas erreichen oder gern Anerkennung für eine gut gemachte Arbeit hätten, von dem Erfolg durchtränken. Schauen Sie, wie es ist, Ihre Leistung oder Anerkennung nicht mit anderen zu teilen. Schauen Sie, wie es ist, nicht auf Lob zu hoffen. Erfreuen Sie sich stattdessen selbst an den Ergebnissen, wenn sie sich auf andere auswirken, und spüren Sie, wie Ihr eigenes Herz durch die vollbrachte Leistung genährt wird.
2. *Sagen Sie Zeilen aus den klassischen daoistischen Texten auf:* Ich habe immer eine Ausgabe des *Dao De Jing* in meiner Handtasche. Oft lese ich ein paar Zeilen daraus, um mich zu erinnern, wie wichtig Demut ist und wie wichtig es ist, Zufriedenheit in den einfachen Dingen zu finden. Hier einige meiner Lieblingsstellen über die Demut, die ich oft lese und innerlich aufsage:
   - *Kapitel 8:* »Die Besten sind wie das Wasser. Das Wasser ist gut darin, den ›zehntausend Dingen‹ von Nutzen zu sein, doch es konkurriert nicht mit ihnen. Es verweilt in dem, was die Menge verabscheut, daher ist es dem Dao nahe.«
   - *Kapitel 22:* »Deshalb umfassen Menschen des Einklangs die Einheit und werden zu einem Muster für die Welt. Sie stellen sich selbst nicht zur Schau, daher sind sie klar *(ming).* Sie sind nicht anmaßend, daher sind sie markant. Sie rühmen sich nicht selbst, daher sind sie verdienstvoll.«
   - *Kapitel 66:* »Dass die Flüsse und Meere Könige der hundert Bergströme sein können, liegt daran, dass sie gut darin sind, sich unter sie zu begeben. (…) Begehrt man deshalb, über den Leuten zu stehen, muss man sich im Reden unter sie stellen. Will man vor den Leuten stehen, muss man sich selbst hinter sie stellen.«

3. *Lassen Sie sich selbst zu einem Licht werden:* In einem Gedicht mit dem Titel »The Buddha's Last Instruction« (»Die letzte Lehre des Buddha«) beschreibt Mary Oliver, wie der Buddha direkt vor seinem Tod noch diese Worte gesprochen hat. Er hätte alles Mögliche sagen können, doch mit dieser Wortwahl bittet er uns, ohne großes Aufheben zu tun, was wir in der Welt können, und sie auf diese Weise zu einem besseren Ort zu machen.

Mitunter kann Demut sich auch so zeigen, dass wir uns klein und belanglos fühlen in der Welt. Und doch steckt in jedem von uns die Fähigkeit, auf die uns eigene Weise positiven Wandel zu erzeugen. Für mich hat Demut eine wunderbare Eigenschaft: Sie schenkt uns die Fähigkeit, Großes zu leisten, ohne mehr sein zu müssen als ein Licht für uns und für andere.

Die positivsten Eigenschaften der Demut üben wir ganz einfach, indem wir uns im Lauf des Alltags immer wieder daran erinnern, wie wir – im Kleinen und im Großen – zu einem Licht werden können.

14

SPONTANEITÄT UND KREATIVITÄT

Seit der Antike haben sich die daoistischen Weisen das Konzept der Spontaneität zu eigen gemacht. Für sie war Spontaneität eine Qualität, die auftrat, wenn man kreativ, natürlich und frei war. Das chinesische Wort für »Spontaneität« lautet *zi ran* (自然), was so viel bedeutet wie »Natur« oder »Welt der Tiere, der Pflanzen und des Universums«, zugleich aber auch »sich selbst treu«. Im Daoismus heißt, »sich selbst treu sein«, sich daran zu erinnern, dass man Teil der Natur und ihrer Entwicklung ist. Aus dieser Sicht sind Spontaneität und Kreativität natürliche Energien, die entstehen wie das Dao: ungekünstelt, instinktiv und frei.

Diese Sichtweise aus der Antike wird heute von vielen Psychologen geteilt. So zum Beispiel von Max und Barry Hammer. Ersterer ist ein renommierter Professor der Psychologie, der die Abteilung für klinische Psychologie an der Universität Maine mitbegründet hat. In einem Artikel mit dem Titel »The Enhancement of Spontaneity and Creativity« (»Die Stärkung von Spontaneität und Kreativität«), den die beiden 2015 in der Fachzeitschrift *Journal of Psychology and Clinical Psychiatry* veröffentlicht haben, erklären sie, Kreativität und Spontaneität seien das Ergebnis einer Einfachheit und »natürlichen Integrität«, die sich niemals aktiv verfolgen oder planen ließen. Beides entstehe in uns, sobald der kontrollierende Eingriff des Egos nachlasse und wir uns nicht mehr als abgespalten und getrennt erlebten von der größeren Welt, die uns umgibt.

Wenn wir uns als Teil eines Ganzen fühlen, das immer präsent ist, verlangsamt sich das Momentum unseres Egos. Dieselbe Vorstellung bildet den Kern des Xiu Yang und des Dao. Lernen wir, uns freier und leichter in der Welt zu fühlen, dann zeigt sich auch spontan unsere Fähigkeit zu einem kreativen Leben.

EIN SPONTANES LEBEN: VON ALLEN EXTREMEN BEFREIT

Zhuangzi, einer der berühmtesten daoistischen Weisen der Antike, war einer der größten Meister der Spontaneität. Der Zugang zu einem spontanen Leben war nicht etwa impulsives und rücksichtsloses Verhalten, denn das hätte bedeutet, sich den eigenen Obsessionen, Gewohnheiten und Launen hinzugeben. Zhuangzi befürwortete im Gegenteil ein einfaches Leben, frei von den Extremen von Richtig und Falsch, Gut und Böse und anderen Urteilslasten, die Spaltung, Abgrenzung und Uneinigkeit zwischen den Menschen hervorrufen. Wenn wir unser Bedürfnis loslassen, recht zu haben, löst das Ego mit seinen Forderungen seinen Knebelgriff, und unser Herz gewinnt eine größere Leichtigkeit und Sorglosigkeit.

Es mag gut klingen, einfach zu leben und nicht über Richtig oder Falsch zu streiten, doch auch Strukturen, Vorstellungen, Wissen und Meinungen haben uns gute Dienste geleistet. In vieler Hinsicht machen uns diese Qualitäten als Menschen aus. Auseinandersetzungen und Diskussionen ermöglichen uns den Austausch und führen zu Innovation und Wachstum. Wir sind rational denkende Wesen. Ist ein spontanes Leben, frei von Ansichten und Meinungen, überhaupt möglich und wünschenswert?

Um Vorstellungen wieder zu vergessen, müssen wir sie erst einmal kennenlernen. Um Meinungen loszulassen, müssen wir sie erst einmal erlangen. Zum Üben einer Haltung der Spontaneität und der Freiheit können wir die Kunst von Xiu Yang anwenden und uns die Zeit nehmen, die Dinge in der Tiefe zu erkunden. Das bedeutet Selbsterziehung, aber auch das Einnehmen unterschiedlicher Blickwinkel, eine Erweiterung der eigenen Sicht und das Herstellen einer gemeinsamen Grundlage. Hierfür können wir uns die Lehren des Buddha über die »rechte Rede« zunutze machen, über die Pflege einer Sprache, die nicht trennt oder Schuld zuweist, sondern vereint und Wohlwollen wie auch gegenseitigen Nutzen schafft. Ebenso können wir uns Zhuangzis Warnung zu Herzen nehmen, dass »Worte und Taten wie Wind und Wellen sind; sie können im Nu einen Sturm hervorrufen« und »zu überstürzten Entscheidungen führen«. Am besten kümmern wir uns um die Dinge, die uns nähren, so Zhuangzis Rat, und lassen die Finger von allem, was uns schadet.

Ich erinnere mich noch genau an den Tag im Jahr 2016, an dem die Ergebnisse der amerikanischen Präsidentschaftswahlen verkündet wurden und Donald Trump zum Präsidenten ernannt wurde. Mein Mann und ich hatten gerade in China mit unserer Wohltätigkeitsorganisation Glow Fund zu tun. Wir waren mit Chirurgen von der Stanford University zusammen, die orthopädische Operationen an chinesischen Waisenkindern und Kindern aus den tibetischen Regionen vornahmen. Die Frau eines der Chirurgen hatte für Trump gestimmt, und keiner von uns hatte seinen Sieg erwartet. Wir waren schockiert, traurig und verwirrt, verkniffen uns aber im Beisein dieses Chirurgen jeden Kommentar. Tatsächlich sagte nur einer der Ärzte, ein Jude, der den Zweiten Weltkrieg als Kind miterlebt hatte, etwas dazu. »Wir wissen nicht, was passieren wird«, warnte er uns, »daher können wir nur weitermachen wie bisher und tun, was wir heute tun können.« Obwohl wir unseren Gefühlen gern nachgegeben hätten, wussten wir doch auch, dass sich einer aus unserem Team, der seine Frau liebte und ihre Ansichten teilte, durch unseren Ärger ausgegrenzt und kritisiert gefühlt hätte.

Wenn ich an jenen Tag zurückdenke, dann haben die Ärzte gutes Xiu Yang bewiesen: Trotz der aufgeregten Stimmung von Spaltung und Teilung entschieden sie sich für das Verbindende. Damit bewirkten sie etwas im Leben einer Person und wurden zu einem lebendigen Beispiel dafür, wie sich die Weisheit der *Inneren Übung* heute zeigen könnte (Kapitel 9):

Wer die Dinge und Wesen beeinflussen kann,
wird »geist-habend« genannt.
Wer die Angelegenheiten verändern kann, wird weise genannt.

Um mit der Spontaneität und Freiheit des Dao zu leben, sind wir eingeladen, Techniken zu nutzen, die uns helfen, Abstand zu nehmen von Mutmaßungen, Urteilen und einem Handeln, das Spannung, Konflikt und Spaltung erzeugt. Das erlaubt uns, natürlicher und spontaner zu leben. Und wir rufen die Güte des Dao an, dessen nie versiegende, strahlende Quelle alles zwischen Himmel und Erde und darüber hinaus nährt.

XIU YANG FÜR EIN FREIES, SPONTANES LEBEN: ZUHÖREN, UM GEMEINSAMKEITEN ZU FINDEN

Setzen Sie, wenn Sie bei einer Diskussion, einem Streit oder einer hitzigen Auseinandersetzung das Gefühl haben, nicht gehört zu werden, wenn Sie frustriert sind oder Ihnen das Wort abgeschnitten wird, Ihre ganze Neugier ein. Sehen Sie sich um. Spüren Sie nach innen. Kümmern Sie sich nicht um Ihren Kopf. Lassen Sie das Bedürfnis los, gehört zu werden. Nehmen Sie Ihre eigene Meinung nicht so wichtig. Und fangen Sie an, wirklich zuzuhören. Das ist Ihr Sprungbrett zu einer reflektierten, weisen Antwort.

Was versucht Ihnen der andere zu sagen? Können Sie seine Sichtweise verstehen? Was könnten Sie – vor allem, wenn die Meinung, die der andere vertritt, extrem oder aggressiv ist – Verbindendes sagen? Es könnte so gewöhnlich und einfach sein, wie etwa über das

Wetter zu reden oder über etwas, in dem Sie beide einer Meinung sind. Suchen Sie nicht nach den Unterschieden, sondern nach den Gemeinsamkeiten. Ein plötzlicher Themenwechsel könnte die Abwehr der anderen Person aufweichen und ihr den inneren Raum schenken, den Griff ihres festen Urteils zu lockern. Wählen Sie nährende Worte, etwa: »Wie können wir eine bessere Verständigung zwischen uns herstellen?« Oder: »Ich möchte dich wirklich gern verstehen.«

Meist ist das sehr schwer. Doch wenn Sie lernen können, Ihren Frust durch echtes Zuhören zu mildern, dann lässt sich auch der Impuls zurückzuschlagen dämpfen. Das gibt Ihnen die Möglichkeit, mit mehr Weisheit, Liebe und Mitgefühl zu reagieren, Eigenschaften, die stärker sind als die Ignoranz und unsere Neigung zu Missverständnissen und mithilfe derer sich Wut oder Schmerz langsam in ein Verstehen verwandeln lassen. Versuchen Sie daher, so gut Sie vermögen, überall und in jeder Situation erst einmal zu verstehen, bevor Sie selbst verstanden werden wollen. Strecken Sie Ihre Hände aus und verwenden Sie Worte, die den Sturm abklingen lassen können.

XIU YANG ZUM EINSSEIN

Diese Praxis basiert auf einer Übung, die ich von Erich Schiffmann gelernt habe. Sie beruht auf der Tatsache, dass wir, wenn wir eine Straße entlanggehen, die Menschen, die wir sehen, meist unwillkürlich kategorisieren als groß, klein, alt, jung, gut oder seltsam aussehend. Statt jemanden mittels solcher Kategorien gleich zu definieren, könnten wir lernen, *schneller* zu sein als unsere Konditionierung und unserem Urteil zuvorzukommen. Statt die Menschen, denen wir begegnen, automatisch zu labeln, können wir üben, sie im Vorbeigehen als »Bruder«, »Schwester« oder »Freund« zu bezeichnen.

Ich übe das regelmäßig. Auf dem Weg zu meinem Yoga-Unterricht in London schnitt mir mal jemand den Weg ab. Mein erster Impuls war, ihn zu beschimpfen. Stattdessen nannte ich ihn innerlich »Bruder«. Sofort spürte ich, wie mein Ärger nachließ, und fühlte mich mehr mit seiner Nachlässigkeit und Rücksichtslosigkeit verbunden. Ich konnte seine Eile als generelles menschliches Merkmal erkennen, als etwas, was ich nur zu gut auch an mir selbst kenne.

Versuchen Sie doch, wenn Sie das nächste Mal unter vielen Menschen sind, an einem großen Flughafen, in einem Museum oder Café, auch einmal schneller zu sein als Ihre Konditionierung. Betrachten Sie, statt eine Person gleich als hübsch zu labeln – was zwar ein Kompliment sein kann, aber zugleich impliziert, dass andere weniger attraktiv sein können –, sie einfach als Bruder, Schwester oder Freund. Benennen Sie sie innerlich im Vorbeigehen: »Bruder«, »Freundin«, »Schwester«, »Freund«, und denken Sie daran, dass wir alle Teil eines Ganzen sind.

IM ANFÄNGER-GEIST VERWEILEN

Eine Möglichkeit, uns zu befreien und uns an unsere natürliche Spontaneität anzubinden, besteht darin, so gut wir können, in der Zen-buddhistischen Geisteshaltung zu bleiben, die als *shoshin* oder »Anfänger-Geist« bezeichnet wird. Um es mit Shunryu Suzuki (1904–1971) auszudrücken: »Im Anfänger-Geist gibt es viele Möglichkeiten, im Geist des Experten nur wenige.« Als Anfänger in einem bestimmten Bereich können wir uns unsicher und ängstlich fühlen. Bei neuen Yoga- und Qigong-Schülern erlebe ich diese Unsicherheit häufig. Viele bemühen sich, richtig dabei auszusehen und die Stellungen »korrekt« auszuführen. Dann sage ich ihnen, sie sollen es genießen, Anfänger zu sein und etwas Neues zu lernen. Ich erinnere auch gern die ganze Gruppe, die oft aus einer Mischung von Anfängern, fortgeschritteneren Praktizierenden und Lehrenden besteht, dass die Übung des Anfänger-Geistes in Wahrheit die fortgeschrittenste Praxis ist!

Wenn wir meinen, wir würden den besten oder richtigen Weg

kennen, begrenzen wir uns selbst. Wir beschneiden uns in unseren Möglichkeiten und in der Bereitschaft, den Dingen unvoreingenommen zu begegnen – egal, wie leicht oder herausfordernd etwas sein mag. Ein »wissender Geist« oder die Auffassung, wir seien für irgendetwas Experten, wird zu einer sehr engen Angelegenheit. Antworten sind Sackgassen. Im Anfänger-Geist steckt das Potenzial, die Dinge als neu und anders zu erfahren. Wie Erich Schiffmann es gern ausdrückt: »Schau, ohne zu wissen, und sieh, was du siehst.« Dinge mit frischem Blick zu sehen hilft uns, offen zu bleiben für die Mysterien und unendlichen Möglichkeiten des Lebens.

Diesen Anfänger-Geist zu entwickeln kann zunächst ein wenig schwierig sein, denn unsere Verhaltensmuster sind tief eingeschliffen. Im Yoga und im Buddhismus werden diese Muster als *saṃskāra* oder »verkörperte Konditionierung« bezeichnet. Manche *saṃskāra* sind hilfreich, wie zum Beispiel zweimal am Tag die Zähne zu putzen. Andere Gewohnheiten sind nicht so förderlich, wie etwa zu viel zu essen, Drogen und Alkohol zu sich zu nehmen oder zu shoppen, wenn man gestresst ist. Yoga und buddhistische Praktiken wollen diese Muster ins Bewusstsein bringen. Beginnen wir, unsere Gewohnheiten zu erkennen, dann haben wir die Chance, uns zu entscheiden, ob sie uns nützen oder schaden. Nützliche Gewohnheiten können wir beibehalten und daran arbeiten, uns die schädlichen mit der Zeit abzugewöhnen.

Ob es sich um eine körperliche Sucht handelt, wie etwa zweimal pro Tag Kuchen zu essen, oder die schlechte Angewohnheit, unsere Kinder oder unseren Partner anzufahren – eine Änderung in unserem Handeln erfordert Zeit und beständige Aufmerksamkeit. Deshalb ist Xiu Yang auch kein Zehn-Schritte-Veränderungsprozess, den man in überschaubarer Zeit zu einem »Abschluss« bringen könnte. Arbeiten wir langsam und stetig an uns, dann können wir, wenn wir nach ein paar Jahren zurückblicken, erkennen, wie diese positive Arbeit uns verändert hat.

KREATIVITÄT: AUS DEM NICHTS ENTSTEHT ETWAS

In Kapitel 4 haben wir uns mit den Jahreszeiten befasst. Wir haben gesehen, dass der Winter in den chinesischen fünf Elementen die Jahreszeit ist, in der die Erde brachliegt. Wenn in der Natur äußerlich wenig passiert, füllen die Knollen, Pflanzen und Bäume ihre Wurzelsysteme auf und bereiten sich unter der Erdoberfläche auf ihren kreativen Ausdruck und ihr Frühjahrswachstum vor. Der Winter ist auch die Jahreszeit, die mit Wasser assoziiert ist, dem Element, das dem Dao am ehesten entspricht. Daher kann Wasser als Quelle von Kreativität und Potenzial betrachtet werden.

Um Zugang zu den Möglichkeiten zu bekommen, die das Wasser bietet, können wir insgesamt langsamer werden und weniger tun. Das steht den Erwartungen am Arbeitsplatz und im Alltag oftmals entgegen, wo Produktivität und hundertprozentiger Einsatz von uns gefordert sind. Doch sehen wir uns die Natur an, so nimmt sie sich jeden Herbst und Winter von Neuem die Zeit zum Ruhen. Täte sie es nicht, verlöre sie ihre Kraft und Fähigkeit, im Frühjahr zu blühen. Genauso geht es auch uns. Wir brauchen Zeit zum Ausruhen und Erholen, nicht nur im Alltag, sondern auch um auf unsere tieferen kreativen Ressourcen und unser Potenzial insgesamt zurückgreifen zu können.

Sind wir zu geschäftig, dann haben wir keinen Platz, um Lösungen für Probleme zu finden oder uns von neuen Ideen inspirieren zu lassen. Denken Sie an eine Zeit zurück, in der Sie einmal aus dem sprichwörtlichen Hamsterrad ausgestiegen sind, sich wirklich aus den Verantwortlichkeiten des Lebens zurückgezogen und »alle viere von sich gestreckt« haben. Wie war am Ende dieser Pause Ihr Gefühl? Hat Ihnen die Auszeit neue Perspektiven eröffnet oder Inspiration geschenkt? Energie für den Wiedereinstieg ins »reale Leben«? Die nötige Kraft, um neue Herausforderungen anzugehen? Oft unterschätzen wir, wie wichtig es ist, uns Raum zum Nichtstun zuzugestehen.

Die Bedeutung einer echten Auszeit findet inzwischen Eingang in gewisse Sektoren der Geschäftswelt. Ihre Verfechter finden sich in der Kultur- und Kreativwirtschaft, als Beispiel sei der Grafikdesigner Stefan Sagmeister genannt. Alle sieben Jahre schließt Sagmeister seine New Yorker Agentur zwölf Monate lang, damit seine Belegschaft Zeit hat, sich zu regenerieren und neue kreative Ideen zu entwickeln. Er sagt, diese echte Pause und Auszeit führe zu kreativer Innovation. Obwohl er zusätzliche Ausgaben durch die weiterlaufende Miete und Bezahlung seiner Angestellten hat, erwies sich das Modell als finanziell erfolgreich, denn die Ideen, die seine Belegschaft während des Sabbatjahrs entwickelt, führen zu höchst gewinnbringenden neuen Projekten. In der Tat ist alles, was sie in den sieben auf das erste Sabbatjahr folgenden Jahren entworfen haben, in dem Jahr der Auszeit entstanden. Das zeigt, dass Nichtstun uns mit aller Wahrscheinlichkeit die Zeit schenkt, uns mit der Quelle unserer Kreativität zu verbinden. Wie bei der berühmten Theorie vom Urknall macht es eine Öffnung möglich und lässt aus dem Nichts Unglaubliches erwachsen.

Fünf Arten, Spontaneität und Kreativität zu entwickeln

1. Tun Sie nichts, strecken Sie alle viere von sich. Nehmen Sie sich eine echte Auszeit. Im Alltag können Sie sich draußen hinsetzen, und zwar ohne Handy oder Leute in der Nähe. Legen Sie sich aufs Bett, setzen Sie sich in einen Park, nehmen Sie ein Bad, ohne sich mit Lesen, Musik oder Sonstigem abzulenken. Tun Sie, wenn Sie können, auch mal einen ganzen Tag nur wenig. Es wird ein gut genutzter Tag sein! An Tagen, an denen Sie nicht viel Zeit haben, können auch fünf oder zehn Minuten schon eine kostbare Investition sein.
2. Praktizieren Sie das »Bruder-Schwester-Freund-Freundin-Modell« (siehe oben), wenn Sie in einem Raum mit mehreren Leuten sind oder eine Straße entlanggehen.

3. Widerstehen Sie der Versuchung, Strukturen zu befolgen oder vorschnell zu kategorisieren. Schauen Sie hinter das dualistische Denken von Richtig oder Falsch. Gehen Sie frei auf Entdeckungsreise. Schauen Sie hinter die Konventionen.
4. Üben Sie täglich Achtsamkeit. Nehmen Sie die Achtsamkeit als Möglichkeit, kreative Antworten im Leben zu entwickeln. Mit der Zeit wird sie Ihnen helfen, Ihre Gewohnheiten oder *saṃskāra* zu verändern und insgesamt freier zu sein.
5. Verbinden Sie sich mit Ihren eigenen Gefühlen und Ausdrucksmöglichkeiten. Ergreifen Sie Aktivitäten, die Ihnen die Möglichkeit geben, sich frei auszudrücken, ob es sich dabei nun um Musik, Lyrik, Kunst, Tanz, Kochen oder Theater handelt. Seien Sie der Sänger oder die Sängerin und nicht das Lied.

15

WEITE

Ich erinnere mich, wie uns bei einem Meditations-Retreat der Lehrer einmal fragte: »Wonach sehnt sich euer Herz?« Die erste Antwort aus der Gruppe lautete: »Nach Weite.« Genau dasselbe Wort hatte auch ich im Kopf. Ich arbeitete zu der Zeit begeistert an meinen Projekten, fühlte mich aber zugleich überfordert. Ich hatte am Wochenende davor selbst ein Retreat geleitet und war gerade dabei, unsere Wohnung in London aufzulösen, weil wir aufs Land ziehen wollten. Zusätzlich zu meinen normalen Kursen und einer Lehrerausbildung war ich damit beschäftigt, das Exposé für ein Buch zu schreiben. Ich fühlte mich völlig überlastet und überfordert angesichts der vielen Herausforderungen des Lebens und sehnte mich inständig nach mehr Raum.

Das Herz hat die natürliche Veranlagung, sich physisch Raum zu schaffen: Die Herzkammern leeren und füllen sich immer abwechselnd. Häufig sehnen wir uns im Herzen nach Weite, und genau sie fehlt uns. Wenn das Herz sich weit anfühlt, sind wir inspiriert, beseelt und mit unserem wahren Selbst verbunden. Wir umarmen das Leben und entspannen uns in das Wissen hinein, dass uns ein Platz in der Welt zusteht. Fühlen wir uns dagegen beengt und belastet, dann leuchtet das Herz gleich weniger stark.

Durch die Praxis von Xiu Yang können wir kostbare Arbeit leisten und die Qualitäten der Weite kultivieren, die unser Herz unterstützen. Diese Arbeit wirkt sich auch positiv auf unsere Freunde, Familie und Gemeinschaften aus. Außerdem können wir uns überlegen, welchen Raum die Welt braucht, um sich optimal entwickeln und Zufriedenheit entstehen lassen zu können. Dies schließt den Raum unserer Umwelt, aber auch die Menschen ein, mit denen wir uns umgeben wollen.

EIN WEITES HERZ UND EINEN WEITEN GEIST KULTIVIEREN

Pflanzen – wie unser Herz eine ist – benötigen Raum zur Entfaltung und zum Wachstum. Ist ein Topf zu klein für die Wurzeln der Pflanze, wird sie in ihrer Entwicklung behindert. Sie hungert dann nicht nur nach mehr Erde, sondern ist auch eingeschränkt, beengt und nicht mehr in der Lage, die Nährstoffe aufzunehmen, die sie für ihr weiteres Wachstum benötigen würde. Entsprechend können wir uns in unserer Haut unwohl fühlen, wenn wir nicht genug Raum zum Leben und freien Atmen haben.

In der Natur dagegen wachsen Pflanzen nicht in Töpfen. Meist haben sie genug Erde und Platz, um auf natürliche Weise zu gedeihen. Bevor die Umweltverschmutzung ihre Habitate zu bedrohen begann, gab es für die Fische und Vögel immer genug gesunden Lebensraum. Der Zen-Meister Dogen (1200–1253) schrieb: »Ein Fisch stößt an kein Ende des Meeres, so weit er auch schwimmt. Ein Vogel stößt an keine Grenze des Himmels, so weit er auch fliegt.«

Während ich über diesen Ausspruch nachsann, fragte ich mich: »Wobei stoßen wohl die Menschen an keinerlei Grenze? Und woran liegt es, dass wir mitunter den Eindruck haben, in einer Falle zu stecken, dass wir uns überfordert und in unseren Möglichkeiten eingeschränkt fühlen? Womit können wir sicherstellen, dass wir genügend Raum haben, um aus der Fülle leben zu können?«

Was uns nie ausgeht, ist, glaube ich, das Bewusstsein. Es ist weit und grenzenlos. Unsere Wahrnehmung hat kein Ende, ebenso wie Himmel und Universum keine Begrenzung kennen, sie dehnen sich in alle Richtungen unendlich aus. Doch meist konzentrieren wir uns nicht auf die Weite unserer Erfahrung, sondern auf die Gegenstände, die sich darin zeigen – also auf unsere Gedanken –, als würden wir einen Raum betreten und nur die Gegenstände darin sehen, statt die Umgebung wahrzunehmen, die es ihnen überhaupt ermöglicht, da zu sein. Genau so gehen Herz und Geist mitunter mit Erfahrungen um, und schon tappen wir in die Falle zu glauben, Letztere würden uns überfordern und einschränken.

Viele spirituelle Traditionen lehren, dass Geist und Herz alles andere sind als eng und begrenzt. Doch wie können wir das wirklich lernen? Indem wir die Türen unserer Wahrnehmung öffnen und Geist und Herz auf die Weite richten, so oft es nur geht. Eine Möglichkeit hierzu bietet die Meditation. Der Philosoph Jiddu Krishnamurti schrieb: »In der Meditation entdeckt der Geist den Raum. (…) Das Denken als das ›Ich‹ schafft den engen Raum, in dem es handelt; es hat sich, weil es verletzt wurde und aus allen möglichen anderen Gründen, mit Schutzwällen umgeben. (…) Gibt es aber einen Raum, der keine Grenzen hat, der keine Schranken hat und somit auch keinen Mittelpunkt? Das zu entdecken ist Meditation.« Eine andere Idee, die zeigt, dass Geist und Herz viel offener sind, als wir es erkennen mögen, stammt aus den Fünfzigerjahren, und zwar von Aldous Huxley. Er experimentierte mit einer Reihe bewusstseinserweiternder Drogen und war überzeugt, dass das Gehirn wie ein »Reduktionsventil« funktioniert und, damit wir überleben können, nur eine winzige Menge von unserem »Geist als Ganzem« hindurchlässt. Obgleich Drogen manch einem helfen mögen, dies zu erkennen, haben sich Yogis, Buddhisten und daoistische Weise anderer Mittel bedient, namentlich bestimmter Lebensweisen wie der Atmung, Meditation und der Übung von Tugenden, wie wir sie im Rahmen von Xiu Yang erkundet haben.

Hier folgen nun fünf Übungen, die Sie darin unterstützen mögen, die Eigenschaften der Weite zu kultivieren, wenn die Belastungen des Alltags Ihnen Herz und Geist beengen:

1. *Nehmen Sie den Raum wahr, der einen Gegenstand umgibt:* Achten Sie, wenn Sie sich das nächste Mal eine Tasse Kaffee oder Tee zubereiten, auf die Tasse. Betrachten Sie dann den Raum, der die Tasse umgibt. Wäre der Tisch komplett zugestellt, dann gäbe es keinen Platz, um die Tasse abzustellen. Nehmen Sie bewusst den Raum wahr, der es ermöglicht, dass die Tasse auf dem Tisch steht, und seien Sie dankbar dafür. Beobachten Sie, während Sie Ihren Tee trinken, wie der Flüssigkeitspegel in der Tasse abnimmt und zugleich der Raum darin zunimmt. Beobachten Sie den Dampf, der aus der Tasse aufsteigt, und wie der zunehmende Raum darin ermöglicht, wieder Tee nachzufüllen. Oder nutzen Sie die Gelegenheit zu einer Übung, wenn Sie sich das nächste Mal in einen Raum mit mehreren Leuten begeben, zum Beispiel in ein Restaurant, ein Büro oder in einen Bus. Nehmen Sie nun alles wahr, was den Raum in dieser Umgebung bevölkert. Achten Sie dann auf den Raum um diese Gegenstände herum. Damit die Gegenstände existieren können, ist dieser Raum notwendig. Wir können uns immer entscheiden, worauf wir unsere Aufmerksamkeit richten wollen: auf die Gegenstände, die den Raum füllen, oder auf den Raum, der sie umgibt.
2. *Nehmen Sie es bewusst wahr, wenn sich im Lauf des Tages Geist oder Herz auf jemanden oder etwas fixieren oder eng werden:* Beachten Sie die Gedanken, Vorstellungen oder Menschen, angesichts derer sich Geist oder Herz verengt haben. Erkennen Sie, dass in der unendlichen Weite Ihres Bewusstseins eine Geschichte oder Erinnerung aufgestiegen ist. Nehmen Sie wahr, dass nicht die Vorstellung oder der Gedanke selbst, sondern Ihr Bewusstsein das Gewahrsein hat entstehen lassen.
3. *Konzentrieren Sie sich darauf, wie sich Ihr Herz abwechselnd leert und füllt:* Visualisieren Sie bei jedem Herzschlag, wie sich die

Herzkammern zwischen Weite und Völle hin- und herbewegen. Beachten Sie besonders die Möglichkeit von Leere im Herzen. Fokussieren Sie sich nun auf Ihre Atmung. Legen Sie am Ende des Ausatmens einen Moment Pause ein – eine Sekunde oder auch länger. Nehmen Sie in dieser Pause die Weite wahr, bevor sich mit dem Einatmen die Lungen wieder zu füllen beginnen.

4. *Stellen Sie sich in den* Wuji-*Stand, den »Stand der Leere«:* Die stehende Meditation im Qigong nennt sich *Wuji* oder »Stand der Leere« (vgl. Kapitel 8). Er stellt auch das ursprüngliche Universum dar, das grenzenlos und unendlich weit ist. Im *Wuji*-Stand kann man das Gefühl einer tiefen Verwurzelung in der Erde und zugleich eine tiefe Verbindung mit der Urenergie des Universums entwickeln. In diesem Zustand der Leere können Sie innere Stabilität und Stille üben wie ein Berg und sich zugleich des ständigen fließenden Wandels in Atem, Geist, Körper und Seele gewahr bleiben. Fangen Sie mit einigen Minuten in diesem Stand an und dehnen Sie die Praxis mit der Zeit auf 20 bis 30 Minuten oder sogar eine Stunde aus.

5. *Reinigen, sammeln und versiegeln:* Auch diese Praxis stammt aus dem Qigong. Sie können sie nach dem *Wuji*-Stand oder auch in jeder anderen Situation im Alltag vornehmen, indem Sie Intention und langsame Bewegungen mit Armen und Händen miteinbeziehen. Lassen Sie den Atem während der Übung einfach fließen:
   - Zu Beginn hängen die Arme seitlich am Körper, die Handflächen zeigen zum Körper. Stellen Sie sich vor, Sie sammeln alles ein, was sich in Geist, Herz oder Körper verkrampft, überfordernd oder unaufgeräumt anfühlt, egal, ob es sich dabei um Körperanspannung oder Gedanken handelt. Heben Sie dann Hände und Arme langsam seitlich nach oben über den Kopf. Drehen Sie, oben angekommen, die Handflächen so, dass sie zur Erde zeigen, die Mittelfinger zueinander gerichtet. Beugen Sie die Ellbogen und lassen Sie die Hände langsam an Gesicht, Kehle, Brust und Bauch vorbei wieder sinken. Stellen Sie sich dabei vor, dass Sie Ihren Körper von allem reinigen, was Sie

gerade an Verkrampftem und Überforderndem eingesammelt haben.

- Machen Sie dieselbe Bewegung nun mit einer anderen Intention noch einmal: Diesmal sammeln Sie mit den Händen alles ein, was sich weit anfühlt. Lassen Sie die Weite in alle die Bereiche eindringen, die Sie gereinigt haben.
- Führen Sie die Bewegung noch ein drittes und viertes Mal durch, jetzt aber mit der Intention, die Weite, die Sie in Ihren Körper eingelassen haben, zu sammeln und darin zu versiegeln. Versiegeln Sie sie an einer Stelle in Körper, Geist und Herz, an der sie sich zu Einsicht und Weisheit entwickeln kann, damit Sie der Welt anders begegnen können.

SCHAFFEN SIE RAUM FÜR GUTE GESELLSCHAFT

Kartoffel- und Tomatenpflanzen gedeihen in der Natur, wenn sie in Gemeinschaft mit ihren »Artgenossen« stehen. In der Zeit vor Pestiziden und chemischen Düngemitteln wussten die Menschen mit ihren traditionellen Anbaumethoden um den Wert der Anpflanzung in Pflanzengemeinschaften, sie nutzten günstige Pflanzenpartnerschaften und Synergien. In der Permakultur, die eine nachhaltige Landwirtschaft befürwortet und die natürlichen Ökosysteme einsetzt, werden diese Partnerschaften als »Gilden« bezeichnet. Eine klassische Gilde aus der Landwirtschaft der Indianer wird als »Drei Schwestern« bezeichnet: Es sind Mais, Bohnen und Kürbis. Sie bilden eine Gilde, weil jede dieser Pflanzen die anderen unterstützt und fördert. Die Bohnen geben dem Boden den Stickstoff, der das Wachstum von Mais und Kürbis ankurbelt. Der Mais wird zum Spalier für die Bohnen, und der Kürbis bedeckt mit seinen großen Blättern den Boden und hält ihn damit kühl und feucht, während er zugleich verhindert, dass sich zwischen den Pflanzen Unkraut ausbreitet.

Pflanzen können generell von dieser Technik profitieren, die sich »Mischkultur« nennt. Hier werden bestimmte Pflanzenarten zusammen gesetzt, um Schädlinge fernzuhalten und optimales Wachstum zu ermöglichen. Koriander wächst gut zusammen mit Dill und Anis, hindert Fenchelsamen jedoch am Aufgehen. Wenn Koriander und Dill zwischen Karotten- und Kohlreihen wachsen, schützen sie die Karotten vor Insektenbefall. Mischkultur ist heute wieder verbreitet, und immer mehr Menschen wenden sich nichtinvasiven, natürlichen Ackerbaumethoden zu.

Genau wie sich Pflanzen gute Gesellschaft suchen, haben sich die Menschen so entwickelt, dass sie aus gutem Grund Familien, Stämme, Dörfer, Städte und Gesellschaften bilden: Wenn man zu vielen ist, bedeutet das Sicherheit, gemeinsame Vorstellungen, Visionen und Ziele. Wie Pflanzen gedeihen auch wir, wenn wir von den richtigen Menschen genährt und unterstützt werden. Die Schwierigkeit ist manchmal nur, dass die uns nächsten Menschen unsere Familie sind, und wir alle kennen die Komplikationen des Familienlebens. Wie der Meditationslehrer Jack Kornfield es gern ausdrückt: »Deshalb nennt man es auch Kernfamilie mit Explosionspotenzial.«

Umgeben Sie sich daher, sooft Sie können, mit Menschen, die Sie inspirieren und bei denen Sie am besten Sie selbst sein können. Das ist zwar nicht immer leicht, aber sehr wichtig. Menschen, die positive Kraft und Güte ausstrahlen, haben eine ansteckende Wirkung auf andere. Meine Schwiegermutter war einer der positivsten, fürsorglichsten Menschen von ansteckender Fröhlichkeit, die ich kannte. Als sie plötzlich verstarb und mein Vater davon hörte, sagte er sofort: »Sie war jemand, der alle glücklich machte. Sie brauchte nur im Raum zu sein, und schon fühlte ich mich wohl und heiter.«

Wenn Sie sich mit Menschen umgeben, die Ihnen guttun, sind konstruktive Veränderung und Wandel viel leichter zu verwirklichen. Der Buddha wusste darum. Deshalb betonte er die Wichtigkeit der spirituellen Gemeinschaft – die er *saṅgha* nannte – ebenso wie die spirituellen Lehren und das Potenzial jedes Einzelnen zu erwachen. Auch wenn es mitunter seine Zeit braucht, ist es doch nie zu spät, die Gemeinschaft zu finden, die Ihnen erlaubt, sich weiterzuentwickeln. Berücksichtigen Sie, wenn Sie sich Ihr Familiennetzwerk (Herkunfts- oder Wahlfamilie), Ihre Freundschaften und Arbeitsbeziehungen aufbauen, wie Sie sich in Ihrem Leben »Gilden« schaffen können, die jedem einzelnen Mitglied der Gruppe Nutzen bringen.

Fragen Sie sich bei dieser Form des Xiu Yang: »Wer in meinem Leben ermutigt mich, meine Ressourcen gut einzusetzen? Wer oder was raubt mir Zeit und Energie?« Die richtige Gesellschaft kann Ihnen helfen, sich sicher zu fühlen, schenkt Ihnen aber auch ausreichend Raum, um in Ihr wahres, lebendiges und zufriedenes Selbst hineinzuwachsen und zu reifen.

Der Vorteil der Leere

Wenn wir uns etwas als leer vorstellen, halten wir es meist automatisch für unzulänglich oder mangelhaft. Ein leerer Benzintank ist eine schlechte Nachricht. Menschen, die leichtsinnig daherreden oder Versprechen brechen, machen »leere Worte«. Ein leerer Platz am Tisch bedeutet, dass jemand, den wir erwartet haben, nicht gekommen ist. Der daoistischen und buddhistischen Vorstellung zufolge ist Leere jedoch etwas ganz anderes. Im Daoismus ist Leere der Raum für Potenzial. Eine Tasse muss leer sein, damit wir warmen Tee hineingießen können. Wie es im *Dao De Jing* heißt: »Dreißig Speichen umgeben eine Nabe: In ihrem Nichts besteht des Wagens Werk. (…) Man gräbt Türen und Fenster, damit die Kammer werde: In ihrem Nichts besteht der Kammer Werk. Darum: Was ist, dient zum Besitz. Was nicht ist, dient zum Werk.« Im Buddhismus ist die Leere, oder auch *suññatā* der Zustand, in dem unser sonst zerstreuter und verwirrter Geist durch die Dualität hindurch in jene Realität schaut, die in den Worten des Zen-Meisters Thich Nhat Hanh »das *Eine in allem* ist und *alles in dem Einen*«. Können wir erkennen, dass Leere kein negatives Konzept ist, sondern etwas, was uns hilft, das Potenzial und Einssein aller Erfahrung zu sehen, dann wird es unsere Herangehensweise an alle Gegenstände, Menschen oder Erfahrungen verändern können. Statt die Wahrnehmung zu verengen, kann uns diese Sichtweise der Leere helfen, unermessliche, grenzenlose Möglichkeiten zu erkennen.

WEITE UND GLEICHMUT

Mit der Weite entsteht auch die Gelegenheit, die Haltung und Tugend des Gleichmuts zu praktizieren. Gleichmut, oder auch *upekkhā* in Pali, gehört sowohl im Buddhismus als auch in den Yoga-Lehren zu den wichtigsten Praktiken. Er ist Teil der »Vier Unermesslichen«, die auch *brahmavihāra* genannt werden.

Gleichmut ist ein Zustand, in dem wir ausgeglichen und ruhig sind. Mitunter wird dies mit Gleichgültigkeit verwechselt, etwa so, als ob wir unsere Gefühle leugneten oder distanziert oder unbeteiligt wirkten. Im besten Sinne jedoch ist Gleichmut eine Art zu sein, die entsteht, wenn wir uns offen und weit fühlen. In diesem Zustand können wir anfangen, zu vertrauen und dem Leben so zu begegnen, dass wir uns mit ganzem Herzen um die wirklich wichtigen

Angelegenheiten kümmern. Wir schaffen uns im Herzen Raum für Freude, Schmerz, Trauer und auch für die Herausforderungen des Daseins. Wir wehren uns nicht gegen das Leben und fordern nicht mehr von ihm, als wir haben. Wir bleiben beständig, vertrauensvoll und offen allem gegenüber, was es uns bietet.

Wenn wir Gleichmut kultivieren, dann entwickeln wir die Fähigkeit, auch mit Schwierigkeiten ruhig oder gar wohlwollend umzugehen. Wir lassen uns mit ganzem Herzen auf eine Situation ein, ohne emotional außer uns zu geraten oder in alte Gewohnheiten und automatische Reaktionen zu verfallen. Wenn wir ruhig und objektiv bleiben können, statt zu verzweifeln oder uns zu sehr zu identifizieren, können wir anderen am besten dienen und nützen. Das Letzte, was irgendjemand gebrauchen könnte, wäre zum Beispiel ein Notarzt, der an einer Unfallstelle panisch reagiert.

Meditation ist bestens geeignet, um das eigene Gleichmut-Potenzial zu erkunden. Wenn Sie sich hinsetzen, um zu meditieren, werden Sie höchstwahrscheinlich Trägheit, Schläfrigkeit, Ungeduld oder Unbehagen verspüren. Mir fällt bei der Meditation häufig auf, dass ich irgendeine Erfahrung am liebsten von mir schieben würde oder sie jedenfalls gern anders hätte, als sie ist. Falls Sie den Raum haben, so etwas zu bemerken, dann nutzen Sie die Gelegenheit und begegnen Sie der Angelegenheit mit Freundlichkeit. Wenn Sie auf das achten, was Sie im stillen Dasitzen aus der Fassung bringt, können Sie die chaotische Komplexität Ihrer Erfahrungen erkunden und ihr vielleicht mit Sanftheit und sogar Humor begegnen. Sie lernen, die Dinge zuzulassen, und können sich mit einiger Übung klar werden, wie Sie mit ihnen umgehen wollen. Außerdem entwickeln Sie ein Urteilsvermögen und lernen, zwischen Gedanken und Handlungen zu differenzieren, die Ihnen nützen oder die Ihre Ruhe und Ihren Frieden untergraben.

Mit Gleichmut beginnen Sie zu verstehen, dass alle Erfahrung ganz einfach Erfahrung ist. Sie ist weder gut noch schlecht, sondern einfach Erfahrung. Manche Erfahrungen kommen Ihnen gelegen, andere nicht, doch das bedeutet keinesfalls, dass sie an sich richtig oder falsch wären. Alles ist einfach da. Nichts davon ist falsch. So lernen Sie, weniger zu kämpfen, weniger Widerstand zu leisten und nicht mehr so sehr zu wünschen, die Dinge wären anders, als sie sind. Sie erkennen, was Sie gern wegschieben möchten, wogegen Sie sich sträuben oder was Sie unbedingt so und nicht anders haben wollen, und sitzen mit alldem auf Ihrem Kissen.

Diese Praxis lässt sich ganz einfach auf den Alltag übertragen. Habe ich einen schlechten Tag, kann es mich schon stören, dass mein Mann das Gemüse anders schneidet, als ich es tun würde. Dann werde ich zum Kontrollfreak und mäkle an ihm herum. Das wiederum verschafft uns beiden nur Leid. Indem ich mich in Weite und Gleichmut übe, nehme ich mir einen Augenblick Zeit, um zu spüren, was eigentlich gerade in mir vorgeht. Bevor ich impulsiv handle, erkenne ich vielleicht, dass die Tatsache, wie er das Gemüse schneidet, nicht so wichtig ist und unser Glück nicht nachhaltig beeinflusst. Mit Gleichmut kann ich seine Methode zulassen. Ich kann mich auch fragen: Möchte ich wirklich, dass er gereizt auf meine Nörgelei an seinem Gemüseschneiden reagiert, oder möchte ich meine Energie, Aufmerksamkeit und Zeit nicht doch lieber darauf richten, wie ich ihn noch mehr lieben und eine Beziehung aufbauen kann, die auf Kommunikation, gegenseitigem Respekt und Verständnis beruht?

Die Weite des Gleichmuts ermöglicht es Ihnen, einer Situation mit mehr Fürsorge, Respekt und größerem Verständnis zu begegnen, statt sich mit Härte und Kritik dagegenzustemmen. Das kann Ihnen auf persönlicher Ebene helfen, aber auch ein Aufruf dazu werden, den vielen Problemen der heutigen Welt auf andere Weise zu begegnen. Wenn Sie sich in Gleichmut üben, werden Ungerechtigkeiten Sie berühren und dazu motivieren, etwas besser zu machen, ohne dass dies Ihre innere Gelassenheit stören würde.

Mit Gleichmut können Sie sich immer mehr öffnen und der Großartigkeit, dem Mysterium und der Magie des Lebens zu vertrauen beginnen. Sie schaffen Raum dafür, das Unkontrollierbare und Unbegreifliche als das zu akzeptieren, was es ist. Sich in Gleichmut zu üben wird zu einer Praxis radikaler Akzeptanz: Sie hegen tiefe Fürsorge für die Welt und haben die Intention, auf die bestmögliche Weise zu agieren. Diese Akzeptanz weist Sie auf die Möglichkeit hin, allem im Leben – auch den ärgerlichsten Problemen und am vehementesten polarisierenden Widersprüchlichkeiten – mit einem großen, mitfühlenden und offenen Herzen zu begegnen.

SCHLUSS

VON INNERER BALANCE ZU AUSSTRAHLUNG

Die einfache Schönheit von Xiu Yang liegt darin, dass uns jeder Akt der Selbstkultivierung hilft, unsere Ressourcen für eine bessere Gesundheit und langfristige Zufriedenheit zu stärken. In dem Augenblick, in dem wir uns auf diese Übungen einlassen, tun wir einen Schritt auf unser inneres Gleichgewicht zu. Gelangen wir in diesen Zustand, dann gewinnen wir eine ganz natürliche Ausstrahlung. Das war es, was die Autoren der *Inneren Übung* meinten, als sie schrieben: »Der Geist – keiner kennt seine Grenzen. Strahlend versteht er die zehntausend Dinge und Wesen.«

Zwar wird nicht jeder Samen, den wir setzen, aufgehen und erblühen, aber entscheidend ist die Intention, die hinter unserem Wunsch steht, das, was in unserem Leben und für die ganze Welt am besten ist, zu kultivieren und zu pflegen. Indem wir Körper, Geist, Herz und Welt kultivieren, strahlen wir in jeden Winkel unseres Mandala-Quadrats und in jeden Kreis unserer Mandala-Kreise Güte aus. Auch wenn das nie leichtfällt – sobald wir uns daran erinnern, dass wir Teil der sich ständig wandelnden Natur sind, lädt uns das dazu ein, uns einfühlsam in die Rhythmen des Lebens und in unseren Umgang mit dieser komplizierten Welt hineinzuspüren. Dies wird uns zu einer Geisteshaltung verhelfen, in der wir bescheiden, neugierig und wach sind. Und es wird uns helfen, die Weite unseres Daseins als Menschen zu erfahren, die in einem weit offenen und sich ewig ausdehnenden Universum leben.

In den fünfzehn Jahren meiner Erforschung der Praktiken des Xiu Yang hat sich mein Blick auf Gesundheit, Liebe, Leben und Welt neu geordnet und verändert und sich meine Hoffnung auf langfristiges Glück und Gleichgewicht um ein Vielfaches gesteigert. Vor allem haben mir diese Praktiken geholfen, die Freuden und Leiden des Lebens mit viel mehr Gefasstheit in mir selbst und in meinen Beziehungen zu überstehen, als ich es je für möglich gehalten hätte. In diesem Prozess habe ich vor allem drei Dinge gelernt, die ich zum Abschluss unserer gemeinsamen Reise in das Xiu Yang gern an Sie weitergeben möchte:

1. *Nehmen Sie sich Zeit, um Ihr Herz zu hegen und zu pflegen:* Xiu Yang verlangt nach sanfter Beharrlichkeit. Machen Sie langsam und widerstehen Sie den Impulsen, durchs Leben zu hasten. Ein großer Teil der Arbeit an Xiu Yang ist vergleichbar mit dem Setzen von Samen in die Erde: Damit die Pflanzen zur Fruchtbarkeit heranwachsen können, bedarf es guter Vorbereitung und ausreichend Zeit. Warten Sie auf den rechten Augenblick und bleiben Sie dran. Mit Geduld können Sie Ihr bestes Selbst entwickeln. Das ist mitunter nicht leicht, vor allem in unserer heutigen Welt, in der alles immer schneller zu werden scheint. Denken Sie daran, dass Ihr Herz in Ruhe und Beständigkeit am besten gedeiht.
2. *Feiern Sie das Mysterium, die Weite und das Strahlen der Natur:* Wenn Sie auf einem Berggipfel stehen und sich umschauen oder nachts zu den Sternen am Himmel aufblicken, nehmen Sie unmittelbar das Mysterium und die Weite dessen wahr, was die Natur erschafft. Die Natur hat der Prüfung der Zeit immer standgehalten und wird sich auch immer weiterentwickeln. Im Innern ist sie im Gleichgewicht, im Außen strahlt sie. Als Teil der Natur können Sie in Ihr Inneres hineinschauen und ebenso in dieses Strahlen nach außen hineinfinden.
3. *Das Pulsieren des Dao ist die Liebe:* Denken Sie daran, dass die Menschen in dieser chaotischen, unvollkommenen Welt durch die Kraft der Liebe ganz elementar miteinander verbunden sind. Sie werden es spüren, wenn Sie dem Leben auch dort mit dem Herzen begegnen, wo es schmerzt oder Sie aufgrund von Verlust

erschüttert sind. Denken Sie auch daran, dass jeder Mensch, ob bewusst oder unbewusst, nach einem Leben strebt, in dem er weniger Angst zu haben braucht und mehr lieben kann.

Und vergessen Sie zu guter Letzt nicht, dass die Landschaft Ihres Körpers, Ihres Herzens, Geistes und Ihrer Welt in der Lage ist, unglaubliche Schönheit hervorzubringen. Lassen Sie sie lebendig werden und erblühen, während Sie das, was Sie in sich wachsen lassen, hegen und pflegen. Es wird Sie von ganzem Herzen leben lassen, sodass es sich positiv auf Sie, Ihre Gemeinschaft und Welt auswirkt. Jeder Schritt, den Sie tun, wird Ihr Herz in seinem Ausdehnungsvermögen wecken. Licht kann aus allem und jedem herausscheinen. Das ist das Geschenk von Xiu Yang: Es kultiviert und nährt das Mysterium und das Licht des Herzens, auf dass es noch heller scheinen möge.

LITERATUR

Brach, T.: *Dein furchtloses Herz. Mit der RAIN-Methode schwierige Emotionen heilen,* übers. v. J. Elze, München 2020

Coleman, M.: *Schließe Frieden mit dir selbst. Wie wir uns mit Achtsamkeit und Mitgefühl vom inneren Kritiker befreien können,* Freiburg i. B. 2018

Dalai Lama: *Die Regeln des Glücks,* Freiburg i. B. 2012

Eliot, T. S.: *Vier Quartette. Four Quartets,* Berlin 2015

Huxley, A.: *Die Pforten der Wahrnehmung,* München 1954

Jung, C. G.: *Mandala. Bilder aus dem Unbewussten,* Olten und Freiburg i. B. 1977

Kastner, J.: *Propädeutik der chinesischen Diätetik,* Stuttgart 2003

Kornfield, J.: *Das weise Herz. Die universellen Prinzipien buddhistischer Psychologie,* München 2008

Krishnamurti, J.: *Vollkommene Freiheit. Das große Krishnamurti-Buch,* Frankfurt a. M. 2001

Salzberg, S.: *Metta Meditation. Buddhas revolutionärer Weg zum Glück,* Freiburg i. B. 2003

Slaje, W. (Übers. u. Hrsg.): *Upanischaden. Arkanum des Veda,* Frankfurt a. M. und Leipzig 2009

Suzuki, S.: *Zen-Geist, Anfänger-Geist. Unterweisungen in Zen-Meditation,* Freiburg i. B. 2009 (1975)

Thich Nhat Hanh: *Das Herz von Buddhas Lehre. Leiden verwandeln – Die Praxis des glücklichen Lebens,* Freiburg i. B. 1999

Ders.: *Ich pflanze ein Lächeln. Der Weg der Achtsamkeit,* München 1991

ÜBER DIE AUTORIN

© Aaron Deemer

Mimi Kuo-Deemer lehrt die Kunst der Selbstkultivierung durch Yoga, Qigong und Achtsamkeitsmeditation. Ursprünglich aus Tucson (Arizona) stammend lebte Mimi Kuo-Deemer über 14 Jahre in China, wo sie u.a. in Pekings erstem und führendem Yoga-Studio tätig war. Mimi lebt heute in Großbritannien. Dort bietet sie Online-Kurse bei Movement for Modern Life an und unterrichtet bei Triyoga, Londons führendem Zentrum für Gesundheit und Wohlbefinden. www.mkdeemer.com

Die Wahrheit in sich selbst finden

Bruce Lee hat viele Menschen auf der ganzen Welt inspiriert. Er entwickelte seine persönliche Philosophie, die erstmals in diesem Weisheitsbuch zusammengefasst wurde. Es ging ihm darum, mit Körper und Geist so umzugehen, dass in jedem das Beste zum Vorschein kommt. Seine Denkweise brachte seine Familie, Freunde, Schüler und Kollegen dazu, immer wieder selbst gesetzte Grenzen zu hinterfragen und über sich selbst hinauszuwachsen.

Bruce Lee

Know yourself!

Die Geheimnisse meines Erfolgs

Die Lebensweisheiten der Kampfkunst-Legende Bruce Lee

ISBN 978-3-426-29302-7

Verstehen, was Menschen denken und fühlen

Nunchi ist das wichtigste koreanische Leitprinzip für das Überleben, das Glück und den Erfolg. Es ist die Kunst, intuitiv und schnell zu erfassen, was in anderen Menschen vorgeht, und dadurch bessere Beziehungen aufzubauen. Die Korea-Expertin Euny Hong zeigt in diesem Lebensratgeber die Prinzipien des Nunchi, wie man sie praktisch anwendet und lernt, »zwischen den Zeilen zu lesen« und menschliche Reaktionen zu deuten. Mit Nunchi kann man den richtigen Partner finden, beruflichen Erfolg erlangen, sich vor Menschen schützen, die einem schaden, seine sozialen Ängste reduzieren und ein zufriedeneres Leben führen.

Euny Hong

Nunchi – das koreanische Geheimrezept

Menschen und Situation intuitiv richtig einschätzen

ISBN 978-3-426-67583-0